IDENTIDADE MÉDICA

Temas de psicologia
e educação médica

IDENTIDADE MÉDICA

Julio de Mello Filho
Organizador

Casa do Psicólogo®

1ª Edição
2006

Editores
Ingo Bernd Güntert e Christiane Gradvohl Colas

Editora Assistente
Aparecida Ferraz da Silva

Produção Gráfica, Editoração Eletrônica & Capa
Renata Vieira Nunes

Projeto da Capa
Ricardo Yorio, sobre fotografia de Beth Porto

Revisão Gráfica
Jaci Dantas de Oliveira

Dados Internacionais de Catalogação na Publicação (CIP)
(Câmara Brasileira do Livro, SP, Brasil)

Identidade médica: implicações históricas e antropológicas / Julio de Mello Filho, organizador. — São Paulo: Casa do Psicólogo, 2006 — (Coleção temas de psicologia e educação médica).

Bibliografia.
ISBN 85-7396-501-0

1. Medicina – Aspectos psicológicos 2. Medicina como profissão 3. Medicina e psicologia 4. Médicos – Responsabilidade profissional 5. Médicos – Vocação I. Mello, Julio de II. Série.

06-7075 CDD- 610.6952

Índices para catálogo sistemático:
1. Médicos: Medicina 610.6952

Impresso no Brasil
Printed in Brazil

Casa Psi Livraria, Editora e Gráfica Ltda.
Rua Santo Antonio, 1010 Jardim México 13253-400 Itatiba/SP Brasil
Tel.: (11) 45246997 Site: www.casadopsicologo.com.br

All Books Casa do Psicólogo®
Rua Simão Álvares, 1020 Vila Madalena 05417-020 São Paulo/SP Brasil
Tel.: (11) 3034.3600 E-mail: casadopsicologo@casadopsicologo.com.br

A meu tio Edgar Altino,
primeiro modelo de médico.

En médecine et en amour,
ni jamais, ni toujours.

(Em medicina e em amor,
nem nunca, nem sempre).

Sumário

Prefácio 11
Luiz Roberto Millan

Introdução e agradecimentos 17
Júlio de Mello Filho

1. Ser médico – Implicações históricas e antropológicas 21
Adolfo Hoirisch

2. O ensino da Psicologia Médica 39
Abram Eksterman

3. A vocação médica e o curso médico 59
Júlio de Mello Filho

4. O desenvolvimento da identidade médica 161
Anna Lucia d'Abreu Hirsch Villela

5. Tutoria e a possibilidade de construção da identidade profissional 191
Sandra Torres Serra

6. Identidade médica: o normal e o patológico 213
Júlio de Mello Filho

7. A importância do sentimento de identidade dos profissionais de saúde mental 273
Davi Zimerman

8. Identidade médica, ética e iatrogenia 285
Felipe Tavares

9. O *Burnout* no exercício profissional da medicina 315
Avelino Luiz Rodrigues, Elisa Maria Parahyba Campos e Fernando Pardini

10. Corporativismo e medicina contemporânea....371
Eduardo Conte Póvoa

Sobre os autores 391

Sobre os organizadores da coleção 395

Prefácio

Ao pensar em uma pessoa para organizar um livro sobre "Identidade médica", associei imediatamente o tema ao nome do Professor Júlio de Mello Filho, fato que não ocorreu ao acaso. Ainda residente de Psiquiatria, no início da década de 1980, tive o primeiro contato com seus escritos, o livro *Concepção psicossomática: visão atual*. A leitura de temas interessantíssimos, ligados às ciências humanas, foi extremamente prazerosa e enriquecedora para a minha formação, em um período em que todo o destaque era dado aos aspectos biológicos da Psiquiatria. Aprendi, assim, a buscar sempre a integração de diferentes aspectos do ser humano que, em última instância, nunca foram dissociados. Alguns anos depois, tive o prazer de também ler o seu livro "Psicossomática hoje", sem dúvida um clássico da Psicologia Médica. Após ter a oportunidade de conhecê-lo pessoalmente em um congresso, passei a admirá-lo também como ser humano, possuidor de características como integridade, sensibilidade, generosidade e um marcante idealismo.

Dono de cultura médica e psicanalítica ímpares, Júlio escreveu dois capítulos deste livro de forma brilhante: "A vocação médica e o curso médico" e "Identidade médica: o normal e o patológico". Tendo sempre como pano de fundo a questão da identidade médica, aborda diferentes temas de forma bastante profunda como adolescência, escolha da especialidade, personalidade, identidade médica normal e patológica, entre outros. Todos os temas são permeados por interessantes comentários advindos de sua grande experiência como professor de Psicologia Médica, Coordenador do Grupo de Apoio Psicológico ao Aluno e do Grupo de Interconsultas da Faculdade de Ciências Médicas da UERJ. Finalmente, de forma corajosa, relata sua própria experiência como paciente.

Adolfo Hoirish, um dos maiores estudiosos do tema "Identidade médica", brinda os leitores deste livro com o capítulo "Ser médico: implicações históricas e antropológicas". Apresenta, aqui, uma visão panorâmica da história da medicina e do papel do médico, tornando o texto muito interessante ao correlacionar o passado com o que se passa nos dias de hoje, como, por exemplo: "O herdeiro contemporâneo do curandeiro é o balconista da farmácia..."; "Este mito (de Asclépios) reflete a aspiração do médico jovem, que gostaria de conferir vida eterna aos pacientes graves... Assim prolonga-se uma vida artificial, impedindo que o enfermo faleça com dignidade."

Em "O ensino da Psicologia Médica", Abram Eksterman discorre acerca de sua experiência como professor universitário e relata as vicissitudes vividas no transcorrer de sua vida acadêmica. Enfatiza o quanto é importante o estudo do homem doente e não das doenças e sugere que a Psicologia Médica esteja presente, com "um tecido conjuntivo", em todo o curso médico.

Por sua vez, Anna Lúcia d'Abreu Hirsh Vilela, no capítulo "Desenvolvimento da identidade médica", utiliza sua experiência como psicóloga de grupos de apoio a estudantes de medicina, para abordar importantes aspectos da formação médica como o processo ensino – aprendizagem, a relação médico – paciente, a questão da morte, as crises freqüentemente vivenciadas pelos alunos de medicina, entre outros.

Em um texto interessante, Sandra Torres Serra aborda o tema "Tutoria e a possibilidade da identidade profissional". A autora assinala para o fato de que muitas faculdades de medicina, na tentativa de adequar-se às Diretrizes e Bases da Educação Nacional, têm realizado modificações curriculares, com o intuito de modernizar o ensino. Uma das consequências dessas mudanças é o crescente rol de atributos que se espera do médico e, também, do estudante de medicina. Aborda a complexa questão da identificação e, por meio de sua experiência na Faculdade de Ciências Médicas da UERJ, relata como a tutoria (ou mentoring) pode contribuir para auxiliar o aluno a constituir a sua identidade médica.

O psicanalista Davi Zimerman escreve sobre "A importância do sentimento de identidade dos profissionais de saúde mental". Nesse capítulo, o autor nos conduz, de maneira elaborada, fluida e desenvolta, pela teoria freudiana, até a teoria de grupos de Bion, além de Melanie Klein e Winnicott. Destaca a importância da existência de uma identidade saudável em um grupo multiprofissional, pois somente assim terá condições de oferecer um bom atendimento aos pacientes.

No capítulo "Identidade médica, ética e iatrogenia", que prima por sua articulação e originalidade, Felipe de Medeiros Tavares mostra, com clareza, a relação entre esses três temas fundamentais para a medicina. Logo no início do texto, lembra que o termo "iatrogenia", considerada sua raiz grega, deveria denominar-se "iatropatogenia". A seguir aborda questões fundamentais como a formação dos médicos no Brasil, o ato médico e a medicalização, a ética e a bioética, entre outros. Sem rodeios, toca em um dos pontos mais nevrálgicos da medicina contemporânea: o conflito de interesses entre médicos e laboratórios, o que abala profundamente a identidade médica. De forma madura, termina seu texto sem chegar a conclusões apressadas, afirmando que seu objetivo é fomentar debates em torno dos temas propostos, algo que ainda é incipiente.

Em "O *Burnout* no exercício profissional da medicina", Avelino Luiz Rodrigues, Elisa Maria Parahyba Campos e Fernando Pardini oferecem ao leitor um capítulo de fôlego, escrito de forma impecável, tratando com grande profundidade e clareza um tema que, devido a sua importância, vem sendo discutido com freqüência em encontros e congressos de medicina e psicologia. Antes de chegar ao tema central, abordam questões cruciais como o estresse na medicina, o sofrimento, a sexualidade, a morte, o cuidado de "pacientes-problemas", a incerteza e a prática médica contemporânea.

Didaticamente, iniciam então uma exposição sobre o Burnout, desde a origem do conceito, até a descrição pormenorizada de seus sintomas e fatores desencadeantes. Uma questão citada pelos autores é a polêmica distinção entre Burnout e depressão. Lembram que alguns críticos do conceito de Burnout acreditam que essa síndrome não deve ser considerada à parte do quadro clínico da depressão, enquanto outros pensam o contrário. A meu ver, trata-se ainda de uma questão em aberto, a ser mais investigada e que talvez já estivesse superada se a classificação psiquiátrica da depressão não fosse tão pobre e incompleta, estando longe de descrever todos os quadros psicopatológicos observados no dia-a-dia da clínica psiquiátrica. O argumento de Kirwan e Amstrong, citados pelos autores, de que a síndrome do Burnout "deve ser considerada uma síndrome à parte, na medida em que está nitidamente relacionada ao trabalho..." não é um argumento convincente, pois o que caracteriza uma psicopatologia é o seu quadro clínico e não o seu fator desencadeante. Do contrário, teríamos de dar um nome diferente para cada quadro de estresse, de acordo com seu fator etiológico, o que traria uma enorme dificuldade de comunicação entre os profissionais da área da saúde. Porém, independentemente do destino final dessa polêmica, não há dúvida de que o conceito de Burnout já contribuiu muitíssimo ao servir de estímulo para o aprofundamento de estudos sobre o médico e sua profissão. Finalmente os autores oferecem ao leitor a oportunidade de entrar em contato com uma pesquisa de campo, realizada por um dos autores do capítulo, que investigou o Burnout, em um grupo de médicos do Estado de São Paulo. Pesquisas nesse campo são sempre bem vindas!

Finalizando o livro, Eduardo Conte Póvoa, no capítulo "Corporativismo e medicina contemporânea", redigido com muita coragem, aborda questões ricas e polêmicas, como o Projeto de Lei que institui o Ato Médico. Destaca a importância do trabalho interdisciplinar na área de saúde, em que o narcisismo das diferentes equipes deve ser substituído pelo desejo único de cuidar daquele que sofre.

No momento em que o médico vive uma grande crise de identidade, este livro oferece uma oportunidade para que sejam discutidas as inúmeras variáveis presentes nesse campo. Uma de suas grandes virtudes é a abordagem de diferentes temas de forma dialética, deixando sempre um espaço para que o leitor realize suas próprias reflexões, servindo como estímulo para contribuições futuras. Trata-se de uma obra de valor inestimável para médicos de diferentes especialidades, estudantes de medicina e profissionais de saúde em geral.

Luiz Roberto Millan

INTRODUÇÃO E AGRADECIMENTOS

Quando Luiz Roberto Millan me convidou para coordenar um dos livros da Coleção *Temas de Psicologia e Educação Médica*, sobre "Identidade Médica", não titubeei e logo busquei uma plêiade de amigos e colegas *experts* na matéria para escrever este livro.

Como a equipe médica que harmoniosamente realiza sua missão, penso que também um livro – principalmente sobre temas tão amplos e polêmicos – deva ser elaborado por um grupo de colaboradores que, funcionando em conjunto, melhor cumprirão essa missão. Foi assim igualmente com *Psicossomática Hoje*, *Grupo e Corpo* e *Doença e Família* que, penso, desempenharam esse papel.

O tema de quem é e o que é a pessoa do médico, no mundo atual onipotente, suscita muitas paixões, discussões e controvérsias. De uma imagem de demiurgo, onipotente, sacerdote e dotado de todos os poderes e qualidades, caiu o médico para uma posição de ser humano comum, dotado de falhas e incompletudes e, portanto, passível de erros e titubeações. Além do mais, hoje em dia, arauto de instituições várias, notadamente da Previdência e dos convênios, já não é mais o profissional liberal vitorioso socialmente de outrora.

Por tudo isso, cabe, nesse momento, uma avaliação e uma reflexão sobre a pessoa do médico, seus percalços, suas grandezas e suas falibilidades. Em suma, o que é ser médico e qual a sua inserção no mundo atual. Para tanto convidei colegas vários, psicanalistas, psiquiatras, psicólogos, clínicos, todos vinculados, em princípio, ao ensino médico. Convidei desde nomes consagrados da medicina brasileira até autores mais jovens, porém com trabalhos realizados na área e com um grande interesse nesses temas.

Abram Eksterman, um dos pais da Medicina Psicossomática e da Psicologia Médica em nosso meio, apresenta-nos, com grande eloqüência, sua larga experiência com o ensino de Psicologia Médica. Ele foi um dos fundadores, junto comigo e com mais um grupo de educadores médicos, do Movimento de Psicossomática no Brasil. Daí emergiu a maioria dos profissionais de saúde que lidam atualmente com a saúde mental do estudante de medicina e do médico, isto é, com os vários problemas da identidade médica.

Adolfo Hoirisch, que foi um dos introdutores no Brasil do tema da Identidade Médica, com sua tese "O problema da identidade médica", brinda-nos com um rico capítulo sobre os aspectos antropológicos e históricos da evolução dos conceitos e práticas médicas, no qual nos demonstra toda sua erudição sobre a medicina do passado, fundamentado numa extensa revisão bibliográfica.

Anna Lucia d'Abreu Villela foi minha colega de Coordenação do PAPE (Programa de Apoio Psicopedagógico ao Estudante) na Faculdade de Ciências Médicas da UERJ por muitos anos. Lá desenvolveu um perfil e um trabalho de psicoterapia e orientação de alunos, levando, a seguir, essa experiência para a Faculdade de Medicina de Petrópolis. Seu trabalho versa também sobre a dinâmica dos processos do ensino-aprendizado da maior importância para este livro.

Davi Zimerman, um dos expoentes atuais do universo psicanalítico brasileiro, brinda-nos com um capítulo inédito e original sobre a identidade do profissional de saúde mental. Inicialmente, ele faz uma digressão sobre o problema da identidade humana que, pelo seu didatismo e profundidade, constitui-se num dos pontos altos deste livro.

Felipe Tavares, recém-formado, é o caçula desta coletânea de autores, porém não menos brilhante e culto que os demais; ao contrário, é dono de um estilo claro e didático. Seu tema, que vai da ética à iatrogenia, é fundamental para a compreensão dos dilemas do mundo de hoje. Ele ilustra seu capítulo com a sua recente experiência referente de estudante, relatando vários problemas práticos da formação médica.

Eduardo Póvoa escreve sobre a questão do corporativismo, um dos temas ao qual vem se dedicando nos últimos anos como um obstáculo à prática interdisciplinar. Segundo ele, o médico sempre foi corporativista em sua prática e atualmente enfrenta o corporativismo de outras classes contra a atual legislação do Ato Médico.

Avelino Rodrigues, que é doutor em Psicologia Social pela PUC de São Paulo, junto com Elisa Parahyba Campos e Fernando Pardini, aborda, sob o tema do *Burnout*, os vários problemas sociais da prática médica, de um modo tão completo e competente que de fato escreve um novo livro dentro deste livro.

Sandra Torres Serra, colega que tão bem vem dirigindo atualmente o Programa de Apoio Psicopedagógico ao Estudante da FCM-UERJ e que participa ativamente do Programa Tutoria, escreve a este respeito mostrando um conhecimento amplo deste processo e da educação médica em geral. Do seu trabalho se pode depreender toda a importância de que a Tutoria se reveste para o processo ensino-aprendizado e para a formação humanística do médico. Não é por acaso que o Ministério da Educação vem recomendando essa prática a todas as faculdades de medicina do país.

Nesta coletânea, me responsabilizei por dois capítulos. No primeiro falo sobre vocação médica, escolha de especialidade e sobre a saúde mental do estudante de medicina e do médico em geral. Apresento um exemplo de curso médico, o da Faculdade de Ciências Médicas da Universidade do Estado do Rio de Janeiro (FCM-UERJ) do qual sou professor, e me detenho nas disciplinas que privilegiam a formação biopsicossocial do médico. Também discuto a questão do apoio psicopedagógico ao estudante e ao residente.

Em outro capítulo, discuto a identidade médica normal e seus desvios, sua patologia, enfim. Assim, debato os aspectos menos sadios da personalidade médica e seus efeitos nocivos nos pacientes. Enfatizo a dificuldade do médico de lidar com a doença e a morte.

Dou depoimentos pessoais, obtidos durante minha trajetória médica, sobre a forma como vi médicos sucumbirem ante doenças graves ou diante do processo de morrer. Finalmente dou depoimentos de como enfrentei o advento de minhas próprias enfermidades.

Nestes dois capítulos, utilizei sempre revisões de autores nacionais (Millan, Nogueira Martins, Meleiro, Hoirisch), por serem excelentes e para prestigiar nossa literatura médica de ótimo padrão, pouco devendo às publicações internacionais.

Este trabalho foi solitário, porém contou sempre com a colaboração dos co-autores, a quem agradeço, principalmente a Felipe Tavares e Eduardo Conte Póvoa, pelos incentivos prestados.

Agradeço também a Maria Cristina Gutierrez e a Fátima Alvarenga pelas informações prestadas sobre o curso médico da UERJ e a Kátia Álvares, minha secretária, por todo o trabalho dedicado à confecção deste livro.

A José Roberto Muniz e a Luiz Fernando Chazan a minha gratidão pelos informes prestados sobre a Disciplina de Psicologia Médica, bem como os meus agradecimentos a Maria Ignês Padula Anderson e a Ricardo Donato em relação ao curso de Medicina Integral da UERJ.

Finalmente, a Joaquim Couto Rosa e a Eugênio Paes Campos, agradeço, ainda, por terem partilhado comigo sobre a inovadora experiência do PBL na Faculdade de Medicina de Teresópolis, com tudo de inédito que têm a trazer para o ensino médico de nosso país.

Julio de Mello Filho

1. Ser Médico – Implicações Históricas e Antropológicas

Adolpho Hoirisch

Prólogo

Verifica-se com certa facilidade que muitos autores atacados ao estudo da medicina preocupam-se mais com a focalização desta ciência, mas quem a exerce não fica senão nas entrelinhas.

Assim, cabe a quem investiga as condições em que o médico executava suas tarefas interpolar os relatos referentes à evolução da medicina. Outra fonte é o estudo da relação médico – paciente através dos tempos.

Aqui e ali, árduo se torna o estudo centrado no médico. Porém, quem lê o Código de Hamurábi logo descobre a maneira severa como o profissional de medicina era punido. Se não atingisse os objetivos visados pelo paciente, podia, em determinados casos, ter suas mãos amputadas. Na Idade Média, havendo dúvidas quanto à existência do *erro médico,* ele poderia ser submetido à *justiça ordálica.* No caso em lide, obrigava-se o suspeito a caminhar descalço sobre brasas ou a mergulhar as mãos em água fervente. Acreditava-se que, se a pessoa fosse inocente, Deus a protegeria do dano físico. Em verdade, nesta prova já estava implícito o castigo. Há casos em que o *ordálio* era aplicado com o açoite ou a ingestão de veneno.

Esses relatos levam-nos a supor que era necessária muita coragem em determinadas ocasiões para ser médico.

Outros exemplos obrigam-nos a alongar um pouco mais este prólogo defensivo. As condições de vida na Europa, pelos anos 1700, revelam um meio ambiente repulsivo, onde as doenças infectocontagiosas grassavam.

Um exemplo ilustrativo: Luís XIV reinava fulgurante em Versalhes e, enquanto isso, em cada quatro pessoas, uma falecia antes de completar um ano, e mais outra morria antes dos 20 anos. 25% dos franceses não chegavam aos 45 anos. Em 1885, em Nova York, a mortalidade era semelhante à acima referida. Morria-se por desnutrição ao nascer e, mais que por esta causa, por infecções.

A partir destas referências, podemos supor (mas não concluir) que os médicos dessa época possuíam alto nível de tolerância à frustração. Ou será que, por não dispor de meios eficientes para enfrentar as afecções letais, seriam revoltados e empenhados na descoberta de autênticas curas?

Sabemos que duas dimensões tornam-nos curiosos. Uma é o *status* com o qual se nasce ou se recebe, e o *papel,* que representa o aspecto dinâmico, pois se relaciona ao desempenho. Dito em outras palavras: a outorga do *status* de médico não implica forçosamente no exercício da profissão.

O fato é que podemos encontrar a focalização do *status,* contudo nem sempre fica clara a componente dinâmica dos profissionais da saúde.

Para finalizar esta meta-introdução, chamamos a atenção para o fato de que, não raramente, a História, que deveria ser fundamentalmente objetiva, vem impregnada do subjetivismo da distorção catatímica.

INTRODUÇÃO

"Entre os médicos o gosto pela História da Medicina aparece comumente tarde da vida."

Sir Fheodore Fox

A transição da pré-história foi gradual, durando séculos – isso significa que não se tem obviamente uma linha precisa de demarcação.

O fato é que o desenvolvimento da escrita constitui a chave para caracterizar uma civilização com maior precisão. Do contrário, a História é transmitida de geração a geração pelo relato dos mais velhos aos mais novos.

Não dispondo de comunicação escrita, o homem primitivo exprimia-se com desenhos ou esculturas, constituindo-se muitas vezes em parcos vestígios de uma cultura.

É bem verdade que os incas não dispunham de escrita; porém, na subcultura mochica, podemos verificar algumas doenças existentes à época. É famosa a cerâmica pré-colombiana, fruto de uma arte refinada: são os huacos. Os huacos não servem apenas para se acompanhar a evolução das subculturas, como também se prestam à verificação das enfermidades de que padeciam e das variadas práticas sexuais. Os mochicas legaram rica produção dos chamados huaco-retratos, constituindo-se em farta coleção para os estudantes de História da Medicina. Entretanto, deduz-se pouco do papel do médico.

Como veremos detalhadamente mais adiante, a medicina surgiu envolta na magia e na religião – o papel assistência era exercido pelos sacerdotes. Com a patologia, mais precisamente pelo estudo das múmias, sabemos que os incas praticavam a trepanação e, não obstante, do médico não temos muitos dados.

Nesta linha, por meio da paleopatologia, dúvidas não pairam quanto à variedade de enfermidades dos primeiros hominídeos. Como artifício didático compara-se o homem pré-histórico às crianças de 3 a 6 anos, as quais são dotadas de fértil capacidade de fantasiar. Em virtude disso, por extrapolação retrospectiva, podemos pensar que, do passado remoto até os dias atuais, as sociedades tribais criam mitos antes de criar ciências.

Existe na França uma caverna denominada "dos três irmãos", com pinturas feitas há cerca de 26.000 anos. Ali aparecem imagens de homens dançando sobre uma pedra, além de outro homem deitado. Sobressaindo, aparece a figura de um ser humano, vestido com pele de animal. Chama a atenção o rabo de cavalo, além da cabeça e chifres de rena, orelhas de urso e garras de alguma fera. É o mais antigo "retrato" de um médico tribal, amalgamado ao papel de feiticeiro.

Podemos, pelo comportamento dos animais, perceber que os seres humanos, desde um passado remotíssimo, eram norteados por uma medicina intuitiva. É possível, nessa linha de pensamento, deduzir que partindo do instinto de conservação da espécie, assistia-se à mulher grávida e à parturiente. Essa pode representar uma forma das mais antigas de cuidados médicos.

Finalizamos esta breve introdução citando Arturo Castiglioni, que afirma "que o estudo da medicina pré-histórica apresenta problemas, que são do maior interesse, mas ainda são de difícil solução".

O LEGADO DAS CIVILIZAÇÕES ANTIGAS

Enquanto a ciência era embrionária, o ser humano utilizava três procedimentos, isolados ou associados.

1°) Modelo mágico-religioso

2°) Curandeirismo

3°) Charlatanismo

Estas práticas devem sempre ser lembradas, porquanto, ainda hoje, sempre que as pessoas, mesmo as mais civilizadas, não achando uma resposta na autêntica ciência, recorrem às práticas acima citadas. Elas figuram nos livros como *práticas não-oficiais* ou *não-científicas*.

Magia e religião

Vindo das religiões mais antigas às mais evoluídas, encontramos em primeiro lugar aquela que confere poderes a certos objetos. Existe a convicção de que, por exemplo, os amuletos trazem sorte e defendem dos malefícios, que, por sua vez, virão também em objetos com energia do mal. Ainda hoje, há quem acredite na boa sorte trazida pelo trevo de quatro folhas, na ferradura de cavalo, na figa, no ramo de arruda etc. Em contrapartida, atribuem forças negativas ao espelho quebrado, ao gato preto, ao pé esquerdo etc.

A seguir aparece o animismo, isto é, a crença nos espíritos (entidades), intangíveis e invisíveis. São fantasmas que se incorporam nos padecentes e devem ser exorcizados.

Segue-se a preocupação com a natureza, conferindo a seus fenômenos *status* antropomórfico. Faz-se necessário pagar tributos ou orar para o sol, a chuva, os ventos etc., pois a preservação do meio é uma das pilastras da saúde.

Um modelo mais evoluído é o encontrado em civilizações mais desenvolvidas, como ocorria na Índia, Grécia, Assíria, Babilônia, Egito e outros mais. Eram adorados e temidos os deuses ora representados puramente por figuras humanas ora combinadas a aspectos de animais.

Finalmente, aparece o monoteísmo: judaísmo, cristianismo e islamismo. Vale notar que mesmo nas religiões superiores, onde há uniformidade de ritos, práticas arcaicas se intrometem para fortalecer o poder dos tementes a Deus.

Detenhamo-nos no feiticeiro tribal. Este costumava ter um poder maior que o chefe da sociedade primitiva. Quanto maior o seu conhecimento de doenças, mais respeito infundia – de modo análogo existe a grande admiração pelo clínico geral.

Como veículo da vontade dos deuses e intermediário dos mortais, o feiticeiro também podia decretar a morte – é o caso do *vodu*.

Aparece, destarte, nessas comunidades e nas mais desenvolvidas, a concepção de doença como resultado de pecado ou desobediência a tabus, que devem ser castigados. Na realidade, não deixa de ser cômoda a posição do emissário dos deuses, pois, se o doente não é curado e até morre, isso é resultado de decisão divina.

Nesse contexto, emerge a figura do *xamã* que, além dos traços fundamentais do feiticeiro-médico, apresenta aspectos dignos de nota. O xamã garante manter vivas as relações com o mundo supraterrestre e seus mistérios são transmitidos a seus herdeiros. O êxtase e a clarividência se manifestam durante o *transe*. Discute-se se é ou não um estado crepuscular auto-induzido. Seu modo de vestir é chamativo, diferindo dos demais membros da sociedade, e certos ornamentos revelam as lutas, em que os espíritos do mal foram vencidos. Importa lembrar que esse é um modelo de doença na concepção primitiva. Compreende-se também a chamada *"farmácia de sujeiras"* (*drek apotheke*), que se compõe de excrementos, urinas, sangue menstrual etc., em que um dos objetivos é despertar repugnância nos espíritos do mal que, assim, abandonariam suas vítimas.

O xamã não somente tentava aterrorizar os demônios, gritando, cantando e percutindo um tambor, como também abraçando firmemente o enfermo – procurava deslocar tudo que houvesse de indesejável para seu próprio corpo. Efetuada a transição, o mago ia até um *campo santo,* onde jogava no solo o mal, respeitado, temido e intocado, como o material contaminado na medicina de hoje.

Neste modelo de corpo transicional, percebe-se, por extensão, o que se espera do psiquiatra: tratar de seus pacientes sem ficar louco.

Outro modelo primitivo está na concepção da alienação mental: o espírito do psicótico foi arrebatado por um demônio, e cabe ao xamã retomá-lo para seu corpo e restituí-lo à pessoa afetada.

Configuram-se em síntese as duas grandes aspirações do ser humano: reter o que é bom e expulsar o que é maligno.

Não peca pelo excesso evocar a lei mosaica, que até hoje norteia os judeus ortodoxos: ali há normas rígidas de higiene, de alimentação, de cuidados com os doentes, sexologia etc. Um grande profeta, como Moisés, impôs tais práticas, como vontade de Deus, de grande valor até hoje.

Curandeirismo

O curandeirismo popular tem em sua gênese o empirismo, dedicando-se a combater sintomas, geralmente usando preparados à base de ervas, raízes, folhas de árvores etc. Pode usar orações, mas isto não é o fundamental de sua atuação.

Foi a partir do curandeirismo que a medicina científica pôde conhecer a reserpina, a quinina, a efedrina, o ópio, a cocaína, a ipeca etc. Quem se debruça sobre a história da medicina indígena do Brasil encontra farto material sobre o assunto. O precursor da sauna já existia, pois usavam o calor como instrumento terapêutico: o doente ficava deitado em uma rede, sobre um braseiro, e comendo guaraná. O objetivo era fazê-lo transpirar, melhor dizendo, purificar-se. Os membros doloridos eram tratados com cinzas quentes.

Como vemos, o curandeiro pratica várias formas de tratamento (fisioterapia, fitoterapia, dietoterapia etc.) fundamentado na experiência transmitida através de gerações. Como o curandeiro também é investido de poder, muitos procedimentos, principalmente as fórmulas de seus "medicamentos", são mantidos em segredo. É grande a lista de vegetais medicinais: ipeca (vomitivo), mamona (purgativo), jaborandi (diaforético), óleo de copaíba (ferimentos) e outros tantos mais.

O herdeiro contemporâneo do curandeiro é o balconista da farmácia, que não sabe colher os dados de anamnese, nem tampouco examinar o cliente; todavia pergunta pela *"queixa principal"* e tira da prateleira o remédio indicado para o sintoma.

O curandeirismo chegou a ser praticado em mosteiros. Os religiosos cultivavam plantas, que eram preparadas e usadas por eles, como médicos amadores.

Charlatanismo

É a prática fraudulenta. Parte de sua clientela é composta por pessoas que não se conformam com as limitações e os fracassos da medicina. O charlatão, habitualmente envolvente e sedutor, propõe-se triunfar nas manchas cegas do conhecimento médico. É preciso não esquecer que o charlatão deve ser avaliado e rotulado consoante a época em que vive.

Uma característica do charlatão é criar uma atmosfera alarmista, para que o cliente tenha medo de deixá-lo. Na Califórnia, uma vítima recebeu os seguintes diagnósticos de um desses farsantes: intoxicação por alumínio, infecção do intestino delgado e rim flutuante.

Fornecem medicamentos por eles fabricados, contudo afirmando que são fórmulas secretas oriundas da Europa. Propõem-se a devolver o cabelo aos calvos, a potência sexual aos velhos, o frescor da juventude às velhas, curar o câncer sem cirurgia nem quimioterapia ou radioterapia.

Alguns nomes ficaram famosos e figuram em inúmeros livros de história da medicina. Um deles é Franz Anton Mesmer, alemão que veio para Viena a fim de estudar medicina. Sabe-se, porém, que era graduado em filosofia. Alardeava os poderes curativos do magnetismo. Com uma baqueta, ele magnetizava pessoas e objetos. Como todos aqueles que praticam a medicina fraudulenta, dava preferência a clientes abastados ou poderosos no contexto social. Compreende-se tal seleção; ganhava muito dinheiro e, se fosse perseguido pelas autoridades sanitárias, teria a interferência dessas testemunhas a seu favor. Aos pacientes pobres, ele oferecia uma árvore dotada de energia magnética -- bastava tocá-la.

Outro charlatão muito citado é Giuseppe Bálsamo, autodenominado conde Cagliostro. Nascido em Palermo, fazia crer ser possuidor de poderes mágicos. Tratou de pessoas muito importantes da Igreja e da nobreza. Acabou caindo nas malhas da Inquisição, morrendo na prisão, acusado de bruxaria.

Um grande problema está no profissional da medicina que envereda pela prática fraudulenta. Não é sem razão que Fernando Magalhães dizia, em um desabafo: "Que Deus nos livre do charlatão diplomado!". Esse é, muitas vezes, mais nocivo que a pior das doenças.

História antiga e as raízes da ciência

Para não nos alongarmos, vejamos os principais pontos comuns aos diferentes povos, bem como outros de grande relevância.

As culturas antigas mantiveram o modelo teúrgico, isto é, médico-sacerdotal. Entre os sumérios e os assírios, vigorava a realeza sacerdotal. O rei era sempre e concomitantemente o intermediário dos deuses e dotado de grande poder curativo.

Vemos aqui e ali como os sacerdotes eram ávidos de poder, o que conseguiam exercendo cumulativamente outros papéis: exorcismo, adivinhação, profecias oraculares, coleta de impostos, astronomia e medicina. O cirurgião, quando existia, era apanágio de profanos.

No Egito, os médicos desempenhavam papéis de especialistas, dedicando-se exclusivamente a áreas restritas de atuação: olhos, dentes, intestinos etc. Além disso, eram proibidos de participar de embalsamamento. Talvez já tivessem a noção dos riscos resultantes do contato com o cadáver.

O estudo da Grécia revela dois pontos da maior importância. O primeiro é relativo ao mito do deus da medicina: Asclépios (Esculápio, para os romanos). Essa divindade ficou, de tal modo, entusiasmada com seus poderes que começou a ressuscitar os mortos, além de impedir que os enfermos morressem. Como o reino de Hades (Plutão) fosse ficando vazio, o deus dos infernos queixou-se a Zeus e este fulminou Asclépios com um raio.

Esse mito reflete a aspiração do médico jovem, que gostaria de conferir vida eterna aos pacientes graves. É comum que, no início da carreira, perder um paciente por doença ou acidente constitua uma ferida narcísica. Assim prolonga-se uma vida artificial, impedindo que o enfermo faleça com dignidade.

O marco histórico subseqüente é a figura exponencial de Hipócrates, da Escola de Kós. Cabe a ele o primeiro *corpo de doutrina* da ciência médica. Surgiu então verdadeiro tratado, contrastando com os conhecimentos muito limitados das tabuinhas cuneiformes ou dos papiros hieroglíficos.

Merece uma atenção toda especial o juramento hipocrático, até hoje repetido nas colações de grau. Vejamos alguns trechos:

> "Tal como a meus pais, respeitarei a meus mestres..."
>
> "... transmitirei a meus filhos e aos filhos de meus mestres e a quantos discípulos se obriguem e jurem de acordo com a norma médica, porém a ninguém mais..."

"... a ninguém administrarei um veneno mortífero, ainda que seja solicitado; não usarei abortivos nas mulheres grávidas..."

"... o que em minha prática veja ou ouça e o que delas souber no trato com os homens, não difundirei, pois ficarei calado e mantendo o segredo. Se cumpro e não rompo este juramento, seja-me concedido desfrutar da minha vida..."

"... se for perjuro, seja eu maldito..."

As curas, que eram procuradas nos templos, por meio de permanência ali e das orações, passaram a ser objeto da ciência médica, ensinada nas Escolas de Kós, Knide, Cirene, Alexandria, Rudes, Crotona. Na verdade, foi a partir do século VI a.C., com o nascimento da filosofia, que surgiu a medicina científica.

Em Roma, a profissão de médico já existia, como se verifica na Lei Aquilena, que castigava duramente quem praticasse a medicina com negligência. Entretanto, foi a partir de 219 a.C. que, com a chegada dos médicos gregos, Roma saltou para o modelo científico.

Coube a Aulo Cornélio Celso introduzir a nomenclatura das raízes gregas, o que até hoje sobrevive. A uniformização dos termos em apreço permitiu obviamente comunicação eficiente entre os profissionais da saúde.

Interessa ainda assinalar que grande parte do que se sabe dessa época vem da análise dos achados de Pompéia.

Galeno emerge como figura ímpar. Foi médico da escola de gladiadores, onde, com aguda percepção, aprofundou seus conhecimentos sobre anatomia e ferimentos. Sua obra, a *Arte Médica,* foi texto de consulta até o século XVIII. Os médicos de sua época, tal como os hipocráticos, valorizavam o poder curativo da natureza.

À época de Galeno, Roma vivia o maior esplendor imperial e, mais tarde, com a decadência do regime, começou a desmoronar a medicina e o respeito aos médicos.

Com a adoção do cristianismo, ressurgiu uma medicina religiosa, mas com os rituais correspondentes (unções, orações, imposição das mãos). Não há como negar que a Igreja pregava a caridade e deu maior dimensão à humanização do ato médico.

As tropas romanas não tinham verdadeiramente médicos – havia sempre em cada unidade militar um legionário, que acumulava tal papel com o de combatente. Além disto, nas guerras eram as barracas as precursoras dos hospitais – ali eram abrigados e tratados os feridos.

Com a obra de Aureliano Célio, passaram os médicos a conhecer melhor o caráter agudo ou crônico das afecções: Paulo de Egina é o último dos grandes médicos romanos. A partir dele, tem início a decadência da medicina bizantina.

A cultura árabe assimilou conhecimentos de outros povos, enriquecendo-os nos campos da química e da medicina.

A partir dos séculos VIII e IX, os maometanos traduziram as obras de Hipócrates e Galeno. Sucederam-se outras traduções, que também serviram de alicerce e de estímulo ao aprofundamento do saber médico.

No fim do século IX, o médico Rhazes preparou imensa enciclopédia, verdadeiro marco da referência, mas seu trabalho mais importante é *O livro das pestilências,* com descrição e diagnóstico diferencial entre sarampo e varíola. É sua a grande lição de sabedoria: "A verdade na medicina é uma meta, que não se pode alcançar, e tudo quanto está escrito nos livros vale muito menos que a experiência de um médico, que pensa e raciocina".

Os médicos árabes conheciam os efeitos dos venenos, abrindo uma nova dimensão para o diagnóstico e tratamento das vítimas dos mesmos, e mais tarde para a medicina legal.

Por orientação de Isaac Hebreu, os médicos ficam incentivados a estudar as febres e a praticar o exame de urina. Sabiam também da importância da relação médico-paciente.

Em 963, funda-se em Bassora a primeira sociedade científica e, nessa época, a cultura árabe alarga os horizontes da óptica e dos medicamentos.

O mais ilustre médico desse povo é Avicena, famoso desde os 18 anos. Sua obra teve validade por mais de 500 anos, sendo recomendada em inúmeros estabelecimentos de ensino médico.

Sua focalização deontológica é tão merecedora de lembrança quanto a de Hipócrates.

O médico deve possuir olhar agudo, ouvido apurado, paciência, uma cabeça lúcida e um espírito crítico, uma vontade de ferro, mas igualmente um coração cálido e sensível, compreendendo e compadecendo as misérias do próximo. Deve acreditar em Deus e possuir um sentimento moral acima de toda sensualidade, acima do interesse de lucros e de honrarias. Deve ter uma aparência externa conveniente e bons modos. Deve ser sadio de alma e de corpo. Como um camelo, deve arrastar o fardo de um saber enciclopédico e, apesar disso, conservar a frescura de um poeta.

O que se sabe dos hebreus tem origem nos relatos do *Velho Testamento* e do *Talmud*. Os preceitos de higiene eram exigidos pelos sacerdotes; porém eles não exerciam um papel curativo – seriam comparáveis a agentes de vigilância sanitária.

Havia, pois, uma legislação preventiva dominada pela religião, objetivando a pureza do corpo e da alma. Havia o médico prático que, contudo, sofreu a influência de outros povos (assírios, babilônios, egípcios) que escravizaram o povo de Israel.

Na Índia antiga, o exercício da medicina ficava reservado aos adoradores de uma divindade (Ahura Mazda). Os médicos culpados de erro grave eram severamente castigados. Existe alusão nos livros de antanho aos honorários recebidos pelos médicos e às provas de suficiência a que eram submetidos.

Os médicos já tinham alguma noção dos exames, como palpação, inspeção e ausculta e até empregavam o olfato e a gustação, a fim de avaliar o hálito e o sabor da urina dos diabéticos. A prática da cirurgia voltava-se arriscadamente à catarata e à litotomia.

Os honorários eram altos, mas a assistência era gratuita para os pobres. A ética profissional não permitia atender criminosos e doentes incuráveis.

Detemo-nos aqui, na transição da Pré-História para a História Antiga. Nossa intenção foi recordar como a Medicina nasceu em meio à magia e à religião. Entretanto, o ser humano sentiu a necessidade de se socorrer da ciência. Coberto de razão está Edward S. Golud ao dizer que "A ciência é verdadeiramente uma das invenções mais gloriosas da mente humana e foi por uma força dominante na conformação de nosso universo mental e do lugar, que vale ocuparmos".

A partir da Idade Média já se sente o impulso a descobrir e inventar. Quanto maior se tornava o conhecimento, os médicos ganhavam mais e mais credibilidade.

Estudar o progresso da medicina, através do processo histórico, divorcia-se do objetivo deste capitulo. Convém assinalar, porém que nem sempre os doentes encontram uma resposta rápida e eficiente na ciência*. Assim não será de estranhar o apelo às práticas não-científicas. Isso se dá não obrigatoriamente como fruto da ignorância, mas, sim como expressão do desespero e, até mesmo, na aspiração da imortalidade.

O SER MÉDICO

Várias dimensões são hoje questionadas sobre a razão da escolha da profissão médica: afinidade pelas ciências biológicas, amor ao próximo, desejo de praticar o bem a seus semelhantes, contribuir para o bem-estar da humanidade.

Essas são as dimensões mais focalizadas; contudo, há quem afirme de modo enfático que o mais decisivo é a *busca de poder*. Para isso, lembram que um documento médico (atestado, certidão, parecer, laudo) pode deflagrar a anulação de casamento ou de testamento, a interdição, a aposentadoria, a isenção para o serviço militar, tudo isso sem esquecer do laudo de exame de sanidade mental para efeito de avaliação da responsabilidade criminal ou da periculosidade.

A decisão de *ser* médico não pode ser avaliada senão por uma focalização multidimensional.

Axiomática é a primeira condição: ser graduado em medicina. Entretanto isto não basta – é a erudição, sempre atualizada (tarefa hercúlea) e foi exatamente o conhecimento cada vez mais profundo das doenças e dos tratamentos que conferiu maior respeito aos médicos. A medicina científica separou-se da mágico-religiosa para maior prestígio do médico.

A par disto, espera-se que o médico tenha competência técnica. É preciso conhecer os métodos e técnicas de exames e de tratamentos, viga-mestra para, sabendo interpretar também a anamnese, formular com certa precisão diagnósticos e prognósticos.

De nada vale o *loqos* sem a *práxis*. A erudição deve existir ao lado da experiência.

Vez por outra, na concepção popular, o médico jovem estaria mais atualizado e o velho seria mais experiente. Essa formulação *pode* estar certa (não significa deve), visto como o jovem é mais ávido pelos conhecimentos novos e o velho é mais conservador, entrincheirado em conhecimentos e práticas obsoletas.

Com a criação dos conselhos regionais, foi possível exercer mais e mais o papel de proteção da sociedade contra os colegas incompetentes e anti-éticos.

O cabedal de conhecimentos adquirido na faculdade não basta. O médico deve sempre se aprimorar, além de atualizar-se, mas sabendo sempre que livros, revistas, congressos e associações de nada valem sem a prática no consultório ou no hospital.

Um ponto de extrema importância é o altruísmo ou o respeito ao paciente. Com raras exceções, o paciente tem direitos e o médico tem deveres.

Um ponto de extrema importância vincula-se ao conflito de papéis. Isso pode ser esclarecido com um exemplo: o exercício do papel pericial não pode ser acumulado com a assistência na relação com o mesmo paciente. Se, na medicina seletiva, o médico reprova o candidato a algo, julgando-o incapaz para o fim a que se destina, não pode aceitá-lo para tratar-se.

Não há motivo para desprezar um aspecto bem focalizado nos Conselhos de Medicina, que é a proibição de exercer a profissão enquanto se estiver acometido de doença mental. É evidente que hoje não há mais o nihilismo terapêutico das psicoses. Existem formas de evolução, com recuperação completa (*restitutio ad integrum*). Cada caso é um caso singular. O problema está em evitar que o médico seja um agente patogênico.

Sabe-se que na relação médico-paciente impera a neutralidade afetiva, que não deve ser confundida com frieza. A rigor, esse encontro não pode ser "contaminado" pelo erotismo e pela agressividade. Objetar-se-á que os pacientes psiquiátricos são mais propensos a envolver o médico com a liberação de tais impulsos. Se for difícil ao paciente refreá-los, cabe ao médico não pactuar com a *liberdade louca*. Quando houver retribuição, fica extinta a relação profissional.

Prega-se muito o tratamento *igualitário* aos pacientes. Como se trata de formulação utópica (e não mítica), sempre existe a esperança de se tornar realidade.

O desempenho do papel só se deve fazer se o médico é convocado para tanto. A onipotência do profissional jovem leva-o a examinar o ascensorista dentro do elevador ou a prescrever os mais variados medicamentos enquanto se banha na praia. Podemos complementar: não basta apenas o ser chamado – o ambiente deve ser apropriado. A função necessita ser ritualizada.

O respeito ao cliente é sagrado e não pode ser arranhado por preconceitos religiosos, políticos, de identidade sexual. Os hipocondríacos, os simuladores, os doentes factícios, vez por outra despertam a ironia da equipe de saúde ou, até mesmo, a agressividade franca, o que não é desejável.

Atualmente, mais do que nunca, o médico tem por princípio conhecer as ações e efeitos dos tratamentos que emprega. A iatrogenia implica em danos inevitáveis, e, mesmo assim, a medicina progride de tal modo que os tratamentos com certa rapidez se sucedem, com riscos cada vez menores. A par disso deve ser suficientemente competente, a fim de evitar o erro médico, em cuja gênese estão negligência, imperícia e imprudência.

Imperdoável é esquecer a inserção social de cada paciente. Na denominada patologia psicossomática e na psiquiatria, vemos, com certa freqüência, instituições e comunidades patogênicas.

É mister inserir sempre os antecedentes psicossociais com ênfase nas crises vitais (evolutivas ou acidentais) quando é posta à prova a eficiência dos mecanismos anímicos de adaptação ou de defesa.

A promoção da saúde, a prevenção da doença, o aprimoramento dos exames, a exatidão crescente do diagnóstico, a grandeza do arsenal terapêutico, tudo isso vem possibilitando ao ser humano viver mais. Entretanto, não pode o médico ficar cego à finitude da vida. Há um momento em que o paciente tem o direito de morrer em paz.

Últimas linhas

Tentamos, como aprendiz de historiador, traçar, desde as priscas eras, como o papel de médico se desvinculou da magia, do empirismo e da fraude. O médico, sim, porém, o paciente, não.

O ideal é que o historiador, amador ou profissional, seja o mais objetivo, isto é, apresente um fiel relato do fato. No entanto, há sempre o risco do subjetivismo, que implica em uma óptica deformada. Henri-Irenée Marrou diz acertadamente: "A história é uma aventura espiritual, onde a personalidade do historiador se engaja inteiramente".

Quanto maior a subjetividade, maior a possibilidade de a fantasia impregnar qualquer vivência. O médico, por ser humano, mas ao mesmo tempo cientista, quando seu sofrimento parece não ter fim, pode voltar-se para a magia, e espera, então, beneficiar-se com milagres. Os exemplos estão por aí...

Referências bibliográficas

AUBERY, Jean. (1956). *Les grandes victoires de la medecine,* Paris, La Table Ronde.

BERGUA, Juan B. (1960). *Mitologia universal.* Madrid, Ed. Ibéricas, 2 vol., 2ª ed.

CASTIGLIONI, Arturo. (1947). *História da medicina,* São Paulo, Ed. Nacional.

CID, Felipe. (1978). *Breve historia de las Ciencias Medicas,* Barcelona, Ed. Expaxis.

COE, Rodney M. (1979). *Sociología de la medicina,* Alianza Editorial, 2ª ed.

DUMAITRE, Paule et al. (1978). *História de la medecine et du livre medicale,* Paris, Ed. Pigmalion.

ELIADE, Mircea. (1951). *Le chamanisme,* Paris, Payot.

ENTRALGO, Pedro Lain. (1963). *Historia de la medicina moderna y contemporanea.* Editorial Científico-Médica, 2ª ed.

___________. (1969). *El médico y el enfermo,* Madrid, Ed. Guadarrama.

___________. (1981). *Historia de Ia medicina,* Salvat, 2ª reimpressão.

___________. (1981). *La medicina actual,* Madrid, Dossat, 2ª ed.

FLEURY, Maurice de. (1927). *Le médicin.* Paris, Hachette.

FOUCAULT, Michel. (1977). *O nascimento da clínica.* Rio de Janeiro, Forense Universitária.

FRIEDMAN, Meyer & FRIDLAND, Gerald W. (1943). *As dez maiores descobertas da medicina.* São Paulo, Companhia das Letras, 3ª reimpressão.

GALDSTON, Iago. (1981). *Social and historical foundations of modern medicine.* New York, Brunner/nazel.

GOLUB, Eduard. (1994). *Los limites de la medicina.* Santiago, Editorial Andrés Bello.

GUISANDE, Gumersindo Sanchez. (1945). Buenos Aires, Ed. Atlantida.

JAMES, E. O. (1959). *La religion prehistorique.* Paris, Payot.

MARROU, Henri-Irenée. (1958). *De la conessance historique.* Paris, Ed. Du Sevil, 3ª ed.

McKEOUWN, Thomas. (1979). *The role of medicine.* New Jersey, Princelton University Press.

MIROLI, Alejandro B. (1978). *La medicina en el tiempo.* El Ateneo.

PARSONS, Talcott. (1964). *The social system.* New York, Free Press.

PORTER, Roy et al. (1996). *The Cambridge illustrated history of medicine.* Cambridge, Cambridge Press.

RIBEIRO, Lourival. (1971). *Medicina no Brasil Colonial.* Rio de Janeiro, s/e.

SALLES, Pedro. (1971). *História da medicina no Brasil.* Belo Horizonte, Ed. Holman.

SCARBOUGH, John. (1969). *Roman medicine.* London, Thames and Hudson.

SCHAFF, Adam. (1974). *História e verdade.* Lisboa, Ed. Estampa.

SELLING, Lowell S. (1940). *Men against madness.* New York, Greenberg.

SILVERBERG, Robert. (1966). *The dawn of medicine.* New York, G. P. Putnanfs Sons.

THORWALD, Jürgen. (1990). *O segredo dos médicos antigos.* São Paulo, Melhoramentos.

____________. (1976). *O século dos cirurgiões.* São Paulo, Hemus.

WEBSTER, Hutton. (1952). *Le tabou.* Paris, Payot.

WILLIAMS, Harley. (1954). *Masters of medicine.* London, Pan Books.

2 – O Ensino da Psicologia Médica

Abram Eksterman

Introdução

Vou limitar minha colaboração à iniciativa do professor Júlio de Mello Filho de colecionar em um livro algumas colaborações sobre a identidade médica, no qual me coube dissertar sobre educação médica, a um artigo que escrevi há mais de vinte anos dedicado ao Ensino de Psicologia Médica, uma síntese na verdade que ainda subscrevo. Tive a iniciativa de assinar um dos primeiros programas de ensino sobre o tema, proposta vinculada ao ensino de Clínica Médica da Faculdade de Medicina da UFRJ, na época parcialmente aprovada, porque tinha em mente a obrigatoriedade do estudante aprender a lidar com gente, com pessoas, portanto, e não apenas com o funcionamento de uma máquina física chamada corpo. Acredito, como sempre acreditei, que a aprendizagem desse manejo é indispensável no currículo clínico, pois é evidente que o médico não extrai, nem da vida, nem de seu preparo humanístico dos múltiplos cursos que freqüenta, ao longo de todos os níveis de ensino, formação adequada para lidar com gente. A própria rotina e os protocolos médicos, assim como as estruturas institucionais de saúde, não contêm em seus esquemas de funcionamento nada nesse sentido, a não ser algumas recomendações filosóficas de natureza ética, algumas extraídas de preceitos deontológicos que têm valor prático quase nulo, e em geral salvos pela formação ética pessoal de uns quantos profissionais abnegados. Infelizmente muito poucos. Como se sabe, rotinas e protocolos prescrevem o que fazer diante do diagnóstico de patologias, atropelando freqüentemente a singularidade dos doentes em benefício de recomendações estatísticas.

Iatropatogenias, má prática, pletora de exames laboratoriais e de imagem, custos desnecessários e abusivos de tratamentos não raro dispensáveis e equivocados, hospitalizações questionáveis, assim como cirurgias, medicações impostas mais por protocolos que por necessidades terapêuticas específicas, tudo revelando um afastamento perigoso da clínica, da relação com o doente, patrocinado pela banalização do ato médico, mediocrizado pelos sistemas conveniados, inclusive estatais, dentro da engrenagem mercantilista da cultura de nossa época.

Quando muito a idéia de humanização está sendo compreendida como recreação fornecida por divertidos palhacinhos. É urgente e imperativa a renovação do estudo de uma antropologia médica, tendo, em seu centro, e como eixo da prática médica, o homem doente, e não apenas a doença em suas multiformes maneiras de se apresentar. Conseqüência infeliz desse afastamento crítico do doente é a proliferação de medicinas alternativas, de buscas de crenças que prometem (e até cumprem) compreensão e apoio ao doente, ato que deveria estar no âmago do próprio procedimento da rotina médica.

Tudo isso para afirmar que não é necessário dissertar sobre o ensino da técnica de lidar com o corpo, pois esta já é objeto de exaustivas dissertações, algumas, inclusive, abusando de seu sucesso, substituem as técnicas e o conhecimento do encontro humano entre médico e paciente, encontro esse que deveria ser o substrato indispensável de qualquer ação terapêutica.

A pedido de uma universidade ensaiei uma proposta de ensino que elaborei há mais de dez anos, criando um Departamento de Antropologia Médica com dez disciplinas, que deveriam percorrer e se integrar a todo o ensino médico. Como propus em 1970, na UFRJ também, esse Departamento deveria ter o caráter de uma interdisciplina, ou seja, constituir o tecido conjuntivo das ações de saúde, permeando o estudo da relação médico – paciente em todos os atos médicos e fornecendo o apoio teórico necessário para dar substância científica a esse estudo, transcendendo a mera recomendação deontológica ou ética. O programa, depois de quatro anos de execução, colidiu com outros interesses políticos e econômicos e foi interrompido. As tentativas tímidas de ensino de Psicologia Médica e de Antropologia Médica continuam. Têm o mérito de estimular um grupo expressivo de estudantes a cuidar de doentes, mas não chegam ainda a produzir uma rotina. São honrosas exceções, mas que nos estimulam a insistir nesses programas humanizantes. E essa insistência está na reapresentação desse artigo. Espero que ele seja útil no contexto desse livro, como já o foi para compor e orientar inúmeros currículos ao longo desses anos.

Delimitação conceitual

Um retorno ao humanismo marca a nossa atualidade convulsionada por crises. A Medicina de hoje, ao se voltar para as suas origens hipocráticas, esforça-se em reparar o longo esquecimento a que relegou o objeto básico de sua atenção: a humanidade do homem. Pretende-se, agora, que o objeto da tarefa médica seja o próprio homem e não apenas órgãos ou sistemas, disfunções ou anormalidades. Coube à Medicina Psicossomática contribuir decisivamente para a reconceituação da prática médica e há uma dupla influência a considerar: a primeira derivada das pesquisas suscitadas pelo clássico problema da relação corpo – mente; a segunda conseqüente à infiltração da psicologia na compreensão dos fenômenos mórbidos em geral e dos problemas de relacionamento clínico, estes últimos tradicionalmente entregues aos azares da arte. As respostas ao problema corpo – mente, dentro da patologia, encontraram, nesse século, apoio teórico principalmente nos estudos da Psicanálise e da Psicofisiologia, respostas essas que, procurando estabelecer conexões causais entre os fenômenos somáticos e psíquicos, deram origem a conceitos como os de somatização, enfermidade psicossomática e psicogênese. A aparente aproximação dos problemas relativos às áreas somáticas e psíquicas produzida pela introdução do psiquiatra nas lides do hospital geral foi conturbada pela multiplicação de teorias, pelo excessivo uso de termos esotéricos e estranhas técnicas terapêuticas, inconciliáveis com a indispensável e ampla comunicação que as especialidades devem manter. Além disso, acrescentou-se à habitual diferenciação entre o que é somático e psíquico uma outra: o que é psicossomático. Embora essa abordagem tenha tido o mérito de muito ampliar o nosso conhecimento, acentuou a dissociação mente – corpo e como conseqüência fragmentou ainda mais o doente na prática terapêutica. Podemos concluir que "nos parâmetros da prática médica geral, ao considerarmos o homem como um todo indissociável, o problema da 'somatização' afigura-se um pseudoproblema" (Eksterman, 1977). O estudo do fenômeno psicossomático não deve levar a divisões, mas à integração. Não há como deixar de reconhecer que "não há doenças psicossomáticas; todas as doenças são psicossomáticas" (D. Perestrello, 1964). Isso não deve ser apenas um enunciado recitativo.

Por outro lado, a presença do psiquiatra no hospital geral trouxe um benefício secundário, muitas vezes fortuito e inesperado. Reporto-me aqui a um aspecto de minha experiência ao lado de clínicos em hospital universitário. Durante algum tempo (não mais de dois anos) dediquei-me ao estudo dos fatores psicológicos que intervinham na eclosão e manutenção da enfermidade. Minha contribuição à clínica era a do especialista e o meu laudo simplesmente somava-se aos demais, pouco contribuindo para a conduta terapêutica final. Meus relatórios eram considerados mais curiosidades clínicas que objeto para uma séria reflexão semiológica. Uma observação ocasional modificou minha atitude e participação na equipe clínica: verifiquei que o médico que fala com o doente não é o mesmo que posteriormente fala desse mesmo doente. Ao falar do doente introduz expressões emocionais encobertas no contato clínico prévio e que jamais eram assinaladas no prontuário. Passando a considerar os aspectos emocionais envolvidos como o ruído da comunicação médico-paciente, resolvi dedicar-me ao estudo desse ruído e verificar sua interferência na condução da anamnese, no raciocínio diagnóstico e na prescrição terapêutica. A rigor, procurei especializar-me em ruídos. Sua análise minuciosa permitiu uma melhor compreensão das distorções do convívio clínico em todos os seus aspectos e uma gama considerável de problemas iatrogênicos pôde, assim, ser surpreendida. A iatrogenia não afetava apenas o doente, mas o próprio médico e freqüentemente o estudante de medicina, sobretudo aquele no início de sua aprendizagem profissional. Nele pude reconhecer uma comum "hipocondria transitória do terceiro anista", condição patológica breve e reversível – hipocondríaca como o nome indica – e que atingia o principiante da prática clínica (terceiro anista do curso médico), como resultado de identificações mórbidas defensivas em período sincrético de relacionamento com o doente sob o seu cuidado (ou mesmo com o assunto clínico recém-exposto pelo professor). O processo transferencial-contra-transferencial evidenciado na prática psicanalítica era assim também observável na prática médica geral (ressalvadas as particularidades do campo específico) com repercussões importantes para o diagnóstico, terapêutica e prognóstico do caso clínico, sem mencionar o adoecer progressivo e insidioso a que o próprio médico estava sujeito. Não eram achados originais – nem era essa a pretensão – mas produziram uma notável mudança na orientação de ensino naquilo que aqui está sendo denominado "formação psicossomática". Passamos a considerar prioritário no ensino e formação do profissional da saúde a aprendizagem da psicologia do relacionamento clínico e passamos a entender Psicologia Médica como o campo específico desse estudo. Justificamos assim nossa posição: a formação psicossomática nas ciências da saúde está identificada com o ensino de Psicologia Médica.

O ENSINO DE PSICOLOGIA MÉDICA

Conceito

Concordamos com Pierre B. Schneider (1971) que Psicologia Médica é o estudo da relação médico-paciente. Prefiro uma metáfora: Psicologia Médica é o tecido conjuntivo da prática médica em geral. O objetivo final é a Medicina da Pessoa, ou seja, o atendimento ao ser humano, enfermo, em função de sua biografia e do mundo ao qual se adapta (D. Perestrello, 1974). É assim uma disciplina específica na medida em que fica claramente delimitado seu campo de estudos. Com isso não excluímos estudos associados como os de Antropologia, Sociologia, Psicologia Evolutiva, Psicologia Social, Personalidade, Comunicação, Semiótica etc. Podem ser pré-requisitos indispensáveis e ênfase especial deve ser dada ao conhecimento da criança e da relação materno – infantil.

Examinaremos preferencialmente a área de saúde dentro da qual temos maior experiência, ou seja, a do ensino médico, e os parâmetros que podem nortear um programa de Psicologia Médica[1]:

1) O conteúdo programático de Psicologia Médica não deve ficar restrito aos limites de uma disciplina curricular. Deve principalmente comportar-se como um campo propiciador da formação médica. Mais ajudar o aluno na construção de uma mentalidade médica que na simples aquisição de conhecimentos teóricos; mais incidir na área afetiva da aprendizagem, que na cognitiva, mesmo tomando em consideração que ambas formam um todo indissociável.

2) Como um estudo do homem a serviço da prática médica, a disciplina de Psicologia Médica deve estar presente nas atividades

1. Os três parágrafos seguintes foram retirados do documento apresentado à Faculdade de Medicina da UFRJ em 1976 sob o título "Fundamentos para um Programa de Psicologia Médica" e elaborado por uma comissão constituída por: Abram Ekstermann (coordenador), Adolpho Hoirisch, Jacques Vieira Engel, José Angelo de Souza Papi e Júlio de Mello Filho.

didáticas de todas as demais disciplinas e em todo o período escolar. Comportar-se-á no currículo como um campo de aprendizagem eminentemente interdisciplinar. Por sua vez, o aluno contará com um auxílio importante para sua integração no processo de aprendizagem médica e na própria Faculdade, bem como receberá a orientação indispensável para estabelecer com os doentes uma relação produtiva, harmoniosa e terapêutica.

3) Como atividade pedagógica predominantemente interdisciplinar, não acarretará alterações consideráveis da carga horária já existente, mesmo ampliada para todos os anos do curso médico. Isto porque poderá utilizar o tempo de cada uma das disciplinas em programas associados aos objetivos da Psicologia Médica com a vantagem de expor ao aluno a óbvia unidade mente – corpo, a qual deve prevalecer em toda ação de saúde. Secundariamente, fornecerá aos professores das diferentes disciplinas subsídios para que eles próprios se tornem, paulatinamente, os professores básicos dessa formação. Com isso, o professor de Psicologia Médica poderá, com o tempo, melhor atuar na supervisão, elaboração e gerência de programas educacionais, além de melhor poder vincular-se aos programas assistenciais do Hospital ao qual estiver associado. Na temática de Psicologia Médica, o estudo do "Processo Clínico" constitui o núcleo central de ensino.

O PROCESSO CLÍNICO

Como processo clínico entendemos o conjunto estruturado de acontecimentos produzidos no campo dinâmico estabelecido entre o médico (ou equipe de saúde) e o paciente. Percorre o tempo que vai do primeiro encontro à alta, ou separação médico – paciente. Inclui todos os procedimentos médicos, comunicações verbais e extraverbais, experiências afetivas veiculados no espaço físico do campo de relações clínicas. À Psicologia Médica interessa particularmente a patologia do processo clínico. Nesse processo, três síndromes merecem especial atenção: a síndrome de dependência, a síndrome da alta e a síndrome da eutanásia.

A primeira é derivada dos vínculos emocionais que o doente estabelece com o médico, altamente impregnada por pautas de condutas regressivas infantis, análoga aos fenômenos transferenciais do contexto psicanalítico. À dependência do paciente responde o médico com sua contradependência, defendendo-se dos vínculos regressivos, escotomizando-os ou rechaçando-os, ou, o que é muito comum, promovendo-os para alimentar suas próprias fixações infantis. Nesse último caso, o médico precisa do doente, muitas vezes mais do que este do médico, e, inconscientemente, promove a manutenção e cronificação da enfermidade.

A síndrome de alta constitui um episódio mórbido do processo clínico, bem caracterizado, e que ocorre a partir do momento em que é anunciada a separação médico-paciente. Os vínculos emocionais regressivos que não podem ser abruptamente desfeitos fazem falhar as adaptações súbitas exigidas no momento da alta. Como conseqüência, o doente piora ou nova enfermidade se instala, seja na área somática, mental ou social. Exemplo são os pacientes peregrinos, visitantes crônicos de ambulatórios e consultórios, infelizes sofredores, vítimas da busca incessante de seus protetores arcaicos.

O nome "síndrome de eutanásia" foi-me sugerido pelo apelo que um doente mental grave, esquizofrênico, fizera-me há muitos anos, como primeira frase de um tumultuado contato clínico inicial: "Doutor, eu quero que o senhor me faça eutanásia", violência a que eu não atendi com risco à minha integridade física. Pesquisada essa formulação dentro do contexto clínico foi possível observar que o doente chamado somático nem sempre pretende, ao buscar ajuda médica, aliviar ou curar seus males. Ao contrário, levado por impulsos mórbidos suicidas inconscientes, procura no médico auxílio para uma eutanásia parcial ou total. Muitas vezes o consegue. São as induções iatrogênicas, comuns na prática clínica e cirúrgica. Os conhecidos doentes policirúrgicos são exemplos dessa situação.

Essas "síndromes do processo clínico" são apenas alguns flagrantes ilustrativos da vasta área de estudo representado pelo campo do processo clínico. Detivemo-nos apenas numa descrição esquemática.

A seguir, desenvolveremos os objetivos didáticos básicos do estudo do processo clínico, como propostos, nas áreas de ensino na qual atuamos[2]. O ensino do processo clínico deverá focalizar:

a) *A compreensão antropológica da doença, ou seja, das manifestações mórbidas em função das particularidades existenciais do doente.* A doença é o produto de uma construção biográfica específica. A pessoa constrói sua enfermidade e não apenas é afetada por ela como algo estranho à sua personalidade. Constrói-se saúde como se constroem doenças – são em si processos diferentes. Eliminar a enfermidade não é o mesmo que obter saúde. Um dos graves defeitos da formação médica tem sido justamente esse: presumir que a recuperação do doente equivale à eliminação das formas manifestas da patologia, a razão por que, via de regra, o profissional da saúde entende pouco de saúde. Dedicado à doença, conhece patologia. Não higiene. O problema médico não deve se restringir ao combate às doenças, mas à promoção de condições para que o ser humano possa construir saúde. E saúde depende da trajetória existencial de cada um.

b) *Os fenômenos de psicologia de grupo na prática médica são observáveis em familiares de doentes, nos grupos de doentes atendidos em ambulatórios e internados em enfermarias, nas equipes médicas e auxiliares, nas relações do corpo clínico com a enfermaria.* Aqui a enfermidade é examinada como expressão da morbidez do grupo. Como exemplo, o doente do grupo familiar, depositário da enfermidade

2. Faculdade de Medicina da UFRJ.; Escola de Medicina da F.T.E.S.M.; Cursos de Pós-Graduação da UFRJ.

grupal, que ao se recuperar, faz com que outro membro do grupo adoeça. O campo dinâmico formado pelas equipes de saúde influencia o prognóstico do doente e a condução da terapêutica.

c) *A relação médico-paciente em seus múltiplos aspectos.* É o centro de interesse desse estudo. Médico e paciente formam um todo indissociável. O destino da terapêutica está condicionado pelo conhecimento da dinâmica desse todo.

O estudante comprometido nesse processo educacional deverá obter a preparação mínima para:

a) *Reconhecer que o doente é um ser vivo, semelhante a ele, estudante, na sua complexidade biopsicossocial, com o propósito básico de poder respeitar o doente.* A coisificação do doente em nível de peça anatômica ou de animal de experimentação é algo facilmente observável e pouco ou nada se obtém com preleções deontológicas ou mesmo com o juramento hipocrático. Esse é um assunto da formação da pessoa do médico e da construção de sua identidade profissional. (A. Hoirisch, 1976).

b) *Dialogar com o doente de forma que possa captar não somente informações específicas quanto à eclosão e desenvolvimento de uma patologia, mas a maneira de ser intima do doente, seu mundo inconsciente, estabelecendo, quando possível, correlações entre a biografia e as manifestações somáticas passadas e principalmente atuais.* A anamnese da doença fica assim substituída por uma anamnese integral, antropológica. Em lugar do diálogo estereotipado, dirigido, vazio de emoções e freqüentemente falsificado pelo doente (senão pelas expectativas prévias do médico), o diálogo aberto, não dirigido, voltado para as preocupações do doente, sua maneira de viver e de adoecer.

c) *Ter a capacidade de identificar-se com o doente para compreendê-lo e assim poder reconhecer suas dificuldades reais com o propósito de diagnosticar o doente (e não apenas a doença).*

d) *Ter condições emocionais para fazer clínica, isto é, ficar ao lado do doente, acompanhá-lo, podendo assim atender suas necessidades reais com o propósito de estabelecer uma terapêutica específica para* aquele *doente.* É a singularização do caso clínico só possível quando não somente a doença é valorizada, mas e, sobretudo, o doente.

e) *Ter formação básica e a compreensão para não ser dirigido, sem disso se aperceber, por propósitos mórbidos inconscientes do doente.* Evita-se com isso o papel de agente morbígeno adotado pelo médico, induzido pelas necessidades inconscientes do doente, dentro do campo dinâmico de relações que ambos estabelecem no pacto terapêutico.

A temática estende-se por todos os problemas do processo clínico julgados relevantes, desde o encontro até a alta, e, no final, o estudante deverá estar capacitado para colher os dados necessários para compor "a história da pessoa" do doente.

A HISTÓRIA DA PESSOA

Do diálogo que médico e paciente estabelecem entre si, além das várias histórias importantes para o registro clínico, transparece uma "história da pessoa"[3] que vai permitir o diagnóstico do doente. Esse diagnóstico está apoiado num triplo conjunto de informações significativas prestadas pelo doente, quando lhe é permitido

3. Proposta pelo autor em 1973 para inclusão no registro clínico de rotina do serviço do professor Clementino Fraga Filho.

expressar-se de forma espontânea para um médico interessado e atento:

a) sua biografia, mais como a vivenciou do que como os fatos se passaram na realidade objetiva e cronológica;
b) as circunstâncias de vida nas quais sobreveio sua enfermidade atual, bem como as circunstâncias nas quais adoeceu anteriormente;
c) a maneira como se relaciona com o médico e se relacionou com os anteriores.

Os dados biográficos tornam o doente uma pessoa para o médico e não apenas uma patologia. A vantagem é a singularização do caso clínico com a conseqüente adaptação das medidas terapêuticas para aquele doente. O conhecimento das circunstâncias de vida nas quais sobreveio a enfermidade possibilita evitar a revivescência das mesmas circunstâncias morbígenas no relacionamento clínico. A relação médico-paciente pode ser fonte de graves iatrogenias, algumas das quais, como já foi exposto, induzidas pelo paciente, sem que o médico disso se aperceba. A compreensão da relação médico-paciente permite uma aliança criteriosa com o doente. O estudo da patologia "somática" leva a *o que* da terapêutica; o estudo da pessoa do doente e da relação médico-paciente leva ao *em quem* para poder se chegar ao *como* da mesma terapêutica. O chamado bom senso, tato, bondade, espírito humanitário não está aqui em pauta, sem menosprezar essas qualidades. Importa, no caso, é o estudo do doente através do qual seja possível desenvolver métodos seguros na condução dos objetivos da terapêutica.

O diagnóstico do doente, através da história da pessoa, permite ao médico a deiscência de sua identidade fundida no campo de atuação clínica à identidade do paciente por vínculos emocionais profundos. Ao identificar o paciente, restabelece a própria identidade e assim pode o médico com mais facilidade manter lúcido seu raciocínio objetivo e científico e a sua integridade hígida. Observações realizadas permitiram-me concluir que a "história da pessoa" previne o adoecer do médico como resultado dos estados confusionais pelos quais é obrigado a passar em sua prática quotidiana.

OUTROS ASPECTOS DA FORMAÇÃO PSICOLÓGICA DO MÉDICO

Assinalamos anteriormente pré-requisitos indispensáveis para introduzir o aluno no estudo de Psicologia Médica (como aqui foi conceituada). Algumas observações adicionais merecem ser destacadas.

Basicamente, o aluno deve ser introduzido no estudo do homem como pessoa. Ao familiarizá-lo com o método científico das ciências culturais, ou das ciências do homem, distinguindo-o das ciências naturais, pode fundamentar a compreensão do homem como unidade biopsicossocial em permanente relação com o seu mundo. Ao confrontá-lo com um setor do pensamento médico, através do exame do desenvolvimento da relação médico – paciente mostrando, quando possível, aspectos do passado atuantes no presente, poderá compreender os mitos e crenças que ainda estão arraigados nas atuais ações de saúde. Na área de Psicologia Evolutiva, o ensino deverá possibilitar ao aluno uma percepção a mais nítida possível do que é o homem em sua totalidade, ou seja, como se adapta de forma adequada ou inadequada, como se comunica com seus semelhantes, como leva a cabo as demandas imperiosas de seus impulsos e que destino dá a seus sentimentos. Habituar-se-á o aluno a valorizar a dinâmica dos processos mentais e não apenas a visualizar e compreender o homem através daquilo que explicitamente manifesta. Com isso pretende-se abrir caminho para que o aluno possa estar preparado para ver o doente como pessoa, e não apenas como um organismo encarado biologicamente.

Também a complexidade da aprendizagem médica não pode ser apenas reduzida a problemas de ordem intelectual. Deve ser levada em consideração a inevitável mobilização de emoções e defesas diante de um semelhante enfermo e ameaçado de morte, exposto na sua intimidade, ou inerte e fragmentado. O que com isso se pretende é ajudar o aluno nessa experiência de aprendizagem, freqüentemente traumática, acompanhando-o em seu crescimento dentro do processo educacional, facilitando-lhe recursos, ainda que limitados, para transformá-lo em um médico, capaz de integrar-se a outras pessoas e delas cuidar com interesse humano. Deve o educador estar atento para as crises de formação do educando e acompanhá-lo em suas experiências com o cadáver e com o animal de experimentação; em sua integração aos sistemas educacionais, ao professor e à Instituição; em seus problemas vocacionais e em sua integração nas equipes de saúde. O futuro agente de saúde é o primeiro a necessitar de toda a atenção profilática, pois nele recairá uma parte do destino das pessoas sob sua responsabilidade.

MÉTODOS DE ENSINO: O GRUPO ORIENTADO POR TAREFAS

Psicologia Médica é menos assunto de informação que de vivência. A mera informação conduz inapelavelmente à pseudo-aprendizagem. O repetidor de conceitos nada sabe e, infelizmente, pensa que sabe. Educação é transformar. Em nenhuma outra disciplina médica essa verdade é tão correia. Quando não há transformação na conduta dos alunos, não se processou aprendizagem. Durante anos estivemos diante desse desafio constituído pela necessidade de fazer com que turmas numerosas (cerca de duzentos alunos) aprendessem os fundamentos básicos de Psicologia Médica.

Não é aqui o lugar para expor em minúcias os resultados das várias experiências com métodos de ensino. De todos, a aula expositiva é o mais inócuo. Os métodos ativos de aprendizagem mostraram-se os mais eficazes, principalmente grupos orientados por tarefas, seguindo um modelo especialmente elaborado para o nosso programa educacional. Nos métodos ativos, a aula é montada sobre a experiência prévia dos alunos, sendo a experiência prévia do professor apenas utilizada como guia para se atingir aos objetivos mínimos da temática. Em nosso caso, subdividimos a classe em grupos de cinco a oito alunos, grupos organizados e orientados por tarefas previamente selecionadas de acordo com a pauta de estudos. Essas tarefas, dependendo do tema, são executadas dentro da sala de aula ou em campo próprio de observação e/ou atuação. Os grupos são organizados em executores, observadores e relatores. Os resultados dos trabalhos realizados pelos grupos são reunidos em seminários coordenados por um professor que procura, juntamente com a turma, desenvolver a discussão até esgotar a temática proposta.

À discussão de casos clínicos e o exame crítico da prática médica constituem o método mais eficaz de aprendizagem. É o que examinaremos a seguir.

A FORMAÇÃO MÉDICA CONTÍNUA: O EXAME CRÍTICO DA PRÁTICA MÉDICA

O ensino de Psicologia Médica tornou-se um imperativo na formação profissional quando vieram a público os resultados dos trabalhos realizados nos grupos de discussão de casos clínicos, organizados com o objetivo de avaliar criticamente a tarefa médica. Coordenados por psicanalistas, esses grupos dedicaram-se ao exame dos problemas psicológicos envolvidos na atividade clínica. Mais uma vez, e com sucesso, a objetividade científica foi questionada. Entendia-se que para se ser objetivo é necessário conhecer-se o subjetivo. O propósito dos primeiros grupos, no entanto, não foi esse. Pretendeu-se, então, verificar que recursos psicoterápicos o médico prático, sem formação especializada, poderia desenvolver para o atendimento aos problemas de personalidade de seus doentes orgânicos. Tal foi a finalidade dos grupos organizados por M. Balint na Tavistock Clinic de Londres, a partir de 1949. Afirmando de maneira algo jocosa, acentuou a necessidade de se estudar a ação farmacológica do próprio médico (M. Balint, 1957).

No Brasil, os primeiros grupos de discussão coordenados por um psicanalista (de que tenho notícia) foram os organizados por Danilo Perestrello, a partir de 1958. Pessoalmente, coordenei grupos de médicos, estudantes, grupos estáveis, grupos abertos e um grupo – talvez o mais interessante – constituído por uma equipe clínica de uma enfermaria de hospital universitário. Não cabem aqui mais que breves comentários sobre suas possibilidades e limitações.

O foco do trabalho grupal recai no exame da relação médico-paciente através do relato de um caso clínico. Ao narrar o caso e as vicissitudes do tratamento, o relator não apresenta exatamente o caso do doente (fato objetivo), mas como relator, o representa em seu mundo mental (fato subjetivo). Na discussão grupal, ressaltam os aspectos irracionais e o caso pode ser reavaliado e freqüentemente são superados os impasses clínicos. Esses grupos têm a dupla vantagem de proporcionar formação profissional e assistência às patologias do processo clínico. Fornece formação médica contínua e base para a prática de uma medicina antropológica. Michel Sapir (1972) desenvolve todo o estudo sobre a formação psicológica do médico em torno dos chamados grupos Balint, como passaram a ser reconhecidos esses grupos de discussão. Isaac Luchina, na Argentina, tem desenvolvido através do notável trabalho do GEPEM (Grupo de Estudos de Perspectivas Médicas) o estudo da tarefa médica centrada no grupo Balint, além de proporcionar importante subsídios para a assistência em geral (Luchina, 1973). Assinala Júlio de Mello Filho (1976) que "o dilema central da Medicina nesse momento está em optar entre uma relação com a parte ou com o todo do paciente". O dilema, como é óbvio, não é da Medicina, mas do médico que a pratica. Os grupos de discussão permitem ao médico compreender e dar relevância a esse todo.

Há limitações na aplicação do grupo. Em primeiro lugar, poucos psicanalistas estão disponíveis para coordenação. Além disso, freqüentemente o médico abandona o grupo por excessiva mobilização de ansiedades pessoais. É a razão porque muitas vezes se impõe a seleção prévia dos participantes. Grupos há que tendem a se eternizar devido a vínculos terapêuticos imperceptivelmente consolidados e de difícil resolução.

Não se pode pretender que o médico, diante de seus impasses profissionais, procure sempre ajuda psicoterápica pessoal. Nem é esse o caso. Os sistemas de interconsulta, diretamente derivados dos grupos de discussão, representam soluções parciais. Mas estamos longe de oferecer ajuda ampla e eficaz. A simples leitura de textos é praticamente inócua, mesmo porque costuma ser vertida aos modelos conceituais do leitor. O grupo de discussão, entre outras funções, justamente rompe esses modelos conceituais.

Contudo, o grupo de discussão continua sendo a matriz de todos os conhecimentos necessários ao ensino de Psicologia Médica.

Conclusões

Não se pode deixar de fazer questionamentos básicos diante da nova dimensão que a prática médica adquire quando a ela se acrescenta o conhecimento da subjetividade. Esse conhecimento, a rigor, não é uma descoberta, mas uma reavaliação que abre novas perspectivas e, com maior segurança, pode propor novas soluções. O que aqui foi exposto é apenas o esboço de uma experiência. A muitas afirmações falta o lastro do exemplo e da prova. Isso não as invalida porque sempre poderão ser contrastadas com a experiência dos outros. Concluindo:

1) Formação psicossomática e Psicologia Médica estão identificadas, na medida em que considerarmos esta última como o tecido conjuntivo da prática médica. Essa trama conjuntiva, de modo análogo ao símile orgânico, é o sistema que sustenta, defende e nutre, no caso, a ação de saúde.

2) Medicina Psicossomática[4] vista como especialidade, e não como atitude clínica, conduz a maiores dissociações do campo mental

4. No Serviço do Professor Clementino Fraga Filho, na Santa Casa de Misericórdia do Rio de Janeiro (1ª. Disciplina de Clínica Médica da Fac. de Medicina da UFRJ). Fundou então a Divisão de Medicina Psicossomática de cuja chefia afastou-se há pouco mais de um ano.

e somático da patologia, e nos afasta do atendimento integral à pessoa do doente.

3) A terapêutica orientada para as partes não recupera a saúde. Disfarça ou substitui os modos de adoecer. É o ser humano total o objeto primário de toda ação médica. O médico precisa de um novo conceito do homem sob seus cuidados. O conceito biológico de organismo é insuficiente por não traduzir adequadamente a natureza humana. Essa natureza só é compreensível quando se leva em consideração o mundo simbólico dentro do qual o homem vive e em função do qual sua vida adquire sentido.

4) Não somente precisamos de um novo conceito do Homem, mas um novo entendimento sobre patologia. A doença não é apenas um acidente ou infortúnio. É expressão de dificuldades do existir e revela uma falência dos processos de adaptação.

5) O Hospital, basicamente dedicado à doença, deveria transformar-se em centro promotor de saúde.

Tudo isso aponta para o futuro, mas é em razão de novas perspectivas que o presente faz sentido.

Referências bibliográficas

BALINT, M. (1957). *El médico, et paciente y la enfermedad (The doctor his patiente and the illness).* Buenos Aires, Libros Básicos, 1961.

EKSTERMAN, A. (1977). *Comentário crítico sobre o conceito de "Somatização".* I Jornada Campineira de Medicina Psicossomática, Campinas, 6 pp. dat.

EKSTERMAN, A.; HOIRISCH, A.; ENGEL, J. V.; PAPI, J. A. S.; MELLO FILHO, J. (1976). *Fundamentos para um Programa de Psicologia Médica.* Fac. de Medicina da U.F.R.J.

HOIRISCH, A. (1976). *O problema da identidade médica.* Tese para provimento de Cátedra de Psicologia Médica da Faculdade de Medicina da UFRJ, Ed. do autor.

LUCHINA, I. L. & MÉREA, E. C. (1973). *Grupos de Terapia de la Tarea Médic.* Acta psiquiát. psicol. Amér. Lat. 19, *462.*

MELLO FILHO, J. (1976). *Concepção Psicossomática – da Teoria à Prática Médica.* Tese para o concurso de livre-docente de Psicologia Medica da UFRJ; Ed. do autor.

PERESTRELLO, D. (1974). *A medicina da pessoa;* Rio deJaneiro, Liv. Ed. Atheneu.

__________. (1964). *Stellungnahme und Tatiggkeitsbericht aus Brasilien (em Training in Psychosomatic Medicine).* New York, Edit. por Felix Deutsch, Hafner Publ. Co.

SAPIR, M. (1972). *La formation psychologique du médecin.* Paris, Payot.

3 – A Vocação Médica e o Curso Médico

Júlio de Melo Filho

Vicissitudes da vocação médica

O termo vocação vem do latim *vocare*, chamar. Como se alguém fosse chamado por uma força externa para realizar alguma coisa. Aqui, a força, a intensidade do processo, joga um papel importante. Obviamente, trata-se de uma força interna, porém vivida, em princípio, como se fosse externa.

Assim se expressam Vaz de Arruda e Milan, cujas idéias e cuidadosa revisão da literatura nos servirão de base neste capítulo: "É a tendência, propensão ou inclinação para qualquer ofício, profissão etc.; índole, talento, disposição natural do espírito, escolha, eleição, chamamento, predestinação."... "É o conjunto das características da personalidade em virtude das quais um indivíduo é apto a exercer determinada função e não outra".

A vocação médica pode traçar diferentes caminhos. Geralmente vem como um desejo que acompanha o ser humano durante toda sua trajetória de vida. Assim, trata-se de alguém que desejou ser médico desde sua precoce infância, desejo este que acompanhou sua infância, puberdade e adolescência, levando-o ao vestibular e à carreira de médico. Por vezes estas pessoas tiveram um nítido modelo de identificação nos pais, em seus parentes, no médico que os assistiu na infância, num médico amigo da família ou num médico famoso do cinema ou da televisão. Por vezes, o desejo de ser médico nasceu de uma enfermidade importante que se teve ou que se tornou crônica, com a nítida mensagem: "se ninguém me curou até hoje eu curo a mim mesmo". Por vezes, essa decisão ronda a pessoa mas só se corporifica quando, às portas de um vestibular, é preciso fazer uma opção. Para essa minoria, o processo é muito estranho, pois *só na véspera de um vestibular surge e se consubstancia.* Essas escolhas tardias costumam acontecer em pessoas com baixa auto-estima, que não se vêem fortes o suficiente para experimentar uma carreira com tantos tropeços e intensidades como a medicina. Ou então escolhem especialidades periféricas, com poucos estresses e exposições, como laboratório ou radiologia.

Uma questão universal na escolha médica parece ser curar aquelas "enfermidades" (incluindo problemas psicológicos e lesões de auto-estima) que possuímos. Aqui se inclui ser portador de uma doença crônica, ou de um traço neurótico, uma determinada inibição, um problema sexual. Conscientemente ou inconscientemente, se busca a cura ou atenuação da menos valia através do quanto se vai aprender no curso e na prática médica.

De qualquer forma, o processo de vocação profissional e de aquisição de uma identidade médica é muito profundo e difícil de ser compreendido, a não ser naqueles casos de identificação com uma figura médica da própria família ou de algum médico acompanhante de importância para o sujeito.

Por tudo isto, vê-se na vocação – como em qualquer campo do conhecimento humano – um processo basicamente inconsciente, que caminha sorrateiro na mente de um indivíduo, até que se corporifica.

Para ilustrar esse processo, darei como exemplo minha própria escolha profissional da medicina. Sendo filho de uma família pernambucana de classe média, de cinco irmãos, tive como médico em Recife o meu tio por afinidade Edgar Altino, casado com uma irmã do meu pai. Esse homem, afável, bondoso, acolhedor, sempre bem humorado, nos atendia individualmente, ou coletivamente, quando enfermos. Lembro-me muito quando ele nos assistia a nós cinco irmãos acometidos de quadros gripais ou de viroses exautemáticas e com a sua alegria aliviava o mal-estar próprio da enfermidade. Ele era mesmo o perfeito médico de família.

Daí em diante, resolvi que eu também queria ser médico e passei a dizer isso a meus parentes. Todavia, a profissão de engenheiro também agradava muito a meus pais e eu passei a cogitar isso, principalmente quando comecei a pensar na questão da morte, quando acompanhei a perda de dois avós, muito sofrida por mim e por toda a grande família. Cogitava então, inconscientemente, que não tinha estrutura para lidar com a morte e que era melhor, por isso, escolher engenharia, na qual poderia fazer casas e edifícios – estavam sendo construídos os primeiros em Recife, naquela época, para grande orgulho dos pernambucanos, como meu pai.

Fiquei, assim, entre esses dois mundos sem uma decisão, até que no meu colégio, numa manhã, tive de escolher: medicina de um lado e engenharia do outro. Na fila, optei por medicina e desde então esse meu caso de amor não mais se desfez. Sublimei meu amor pela engenharia e pela arquitetura participando da construção de duas casas que possuo e me dedicando à decoração dos seus ambientes.

Tive um aluno que desejou durante toda sua vida ser bombeiro. Ele era um jovem de classe média baixa e esse era seu sonho maior, salvar pessoas, de preferência antes que estivessem lesadas, queimadas. Esta opção existencial estava nitidamente ligada a uma tragédia que ocorreu em sua família: a casa dos seus avós paternos desabou e só restaram seu pai e um tio. Numa tentativa de ingressar no Corpo de Bombeiros, entretanto, ele não foi aceito por um problema visual que apresentava. Incontinenti, se decidiu então a fazer medicina.

O seu desejo por reparar, reconstruir, é mesmo consciente e ele comenta que em medicina já vai encontrar pessoas previamente lesadas, danificadas, enquanto como bombeiro poderia salvá-las ainda íntegras. Porém o seu entusiasmo por medicina é muito grande, apenas não sabe se terá tempo útil – sendo o curso muito longo – para ajudar seus pais ainda em vida, bastante idosos e muito humildes. Vemos nesse jovem desejos reparatórios muito intensos, o que será um fator muito importante na sua carreira médica. Talvez, uma boa indicação para ele seja trabalhar como urgentista.

Vaz de Arruda e Millan citam o extenso trabalho de Cornil e Olivier sobre a questão da seleção de candidatos a ingressarem numa faculdade de medicina, em que estes distinguem as aptidões menores e maiores para a carreira. Entre as menores, estão uma boa integridade física, todas as formas de memória e de atenção, um bom nível de inteligência lógica e crítica, julgamento e raciocínio sensatos e certa facilidade de expressão. Entre as aptidões maiores (ou "aptidões morais"): respeito pela personalidade humana; bom senso; objetividade; espírito vivo e decisão; grandes possibilidades de adaptação; gosto pela responsabilidade; curiosidade discreta; generosidade e dedicação; estofo moral intacto.

Eles também citam o trabalho de Hackman e Davis (1953) naquilo que estes chamaram de "identidade vocacional", que se inicia no final da adolescência, quando o jovem começa a fazer uma seleção do seu campo de interesses, por meio de fatores vários, alguns deles ligados ao desenvolvimento da personalidade.

Para Ginzberg (1989), também citado por Vaz e Milan, para atingir a identidade vocacional, o indivíduo passa pelas seguintes fases:

1. Fase da fantasia: a criança pensa na profissão em termos de um sonho, sem nada compreender a respeito dele. "Nesse período é que o menino de classe média deseja ser jogador de futebol, artista, bombeiro, ou seja, aquilo que no momento ele admira";
2. Fase da escolha, baseada nos valores pessoais: passa a pensar numa profissão em termos de realização como pessoa humana;
3. Fase realista: já na altura dos dezessete anos, começa a explorar as possibilidades concretas de sua opção profissional.

Assim, para esses autores nacionais, a escolha da profissão é algo sempre dinâmico, voltado para o futuro. "Quando a identidade vocacional se estabelece cedo, o indivíduo a segue sem maiores problemas. Quando esta identidade ainda não se formou, ele passa a agir como nos processos de tentativa de acertos e erros". A idade em que uma identidade se forma apenas poupa de maiores sofrimentos os jovens e não tem valor significativo se ela se faz tardiamente. E citam o caso de Laenec, o inventor do estetoscópio, que embora passando por agruras, porém, num ambiente propício, fez uma escolha precoce e acertada da profissão. Sem dúvida, muito criativa, por ter inventado um aparelho de ausculta de ruídos normais e anômalos, de imensa utilidade até os dias atuais, acrescento.

O fato é que se a identidade vocacional é estabelecida na infância, isso se faz numa fase em que predomina uma visão de mundo dominada por mecanismos mágicos de defesa, como a onipotência do pensamento, a idealização, a projeção, a negação. Por tudo isso, a profissão escolhida pode ser vivida como indestrutível, mágica, inacessível aos demais problemas da vida. Com o passar do tempo, essa escolha irá sendo aparada, domada, pelo princípio da realidade e pela ação positiva de um ego em desenvolvimento. Porém, os seus primórdios se fazem numa fase da vida, a adolescência, sujeita a altos e baixos, a flutuações e a conflitos. Assim, sob o predomínio do que poderíamos chamar de identidade negativa, o jovem não apenas se opõe e questiona os pais mas também flutua em relação a sua escolha profissional, ora aceitando-a, ora maldizendo-a.

Deste modo, coincide toda sua condição de ser em crise com as necessidades de ter uma conduta coerente, cumprir horários e obrigações, se relacionar com pessoas enfermas e necessitadas de cuidados permanentes.

A adolescência e o curso médico

Maurício Knobel e Arminda Aberastrury, de modo muito didático, assim descreveram o que chamaram de "Síndrome normal da adolescência":

- Busca de si mesmo e de uma identidade;
- Tendência grupal;
- Necessidade de intelectuar e de fantasiar;

- Crises religiosas;
- Características de pensamento primário;
- Evolução sexual do auto-erotismo à heterossexualidade;
- Atitude sexual reivindicatória;
- Contradições nas manifestações de conduta;
- Separação progressiva dos pais;
- Constantes flutuações de humor e do estado de ânimo.

Essa visão de trabalho, embora de 1982, ainda permanece praticamente útil até os dias atuais. Apenas podemos questionar se as crises religiosas e o ascetismo ainda são características do jovem atual e, no caso da sexualidade, com o grande advento da homossexualidade, podermos substituir o termo heterossexualidade por sexualidade a dois.

Foi Donald Winnicott (1971, 1980), ao nosso ver, quem escreveu os ensaios mais profundos sobre o tema da adolescência que, embora datados da década de 1960, permanecem vivos até os dias atuais. Escreveu ele de um modo vivo e instigante:

> Se os nossos filhos vierem a se descobrir, não se contentarão em descobrir qualquer coisa, mas sua totalidade em si mesmo, e isto incluirá a agressividade dos impulsos destrutivos neles existentes, bem como os elementos que podem ser chamados de amorosos. Haverá uma longa luta a qual precisaremos sobreviver.

Aqui há uma referência aos aspectos paradoxais do conhecimento, de que todo conhecimento implica em sairmos da cômoda situação da ignorância e enfrentarmos as dores do saber, conhecermos a verdade com tudo de duro que ela contém. No caso do estudante de medicina, ensinar-lhe sobre os maiores inimigos do ser humano, a doença e a morte e sobre sua conseqüente vulnerabilidade.

E, continua Winnicott, em seu raciocínio sobre a agressividade do adolescente em relação à família e ao *establishment*:

> Se a família ainda tem disponibilidade para ser usada, ela o é em grande escala, porém se não se encontra disponível para este fim... torna-se então necessária a existência de pequenas unidades sociais para conter o processo de crescimento do adolescente... Porque crescer significa ocupar o lugar do genitor. E realmente o é. Na fantasia inconsciente, crescer é, inerentemente, um ato agressivo[1].

E, mesmo, parricida, acrescento.

> Mas lembramo-nos que a rebelião é própria da liberdade que concedemos aos nossos filhos, criando-os de maneira tal que ele ou ela existem por seu próprio direito. Em certos casos poderíamos dizer: semeamos um bebê, colhemos uma explosão. Isto se torna realmente difícil para os pais, mestres ou tutores e difícil também para os próprios adolescentes, que chegam ao assassinato e o triunfo próprio da maturação neste estágio decisivo. O tema inclusive pode tornar-se manifesto como experiência de um impulso suicida ou suicídio real[2].

Aqui Winnicott nos diz que a luta entre o adolescente e os pais, aqueles a quem se concede liberdade, é uma questão de vida ou de morte. Aos submissos, só resta a renúncia e a passividade. Ou, para os outros, lutas posteriores, na vida adulta, com os substitutos paternos que virão. Winnicott também se refere aos mestres e tutores e nós podemos estender essas palavras aos estabelecimentos de ensino em geral. Aqui matar um professor significa, por exemplo, ser

1. Por identificação e por deslocamento o aluno dirige parte da sua agressividade para os pais e para as figuras dos professores, e estes precisarão tolerar as manifestações agressivas dos alunos sabedores da agressividade intrínseca do adolescente e deste fenômeno de transferência que está se processando.

2. Aqui o suicídio é conseqüência da culpa pelos desejos inconscientes de eliminar o pai (também amado) na realidade ou na fantasia.

reprovado na sua matéria, matar uma faculdade pode ser representado por uma transferência para outra instituição de ensino.

Varias dificuldades dos alunos com o ensino podem ser interpretadas como transferência de problemas com os pais: questão com horários, com deveres escolares, atitudes agressivas com um professor ou com a Faculdade como um todo. Ou então a "bagunça" de um aluno pode representar a primeira vez em que ele pode manifestar espontaneidade, se é filho de pais muito rígidos.

Winnicott também nos fala da necessidade de como pais podermos enfrentar a agressividade e a destrutividade de nossos filhos. A palavra-chave, para ele, é "confrontação". Isso também se aplica à necessidade de um professor poder enfrentar a agressividade de um aluno, confrontando-o com o seu comportamento.

Ainda sobre o papel dos pais e da sociedade ele escreveu: "O conselho à sociedade poderia ser: por amor ao adolescente e a sociedade não lhes permitam crescer e atingir uma falsa maturidade, transmitindo-lhes uma responsabilidade que ainda não é deles, mesmo que possam lutar por ela".

Isto é, diz Winnicott, não deixem seus filhos serem precocemente responsáveis e falso-*selves*. Ensinem-os a serem autênticos e verdadeiros, porém dentro de sua própria maturidade.

Aqui se abre uma estrada para falar do aluno falso-*self*, seja o aluno supostamente adulto que quer resolver todos seus dilemas existenciais com a sua intelectualidade, seja o aluno hiper-adaptado, excessivamente cordato, "bonzinho", basicamente conciliador. São alunos geralmente sedutores, *experts* em cativar professores desavisados ou aqueles que só esperam destes submissão e adaptação.

Por tudo isso, é fundamental que as faculdades de medicina tenham espaços para os alunos poderem exercer sua capacidade de jogar e sua necessidade de fazer bagunça (como quadras de esportes, por exemplo), sublimando sua agressividade e estimulando outras atividades grupais no terreno esportivo, cultural, científico ou de lazer.

Winnicott também escreveu que:

> O idealismo é uma das características mais marcantes da adolescência. Rapazes e moças adolescentes ainda não se estabeleceram na desilusão e, em conseqüência, experimentam a liberdade de formular planos, ideais... Não é próprio do adolescente ter uma visão a longo prazo, que pode chegar mais naturalmente àqueles que viveram através de muitas décadas e começam a envelhecer...

E em relação a essa postura de idealista (também citada por Knobel) a faculdade pode desempenhar um papel fundamental, apresentando aos alunos professores que mantêm seus ideais e também estimulando-os a jogarem papéis idealizados em suas tarefas acadêmicas, como cursos, estágios, pesquisas etc. Quanto à desidealização, esta virá naturalmente. O importante é que não se esmague a postura de idealização diante da vida. Nesse sentido, poucas carreiras carregam em si mesmas a possibilidade de realizar tantos ideais como a medicina.

Winnicott também abordou o que chamo de esquizoidia do adolescente. "O adolescente é essencialmente um ser isolado... Jovens adolescentes são coleções de seres isolados, tentando por vários modos formar um agregado através da adoção de uma identidade de gostos".

Isto é, são seres isolados especiais[3], porém com uma enorme facilidade de buscar iguais, para formar grupos, para migrar de grupos, buscando os que atendem as suas necessidades.

A sua condição de tímidos deve ser motivo para os professores respeitarem esta sensibilidade especial, que não os profanem com atitudes irônicas, invasivas, desrespeitosas a sua condição.

Quanto à questão da grupalidade, eu diria mesmo que é a "salvação" para a grande maioria dos adolescentes, seja para aqueles que não conseguiram se agrupar desde criança, seja para os

3. Com sua timidez, com sua interiorização, com sua capacidade própria de fantasiar, com uma propensão à vergonha, com tudo isso que eu chamo de síndrome da esquizoidia do adolescente.

esquizóides (ou introvertidos, se preferirem, pois esquizóide lembra uma patologia psiquiátrica) para os quais o grupo é essencialmente terapêutico, por sua dificuldade de se relacionar, por sua capacidade de criticar e expressar afetos, para poder entender sua vergonha, para poder elevar sua auto-estima.

Desse modo, a "grupalidade" se insere na sala de aula e quanto menor a turma mais funciona o processo grupal. O grupo ideal tem de 8 a 12 participantes, porém as turmas de vinte e cinco alunos, mais comuns, ainda podem conter uma razoável grupalidade (ou dinâmica grupal) em relação às turmas maiores.

É essencial que a faculdade permita que os alunos se agrupem do modo que eles queiram, ou seja, tenham liberdade para escolher seus grupos. Desse modo, sempre se forma uma turma de alunos-problemas que precisam viver e superar esta condição, antes de poder conviver com os "normais".

A condição de adolescente do aluno é o tempo todo enfatizada por Rocco em seu excelente trabalho "Relação estudante de medicina-paciente". Escreve ele sobre outro problema importante nesta relação, a sedução:

A sedução na relação estudante-paciente é talvez mais freqüente que na relação médico-paciente e uma das explicações seria o comportamento nitidamente inconsciente de alguns alunos que seduzem para agradar ou para conquistar o afeto e a confiança dos enfermos. A sedução pode ser ostensiva apesar de inconsciente. Por exemplo, a aluna M. irrompeu em prantos na sala onde estava seu instrutor. Fazia uma sondagem gástrica no seu doente quando ele acariciou sua coxa. Os presentes olharam para a mini-saia e nada disseram... Todavia é também dos enfermos que presenteiam o estudante para comprar afeto; ou daqueles que querem ou precisam permanecer internados e que se especializaram em bem contar a história e facilitar o ex-físico.

Um tema recorrente na relação estudante – paciente é a queixa generalizada dos alunos de não terem nada a dar aos pacientes, sentindo-se culpados em só receber (anamneses, exames físicos) sem dar nada em troca, pois não sabem fazer diagnósticos ou aplicar uma adequada terapêutica. Sentem-se, como dizem, "sanguessugas". Aqui entra em jogo o fator altruísmo, isto é, a tendência do adolescente a dar tudo aos outros, especialmente aos mais necessitados, a salvar o mundo, enfim.

Numa pesquisa realizada por Rocco com 120 estudantes de medicina entrevistados (1992), 119 admitiram ter essa vivência de tudo receber do paciente e de nada ter para dar em troca.

A discussão dessas questões em grupos de reflexão[4] coordenados por professores de Psicologia Médica é a forma mais adequada de se abordar tais problemas, sempre em torno de aspectos práticos trazidos pelos alunos, podendo-se compreender os impasses e buscar, com a ajuda do próprio grupo, soluções menos angustiantes e mais operativas. Em relação a essa queixa, por exemplo, o grupo pode elaborar que ouvir um paciente com atenção, respeito e empatia já é uma forma de ajudá-lo.

Em última instância, os alunos estão protestando contra uma freqüente iatrogenia do ensino médico de usar o paciente como se apenas fosse uma cobaia de experimentação, sem respeitar seus direitos de repouso (anamneses seguidas), analgesia (palpações dolorosas repetidas) e bem estar. Todavia, a ênfase da psicologia médica nessas questões nas últimas duas décadas já vem mostrando resultados e atualmente já não mais se vêem estas iatrogenias se repetirem com tanta freqüência nos hospitais universitários. Porém, não podemos esmaecer em nossa luta, pois estamos diante de um poder médico autoritário, essencialmente organicista e onipotente, arraigado há séculos dentro da medicina e do seu saber.

Finalizando seu importante trabalho, o professor Rodolpho Rocco faz pertinentes considerações que gostaria aqui de enfatizar:

1) Ele cita Turrel, da Universidade do Colorado, que fez uma pesquisa com os estudantes do penúltimo ano acerca do aluno se

4. Grupos de discussão e reflexão sobre as questões e queixas trazidas pelos alunos visando pensar, meditar, refletir sobre problemas cruciais do aprendizado médico e sobre a prática da medicina.

sentir mais explorador que doador do paciente. Metade deles cursou o semestre habitual e a outra teve, além disso, um curso de como lidar com o paciente. No final do semestre foram aplicados questionários e provas práticas aos estudantes e viu-se que não houve diferença significativa entre os dois grupos. Sua conclusão é que o necessário para lidar com o doente é dado através de vivências e não de aulas teóricas.

2) Os grupos operativos em enfermaria (com a presença de estudantes), um sucedâneo dos grupos de reflexão já referidos antes, trabalham sobre dificuldades comuns a seus membros, possibilitando uma vivência das mesmas e, à medida que elas vão sendo elaboradas, permitem um uso maior e melhor dos conceitos teóricos.
3) Dessa forma os problemas assinalados, de se sentir usando o paciente, ou a dificuldade de examinar os órgãos sexuais, seriam discutidos no grupo, podendo então o estudante utilizar as conceituações teóricas.
4) É destacada a importância do estudante na equipe médica e se acentua que ao mesmo tempo em que ele recebe informações, aprende. Deve também atuar de forma efetiva, colaborando com os conhecimentos que progressivamente adquire no atendimento integral ao paciente. Exemplificando: o aluno do terceiro ano pode (e deve, digo eu) presenciar as visitas familiares, assistir grupos operativos de pacientes internados e grupos operativos de familiares, providenciar lazer e atividades culturais para o doente e visitá-lo após a alta.

Estas últimas recomendações mostram que Rocco conseguiu ser um professor de medicina integral, como professor de clínica médica. Parte destas recomendações foi minha, parte dele, nos anos de trabalho em convívio que tivemos.

Quanto às relações com suas famílias, vemos freqüentemente um apego maior dos alunos do sexo masculino com suas mães, numa relação que pode marchar para a simbiose nos casos mais graves. Em um aluno-paciente que tratei psicanaliticamente, sua mãe era uma pessoa francamente invasiva e possessiva que preferia ostensivamente o filho ao marido e ao irmão. Ele era por isso uma personalidade narcísica que, entretanto, escondia uma baixa auto-estima que realmente só se elevou às custas do grande sucesso profissional que obteve numa carreira de pesquisa e magistério, após o tratamento.

A relação excessiva da mãe do médico com este é muitas vezes decorrência da baixa auto-estima deste (compensação) geralmente decorrente do seu domínio e controle para com os filhos. Já a relação do pai com o médico costuma ser mais saudável a não ser quando ele tem ciúmes da relação simbiótica com a mãe ou idealiza por demais o filho, vendo nele o profissional que irá "salvar" a família, com uma carreira só de glórias.

Essas mães interferem muitas vezes negativamente junto à Faculdade quando os filhos apresentam quadros depressivos ou episódios psicóticos, entrando em estados ansiosos muito intensos, com comportamentos histéricos, dificultando a boa condução terapêutica dos seus filhos. Os pais desses pacientes-estudantes costumam ser mais tranqüilos, porém esta pacificidade pode traduzir omissão.

Também tem sido descrito, em relação aos pais de médicos, o casal distante, geralmente por hiper-investimento no trabalho, também contribuindo, por um mecanismo oposto, para a baixa auto-estima do filho (Meleiro, 1998).

A SAÚDE MENTAL DO ESTUDANTE DE MEDICINA

Milan e colaboradores, em seu excelente livro, fazem uma minuciosa revisão da psicopatologia do estudante de medicina. Começam recordando que já em 1961 Pacheco e Silva, em um trabalho apresentado no I Congresso Latino-Americano de Psiquiatria, afirmara que os casos de psicose eram raros, predominando, entretanto, quadros de neurose e depressão.

No trabalho mais extenso que citam, de Bjorksten e col. (1983), foram analisados questionários de 585 estudantes de medicina contra 1.100 universitários de enfermagem, farmácia e odontologia.

Os estudantes de medicina, como um todo, queixavam-se mais de intensa competição que os colegas, de falta de amizades verdadeiras e de confidentes; queixavam-se também de solidão, apatia, inibições, insatisfação consigo mesmo e timidez. As regras rígidas e a necessidade de pontualidade também foram referidas pelos alunos como decorrência de exigências descabidas do curso. Também foram citadas a tendência à divagação e a sensação de estar distante das pessoas. As alunas apresentavam um maior número de problemas ligados à segurança, ao assédio sexual, ao cansaço, à insatisfação consigo mesmas e à depressão.

Vejo resultados e questionamentos válidos nessa pesquisa, muitos deles consoantes com o observado nos alunos entrevistados pelo PAPE (Programa de Assistência Psicopedagógica ao Estudante), da FCM-UERJ, por muitos anos por mim coordenado e atualmente por Sandra Serra. Assim, as queixas de exigências do curso médico (regras rígidas e necessidade de pontualidade) também eram feitas pelos nossos alunos, nesse sentido. Por outro lado, num mecanismo típico de identificação com o agressor, alunos rígidos podem passar a perseguir os mais frágeis e menos adaptados.

Também é citado o importante problema das tendências competitivas que já vem de muito antes e que aí, num solo fértil, se intensificam. Este é um dos problemas típicos da personalidade do médico, já presente na personalidade do estudante.

O isolamento, em parte, vem daí, dos colegas não quererem investir nos iguais, sentidos basicamente como objetos de competição. Daí, também, a falta de amizades verdadeiras e de confidentes, para alguns.

As regras disciplinares de um curso assaz exigente ecoam mais forte nos alunos devido à estrutura rígida de suas personalidades, às custas de um superego taliônico, como já tem sido descrito na personalidade do médico ou do estudante de medicina.

As referências à inibição, à timidez, à tendência a divagar e à sensação de estar distante das pessoas vejo como decorrentes do que chamo de esquizoidia do adolescente[5], agravada pelo cansaço ocasionado por um número excessivo de horas de estudo e pela tensão freqüente em relação aos resultados das provas. No presente estudo, queixas de depressão são mais freqüentes nas alunas, o que confere com os nossos dados de que as mulheres diante dos estresses do curso médico costumam deprimir-se mais. A mulher, via de regra, tende, por peculiaridades do seu psiquismo, a se deprimir mais do que os homens. Isso pode também significar que elas costumam negar menos e usar em um menor grau as defesas maníacas.

Um dos trabalhos mais completos, apresentado por Milan, é o de Nortman e col. (1984) que estudaram longitudinalmente 26 alunos de Harvard e Tufts. Nesse trabalho, as estudantes percebem e descrevem o estresse educacional muito mais depressa que os alunos. Eles relutam em admitir dificuldades de aprendizado, inclusive porque consideram a primeira falha de suas vidas ocorrer no aproveitamento do curso médico. Costumam apresentar sentimentos de onipotência e invulnerabilidade. As mulheres, por sua vez, se vêem como mais vulneráveis e conseguem falar sobre isto.

Estes autores consideram que aquelas pessoas que falam melhor de suas dificuldades se tornam mais flexíveis e menos vulneráveis. Esse padrão se assemelha a pessoas que tiveram uma resposta expressiva a um trauma e que após reagem melhor a outras experiências traumáticas. Assim, poderíamos dizer que os médicos que responderam aos estresses do curso tenderão a reagir melhor aos outros estresses deste ou da profissão.

Os autores terminam esse interessante trabalho recordando que os alunos selecionados ingressam no curso ainda estressados pela seleção e com dificuldades de conservar suas antigas amizades pelas exigências do curso. Daí os sentimentos de abandono – curso frio e impessoal e dominado pela presença do cadáver – a tendência ao isolamento e a reviver problemas psíquicos primitivos, tudo isso tendo

5. Temos aqui a introversão e as dificuldades de relacionamento com os colegas fazendo contraste com a sociabilidade dos extrovertidos que passam a ser vistos como os saudáveis, superiores, podendo ocasionar sentimentos invejosos, nos introvertidos, conforme casos que tivemos oportunidade de acompanhar no PAPE.

reflexos na relação estudante – paciente e posteriormente médico-paciente.

De Armond (1980), do Serviço de Saúde da Universidade do Arizona, faz observações semelhantes às de Nortman. Recorda que os alunos de medicina se queixam essencialmente da falta de liberdade, excesso de pressões acadêmicas e vivências de desumanização. Queixam-se de falta de tempo para o lazer, para estar com a família e com os amigos íntimos. Num clima geral de desumanização, eles se queixam de que são apenas "submarinos", isto é "olheiros", que só vêem as coisas, em nada interferindo, dando[6]. E, diz o autor, eles vêm dispostos a "ajudar, cuidar, amar e servir".

Loyd e Jartirel (1984) fizeram uma revisão da literatura, assinalando que as reações ansiosas, os quadros depressivos, a neurose obsessiva e a hipocondria são os diagnósticos prevalentes nos estudantes de medicina. Eles referem que de 4 a 12% dos alunos costumam buscar ajuda psiquiátrica no decorrer do curso.

Esses autores realizaram também pesquisa com 745 estudantes na Faculdade de Medicina da Universidade de Houston (Texas) encontrando escores maiores que a população em geral para neurose obsessivo-compulsiva, depressão, ansiedade e somatização. Os escores apresentados eram, entretanto, mais baixos do que aqueles de pacientes psiquiátricos. As alunas apresentavam níveis sintomatológicos mais altos do que os alunos, com exceção do item neurose obsessivo-compulsiva.

Vale a pena comentar sobre a questão da obsessivo-compulsividade e da hipocondria citados nesse trabalho. Traços obsessivos são comuns em médicos e a obsessividade é mesmo um dos componentes essenciais da personalidade tipo A, descrita em 1960, por Friedman, um cirurgião americano e cardiopata, que descreveu sua própria personalidade num trabalho que ficou famoso. Assim, a obsessão do médico em trabalhar – nas mínimas atividades que executa – é fácil de ser constatada, sendo médico ou convivendo com médicos. Essa obsessividade se relaciona com o perfeccionismo, com

6. Vide os problemas de apenas observarem os doentes, sem nada dar em troca.

a tendência a ser Deus e com a onipotência. É um traço difícil de ser eliminado, necessitando por vezes de um trabalho psicoterápico profundo.

A hipocondria é outro traço comum nos médicos e nos estudantes de medicina. Muitas vezes o estudante já traz um quadro desses antes mesmo de entrar para a faculdade. É o medo de ficar doente ou de ter uma mesma doença ao longo da vida, o "bicho-papão", ou apresentar várias doenças sucessivamente durante o ciclo vital. Se o paciente apresenta uma doença infecciosa, isso pode dificultar o relacionamento da parte do estudante. A defesa aqui é clara: "Eu não tenho nada, só você; mas o perigo de você me contaminar me leva a afastar-me".

A expressão hipocondria nos remete ao hipocôndrio direito, onde se localiza o fígado, órgão muito temido por suas doenças desde a antigüidade, ou se refere a queixas gastrintestinais (cólon irritável), muito freqüentes, por toda a vida.

O problema básico da hipocondria é o medo da doença e da morte. Isso leva o médico a tentar detectar doenças na fase inicial, através de exames vários, a se tratar sem necessidade, a fazer uso de altas doses de medicamentos ou a ter horror a todos eles. Neste percurso, cirurgias ou tratamentos desnecessários podem ser efetuados. Precisamos, todavia, distinguir a hipocondrias *vera*, ou crônica, das reações hipocondríacas, fugazes, de muito melhor prognóstico que, porém, podem ser recidivantes. É pelo fato de a hipocondria *vera* ser indicada para tratamento analítico – e mesmo assim ser por vezes de mau prognóstico – que Rosenfeld a considera uma psicose crônica não-deteriorante.

Bramness e col. (1991) estudaram, através de questionários, 299 alunos da Universidade de Oslo. Esse grupo não diferiu da população em geral, porém apresentou baixo nível de auto-estima. Enquanto com os alunos a auto-estima se elevou durante o curso, aconteceu o contrário com as alunas. O autor sugere que essa combinação de baixa auto-estima com a necessidade de altas realizações para fazer um bom trabalho pode levar estas alunas – e as futuras médicas – a apresentar reações depressivas ou a cometer suicídios. A esse respeito citam que na Suécia o índice de suicídios entre médicas é cinco vezes mais alto que na população em geral.

Sacks e cols. (1980) citam que a ansiedade dos alunos surgia principalmente quando começavam a ter contato com os pacientes, o que mobilizava conflitos inconscientes com o vir a ser médico. Tais conflitos eram ligados à sexualidade, à agressividade, à rivalidade e à aprovação materna. "Parece que a decisão de fazer medicina estava ligada a insuficiente sublimação dos conflitos; queriam dar aos pacientes aquilo que não receberam na infância".

Entre nós, Hoirisch e col. (1993) comentam com detalhes os motivos mais freqüentes dos atendimentos realizados pelo Programa de Orientação Psicopedagógico da Universidade Federal do Rio de Janeiro (POPE).

1. Problemas pessoais:
   - Dificuldades de adaptação à cidade, à pedagogia do ensino superior ou à relação professor – aluno. O profissional limita-se a dar um roteiro básico e cabe ao aluno ir em busca de informações acessórias.

     Surge a necessidade de auto-administrar o tempo acadêmico e, com isto, o medo da liberdade. O aluno não está acostumado a ter profissionais diferentes numa mesma disciplina e tampouco a impessoalidade da relação com seu professor.

   - Baixa auto-estima e insegurança pessoal exacerbada[7].
   - Dificuldades pessoais várias que interferem no rendimento acadêmico.
   - Problemas financeiros graves.
   - Ansiedade, sobretudo na véspera da prova.
   - Depressão.

7. Nos últimos tempos a população da Universidade Federal do Rio de Janeiro vem sofrendo freqüentes assaltos de bandos de marginais que habitam as favelas da periferia do *campus* universitário.

- Sintomas de crise, ligados geralmente a perdas.
- Problemas de relacionamento interpessoal e em desenvolver vínculos afetivos.
- Problemas de saúde em geral.
- Dificuldade de lidar com a morte.
- Dificuldade de lidar com o erotismo na relação professor-aluno e estudante-paciente.
- Dificuldades no relacionamento familiar e conjugal.
- Problemas acadêmicos, falta de aptidão, de habilidade ou conseqüência de outros fatores pessoais.

Há vários pontos em comum com o nosso trabalho na UERJ como a questão da difícil adaptação do aluno num ambiente universitário totalmente novo, impessoal, pouco acolhedor ou mesmo caótico, na forma de cada um sentir. Assim, o contato com esse ambiente já é por si só ansiogênico e, para alguns, motivo de busca de atendimento.

A questão das provas é outro "bicho-papão" que leva muitas vezes a grandes ansiedades antes de fazê-las, ou depois, devido aos maus resultados. Em nossa Faculdade são particularmente temidas a Anatomia e a Anatomia Patológica, este o grande "bicho-papão" do curso.

Os professores têm obrigatoriamente um grande papel na saúde mental dos estudantes desde aqueles que assustam, passando pelos frios, até chegarmos aos profissionais empáticos, acolhedores ou, mesmo, poderíamos dizer, "terapêuticos". Atualmente, com o advento da Tutoria, moderno recurso pedagógico através do qual os alunos são ajudados em seus problemas psicopedagógicos por professores selecionados, os tutores, através de reuniões de pequenos grupos de livre discussão, em torno de dificuldades trazidas pelos alunos, os professores estão cada vez mais treinados em psicopedagogia, podendo exercer melhor sua função educacional imbricada como uma função terapêutica ansiolítica e mesmo de aconselhamento psicológico. Aqui a dinâmica grupal joga um papel fundamental nesse resultado, ao mesmo tempo pedagógico e ao mesmo tempo terapêutico.

Outro importante estudo feito em nosso país foi realizado pelo próprio Millan e col. no Grupo de Assistência Psicológica ao aluno da Faculdade de Medicina da Universidade de São Paulo (GRAPAL), baseado no estudo de 125 prontuários. Predominaram os distúrbios de humor (31%), seguidos de ansiedade (21%) e de transtorno de personalidade (7%). Os autores advertem que esses resultados não devem ser generalizados para todos os alunos das faculdades de medicina, pois é possível que aqueles que mais necessitavam de ajuda não tenham procurado o GRAPAL. Nossos autores paulistas fazem uma interessante justificativa:

> As perdas com que os alunos se deparam no transcorrer do curso (as horas de lazer, o relacionamento com antigos amigos e a namorada, a rotura da idealização do curso e a crescente conscientização dos problemas da profissão médica) podem, em parte, dar sentido à alta incidência de quadros depressivos apresentados pelos alunos. A ansiedade, por sua vez, estaria ligada à intensa competição por melhores notas e por uma vaga na residência médica.

Há que se refletir sobre esses achados, pois a maioria dos trabalhos se referem à ansiedade como a queixa dominante entre os estudantes de medicina, ao invés de depressão; inclusive nós, do Pape, costumamos atender a muito mais casos de ansiedade do que de depressão. Todavia, o relato de Millan e Vaz de Arruda das condições desencadeantes (de ansiedade, de depressão, ou de depressões ansiosas) é precioso e nos faz entender com clareza os aspectos dinâmicos em questão. Talvez o trabalho realizado pelo GRAPAL e principalmente por Millan, basicamente psicanalista, permitiram um olhar mais dinâmico e profundo diante dos sentimentos depressivos apresentados pelos alunos.

De nossa parte, na UERJ, predominaram os sentimentos persecutórios, de medo de um curso considerado muito rígido e exigente.

Outro importante trabalho realizado no Brasil foi feito por Loreto (1971), com alunos da Universidade Federal de Pernambuco, num total de 850 atendimentos, 269 na área médica. Loreto elaborou seis grupos com diferentes motivos de procura de consulta:

- Alunos cujo principal interesse é a busca de autoconhecimento ou de uma orientação psicológica em geral.
- Alunos insatisfeitos com algum traço de personalidade como inibição, insegurança, explosividade.
- Alunos com dificuldade de ajustamento em relação aos colegas, à moradia ou à família.
- Alunos com dúvidas em relação à escolha da carreira ou especialidade ou medo de fracassar na vida profissional futura.
- Alunos com problemas na área amorosa, como ambivalência em face ao parceiro, temor de infidelidade própria ou do outro etc.
- Alunos preocupados com questões existenciais, religiosas ou culturais.

Do ponto de vista psicopatológico, o autor encontrou principalmente quadros ansiosos e depressivos com uma quase exclusão de problemas psicóticos. O tratamento efetuado na grande maioria dos casos foi a psicoterapia breve, visando "ajudar personalidades em pleno processo de transformação e amadurecimento a superarem etapas críticas normais ou fases de descompensação agudas". Naqueles casos que não apresentavam sintomatologia psiquiátrica definida, o tratamento tomava naturalmente as características de um apoio psicológico. Essa é a forma de ajuda que mais freqüentemente utilizamos em nosso trabalho no PAPE, isto é, uma psicoterapia breve e focal de inspiração analítica.

Loreto termina esse importante trabalho estimulando a criação de núcleos de psicopedagogia que deveriam, além do aspecto assistencial, promover:

- Divulgação de conhecimentos que ajudem os jovens a lidar com aspectos como vocação, estudos, sexo, amor etc.
- Obtenção de reformas pedagógicas visando a integração de aptidões técnicas com aspectos humanísticos.
- Aperfeiçoamento das relações entre todos os integrantes da Comunidade Universitária, especialmente entre alunos e profissionais.

A UERJ, nesse sentido, tem empreendido um grande movimento de educação e conscientização da comunidade universitária, através de impressos, filmes, debates, palestras, cursos etc.

Vemos aqui um trabalho de ponta, inteiramente atual, embora datado de 1971. Comprova a grande experiência de Galdino Loreto, grande mestre da psiquiatria pernambucana e um dos precursores da psicopedagogia no Brasil.

No mesmo ano que Loreto (1971) Simon sintetiza a questão da onipotência no que chama de complexo tanatolítico. Em suas palavras:

> O triunfo sobre a morte tem por base o desejo universal de imortalidade. São fantasias nas quais o sujeito idealiza um ser onipotente capaz de retardar, deter a ameaça de morte ao homem. A este ser idealizado chamaremos ser tanatolítico e ao conjunto de ações mágicas que lhe são atribuídas chamaremos complexo tanatolítico.

O médico, prossegue o autor, "está sujeito a dupla pressão: uma interna, proveniente do seu narcisismo; outra externa, milenar, em que a cultura tenta forjar aqueles que lhe garantirão a imortalidade dos indevidos".

Em um trabalho realizado no Brasil, Fernandez e Rodriguez (1993) estudaram a população de estudantes de medicina atendidos pelo Serviço de Psicoterapia Analítica do Hospital de Clínicas de Ribeirão Preto, concluindo que o estudante de medicina tem dificuldades para procurar ajuda e para se manter em tratamento. Entre esses alunos, havia um grande número de estudantes psicóticos (11%) o que, como vimos, é um dado dissonante para esse tipo de casuística.

O problema do uso de drogas foi investigado por Baldwin e col. (1991), que estudaram 2.046 estudantes de medicina de 23 escolas médicas americanas. O álcool foi a droga mais utilizada (87%), seguido pelo cigarro, pela maconha (ambos com 10%), pela cocaína (2%). Em menor grau, foram utilizados opióides, psicodélicos, anfetamina e barbitúricos. Poucos alunos admitiram ter tido dependência de, por ordem decrescente, tabaco, álcool, maconha, cocaína e anfetamina. Apenas 10% desses alunos admitiam necessitar de ajuda psicológica, o que demonstra a grande dificuldade de tratar psicoterapeuticamente usuários de drogas.

Em geral, com exceção do álcool, os alunos do sexo masculino utilizaram mais drogas. A maioria desses alunos já consumia drogas antes de entrar para a escola médica. As razões alegadas para o uso foram para relaxar, sentir-se bem, ter bons momentos, estarem despertos e melhorar a performance escolar. Entretanto, quando comparados com outros jovens americanos da mesma idade, os estudantes de medicina usaram menos drogas, com exceção de álcool, tranqüilizantes e psicodélicos (excluindo-se LSD).

Em nossa casuística do PAPE praticamente não aparece o uso de drogas. Apenas álcool, cigarro e maconha, em incidência e número não expressivos. Atribuímos isso às naturais informações dessa população sobre as questões de saúde, bem como a uma boa condição psicológica por parte dos nossos estudantes.

Millan e colaboradores, após sua extensa revisão deste tema, concluem:

> A visão panorâmica dos artigos apresentados permite-nos concluir que, em termos de psicopatologia, o estudante de medicina apresenta, em primeiro lugar, quadros de natureza depressiva,

seguido pelos distúrbios de ansiedade. De modo geral, utilizam menos quantidades de drogas do que os universitários de outras áreas e raramente apresentam quadros psicóticos. Como características de personalidade destaca-se o perfil obsessivo. Um grande percentual dos alunos que procuram ajuda psicológica não apresentam qualquer psicopatologia, mas, sim, conflitos ligados a sua faixa etária, à faculdade, à escolha profissional, à vida amorosa ou familiar. As alunas de medicina parecem ser mais permeáveis à busca de assistência psicológica do que os alunos."

Resta para ser comentado que as alunas costumam ter mais quadros depressivos que os alunos, que apresentam, proporcionalmente, mais quadros de ansiedade. Isto fala a favor – como na população em geral – de uma maior evolução emocional das mulheres por apresentarem uma predominância de angústias depressivas – mais relacionadas a preocupação com pessoas – em relação às angústias paranóides, referidas ao ego, mais predominantes nos homens, estes mais narcísicos e autocentrados.

A ESCOLHA PROFISSIONAL

Vários autores fazem a mesma pergunta: o que levaria um (a) jovem a fazer esta estranha escolha, isto é, conviver uma vida inteira com a doença e a morte, os grandes inimigos da espécie humana? Há mesmo estudantes que, ao perceber, no início do curso, essa estranha convivência com o cadáver, logo se despedem dela e abandonam a faculdade para sempre. Outros se afastam no terceiro ano, quando iniciam a convivência com o paciente. Outros, em menor número, abandonam o curso ao apagar das luzes, às vésperas do internato e da graduação.

Sambuc e Missenard, citados por Millan e Vaz de Arruda, através de entrevistas com 200 estudantes de medicina, elegeram as seguintes motivações, por ordem decrescente:

1) Compreender
2) Ver
3) Prestígio de saber
4) Desejo de contato
5) Prestígio social
6) Aliviar os que sofrem
7) Atração pelo dinheiro
8) Desejo de sentir-se útil
9) Atração pela responsabilidade
10) Atração pela reparação
11) Profissão liberal
12) Atração pela segurança

Missenard separou três grupos de motivações:

- Interesse humanitário: desejo de cuidar, se dedicar, prazer por contatos e, acrescento, reparar[8].
- Interesse científico: pela biologia, experimentação e ciências humanas; desejo de experimentar, de transgredir, associado ao gosto do saber, do voyeurismo, da curiosidade de ver detalhes do corpo humano.
- Interesses socioeconômicos: interesse pecuniário, posição social, busca de prestígio, busca de segurança pessoal.

Esse último item aumenta progressivamente do início ao fim do curso, o que significa um decréscimo das motivações humanitárias em detrimento das autocentradas.

8. É um fato meritório nesta pesquisa que o desejo de compreender venha em primeiro lugar. Aqui pode estar o compreender o funcionamento do corpo humano, os mecanismos básicos de adoecer, porém seguramente o compreender o ser humano que sofre, seu sofrimento psíquico, suas motivações últimas e as repercussões disso no seu adoecer.

Curioso que num trabalho desta magnitude não se encontre uma palavra sobre a questão da *onipotência,* elemento-chave quando se estuda o problema da vocação médica e das motivações profissionais. E este ao meu ver é um tema fundamental quando se estuda a doença e a morte, quando estamos diante desses dois grandes inimigos, a doença sendo a via régia que nos leva à morte. A onipotência sendo então ter todos os poderes (ou potências), uma espécie de ter o corpo fechado, invulnerável. Isso pode se dar pela ação de uma medicação, de um ritual, de uma crença ou de um curso, o curso médico, que irá lhe outorgar esses poderes, através de todos os conhecimentos científicos adquiridos, do uso de medicamentos ou de manobras cirúrgicas. Por outro lado, renunciar a onipotência das idéias e procurar um curso médico já é um progresso. Porém, freqüentemente, o médico não renuncia ao uso de outras formas de onipotência, místicas, medicamentosas ou instrumentais, por exemplo, porque o ser humano sempre precisa de alguma dose maior ou menor de onipotência para viver.

Entre os fatores inconscientes constantes na escolha médica podemos citar os impulsos *voyeuristas* presentes entre os tímidos, de ver as coisas proibidas, o sexo em todos seus detalhes e manipular com estes, como fazem os ginecologistas, de um modo sublimado e permitido socialmente. Ver também significa aprender, aprender significados, ver coisas relativas ao corpo humano e, podemos acrescentar, o ver tem um papel relevante na prática médica, na visualização do corpo, como um todo e das suas partes, na observação da pele e mesmo na percepção dos estados emocionais.

Aqui me recordo da brincadeira infantil de médico, que toda a criança realiza, confirmando o aforisma que "de médico e louco todos temos um pouco". Millan e Vaz de Arruda citam Durval Marcondes ao escrever que nesta brincadeira a criança (que domina o jogo) se coloca na posição de adulto todo poderoso. Eles também citam Blaya que viu na prática médica o desejo inconsciente do médico de curar a si mesmo através da pessoa do paciente num jogo de projeção (com o paciente enfermo) e de introjeção (com o paciente curado)[9].

O conceito de reparação é ainda recente para a classe médica, apesar de ter sido estabelecido por Melanie Klein na década de 1950. Por este entendemos consertar, corrigir, reparar algo de mal que realizamos a alguém ou a nós mesmos, principalmente a um ente querido. Difícil de conceber se queremos pensar numa criança em torno de seis meses como Klein postulou que ocorreria na precoce infância, entre a criança e a mãe. Porém, perfeitamente verossímil se pensarmos numa criança maior ou numa personalidade depressiva – que realiza reparações sem fim – ou num médico que repara através de infindáveis cirurgias órgãos lesados ou imperfeitos funcionalmente. São as chamadas reparações maníacas, acionadas por mecanismos obsessivos, muito comum nos médicos, que não tem fim, se continuando no mesmo paciente ou migrando de paciente para paciente, podendo mesmo levar a iatrogenias, posto que não mais se respeita o paciente, que é usado como um boneco para servir às necessidades patológicas do médico.

A necessidade de reparar em princípio é essencialmente nobre, é feita sobre o outro, ao bem do outro, é ético, diria Lacan. Então, das motivações da escolha profissional é uma das mais humanitárias e que enobrece o médico. Paralelamente a reparação está a questão da sublimação estudada por Freud. Ao sublimar, estamos transformando impulsos instintivos vários em tendências nobres a serviço da cura e da saúde humana. É o exemplo já clássico do cirurgião que sublima seus impulsos sádicos ao operar seus pacientes; é o ginecologista que sublima suas tendências *voyeuristas* vendo e apalpando ao mesmo tempo e diagnosticando suas pacientes. Obviamente, com o tempo, as tendências instintivas infantis são subordinadas ao

9. Todos sabemos que a brincadeira de médico é um jogo sexualizado no qual a criança lida com a sua erotização *in nascendi*, baseada no acesso que tem o médico à intimidade das pessoas. Aqui joga um papel poderoso, como sabemos, a curiosidade. Com o tempo, essas motivações vão dando lugar a tendências mais reparatórias, de cura ou de alívio. Nas crianças que estão desenvolvendo uma vocação médica, essas tendências reparatórias têm desde o início mais peso que as sexualizadas.

funcionamento do ego adulto e são assim, subjugadas ou neutralizadas, como gostava de dizer Freud.

Vocação médica e gênero – Um novo livro de Luiz Millan

Já estava com este trabalho adiantado quando recebi um novo livro de Luiz Millan, a sua tese de doutorado: *Vocação Médica e gênero: um estudo com primeiranistas da faculdade de medicina da USP.* Trata-se de uma nova obra de fôlego de Millan, em que ele faz uma completa revisão do tema vocação médica e apresenta um trabalho de pesquisa sobre o problema de gênero em relação à vocação[10].

Após uma minuciosa reconstituição da história da medicina, o autor nos brinda com um precioso capítulo sobre "A mulher na medicina", atualizando o assunto. Esse é muito presente devido ao grande interesse que a medicina vem despertando nas mulheres em nosso país, que ingressam em massa nos cursos médicos.

Em relação à história da medicina, Millan nos mostra que esta sempre foi uma profissão masculina, as mulheres sendo consideradas fracas para os rigores da profissão, no máximo sendo aceitas como parteiras nos cursos de graduação. Uma notável exceção a esse respeito foi a Escola de Salerno na Itália que atingiu seu apogeu no século XI e que admitia mulheres como alunas. Na Grécia de Hipócrates, apesar do humanismo que ali reinava, as mulheres no máximo atuavam como parteiras. Apenas na Idade Média, nas ordens religiosas, as mulheres atendiam pacientes.

No século XVII Mme. Bousier, na França, publica o primeiro livro científico sobre obstetrícia. Na Inglaterra, Elizabeth Cellier cria um hospital especial para mulheres, mas tem a sua biblioteca queimada porque fazia críticas ao rei. Em 1857, as irmãs Blackwell

10. Por uma questão de honestidade científica e para trazer sempre uma bibliografia atualizada, o autor utilizou nos seus dois livros materiais bibliográficos diferentes.

fundaram um hospital para mulheres pobres e crianças em Nova York, que acolhia as mulheres que tentavam entrar na profissão. Em 1850, é fundada a primeira Faculdade de Medicina do mundo só para mulheres, na Pensilvânia. Apenas em fins do século XIX, entretanto, é que as faculdades de medicina européias passaram a aceitar mulheres como alunas. Porém, as cátedras e os altos cargos acadêmicos continuavam ocupados pelos homens, e as mulheres eram promovidas para cargos de professores quatro vezes menos que os homens.

Em 1960, apenas 5% dos médicos eram mulheres e na década de 1990, trinta por cento. Outras pesquisas têm constatado que as mulheres consideram seus compromissos familiares uma barreira para a vida acadêmica. Também relatam receber menos ajuda de monitores ao longo do curso e de serem maltratadas pelas enfermeiras: ignoradas, recebidas de forma inamistosa, sendo questionadas em tudo que dizem.

Lidando com alunos de medicina durante o curso, não tenho ouvido tais queixas, porém acho isto passível de acontecer pelos problemas da rivalidade entre membros das equipes de saúde e das antigas rusgas entre médicos e enfermeiros.

Notzer e Brow (1995), citados por Milan, referem que na Rússia as mulheres já são uma maioria (56%) e que o Ocidente sempre valorizou a agressividade e a capacidade em lidar com situações de emergência, como atributos masculinos. Os homens, todavia, estão abandonando a profissão por perda de *status*, diminuição de rendimentos e excessiva burocratização dos serviços médicos. Na Rússia a profissão é relacionada com traços femininos como alto grau de envolvimento pessoal, com paixão, paciência, flexibilidade e menor busca de *status* pessoal. Apesar disso, a discriminação contra as mulheres continua e o número de cátedras ocupadas por mulheres é apenas de 9% nos Estados Unidos e de 3% em Israel. Apesar disso, de forma otimista, os autores acreditam que a presença cada vez maior das mulheres na profissão médica deve trazer conseqüências positivas como uma maior humanização da profissão e maior ênfase nos aspectos psicológicos do doente, com uma conseqüente melhora da relação médico-paciente, conforme escreve Milan.

Ao meu ver, a imersão na relação mãe-bebê desde o útero, que se prolonga pelo primeiro ano de vida do recém-nascido, aliado a uma participação bem maior que o homem no trato com problemas psicológicos da vida familiar, explicam o preparo maior das mulheres para lidar com as questões psíquicas do paciente ou da família em relação aos homens, muitas vezes mais preconceituosos em lidar com problemas psicológicos. E, de fato, as mulheres têm mais desenvolvidas qualidades como intuição e empatia, fundamentais para a compreensão do diálogo mudo que durante muitos meses se instala com o seu bebê. São essas condições essencialmente femininas, mas que os homens também podem desenvolver em trabalhos de psicoterapia sob supervisão, por exemplo.

Ao mesmo tempo, a maior tolerância da dor física apresentada pelas mulheres explica maior capacidade de tolerar a dor dos seus pacientes, enquanto os homens tendem a ficar irritados com os enfermos que exageram seus males dolorosos, agredindo-os com palavras ou atitudes desrespeitosas. Claro que há médicas sem tolerância ou empatia que perdem a paciência com o tormento de seus doentes.

Segundo dados de um extenso trabalho de Machado (1999), citado por Millan, a presença da mulher na medicina brasileira evoluiu de 1% na década de 1940 para 50,5% na década de 1990. As dez especialidades mais escolhidas pelas mulheres são atualmente pediatria (24,5%), gineco-obstetrícia (14,2%), medicina interna (7%), cardiologia (3,7%), dermatologia (3,6%), psiquiatria (3,3%), anestesiologia (3,1%), oftalmologia (2,7%), radiologia (2,3%) e medicina sanitária (1,8%).

As mulheres brasileiras trabalham atualmente mais na esfera pública que na medicina privada. Tentam assim garantir direitos trabalhistas como licença-maternidade, abono de faltas e férias. O objetivo é poder cuidar melhor da família e não apenas nos períodos de maternidade.

Ainda na extensa pesquisa realizada por Machado, ela relata que 21% das mulheres afirmaram que sua condição feminina influenciou na escolha de suas especialidades. Por esse motivo, por exemplo, as mulheres raramente escolhem a cirurgia, com exceção apenas da cirurgia de mão, que requer finas habilidades.

Bellodi, do contingente da USP (1999), também escreve na mesma linha ao dizer que a mulher tende a procurar especialidades em que possa exercitar a sua condição feminina de cuidar dos outros, enquanto os homens buscam campos onde possam exercer sua autonomia, expressar sua agressividade e necessidade de competição.

Em seu importante livro *Olhares discretos e indiscretos sobre a medicina,* resumido por Millan, Schneider (1991) faz preciosas considerações sobre a presença da mulher na medicina. Escreve ele que na universidade de Lausane as alunas abandonam o curso em maior número que os rapazes; seus colegas homens as vêem como rivais, passam a competir com elas e dizem que estas fariam melhor se casassem e tivessem filhos, dedicando-se a estes... O casamento entre médicos, relativamente freqüente, seria uma forma de resolver o problema...

Esse trabalho afirma, de modo claro, que há uma agressividade recalcada e uma decorrente ambivalência dos médicos em relação às médicas. E que surge daí a rivalidade, quase sempre camuflada e pouco consciente.

E, continua Millan, resumindo Schneider:

> No interior do hospital, há séculos, a corporação médica sempre foi dominada pelos homens, cabendo às mulheres papéis limitados e subordinados à autoridade médica: enfermeiras, parteiras, assistentes sociais e pessoal de laboratório, sendo que muitas delas eram religiosas. A presença da mulher foi vivida como uma intrusão, como uma ameaça à identidade do médico.

Tratando do tema vocação médica propriamente dita, Millan o subdivide nas seguintes questões: o momento da opção; o perfil social e as expectativas; encorajamentos e desencorajamentos; motivos de rejeição (quando existirem); atributos do médico;

motivos conscientes e inconscientes da escolha profissional; características de personalidade do estudante e do médico; escolha da especialidade; medicina e literatura.

Opção, perfil e expectativas:

Fejardo Dolci (1995) obteve que 27% dos alunos optaram pela carreira ainda na infância, 26% entre os 14 e 16 anos e o restante posteriormente. D'Ottávio e col. (1997) escrevem que na década de 1960, 55% dos alunos escolheram a profissão devido ao interesse pela biologia e atualmente o fizeram pela alta tecnologia (30%), sendo apenas de 16% o grupo que procurou o curso motivado pela biologia. Esse trabalho vem confirmar o interesse crescente dos futuros médicos pela tecnologia de ponta, que motiva cirurgiões, anestesistas e alunos envolvidos com laboratório, métodos gráficos e técnicas radiológicas.

Sobre as demandas e decepções, Alexander (1992) alerta para os casos dos estudantes não orientados que terminam por abandonar o curso após gastar tempo, dinheiro e esforços inutilmente. Fala sobre sua experiência de instruir alunos levando-os a ter contato com termos médicos, procedimentos, bioética e jurisprudência. Também se aborda a questão do sigilo médico e de atributos como a honestidade, capacidade de compreensão e de compaixão, enfatizando-se que a medicina demanda um grande tempo para dar frutos profissionais e pessoais[11].

Weisse (1993) comparou os primeiranistas daquele ano com os médicos de sua turma, formados 35 anos antes. Como era de se esperar, o número de mulheres aumentou de 8% para 49%. Cerca de 27% dos seus colegas eram filhos de médicos e na turma de 1993, 34%. Na sua turma, 51% das famílias pertenciam à classe baixa enquanto em 1993, 82% pertenciam à classe média, resultado este que confirma o que vem sendo observado mundialmente, a elitização

11. Vejo na qualidade e extensão dos temas abordados um verdadeiro curso de Psicologia Médica, muito abrangente, tal qual é ministrado pelas Faculdades de Medicina de nosso país, principalmente pelas mais tradicionais.

do ensino médico, cada vez mais privilégio de classes abastadas. Esse trabalho também confirma os achados de Fejardo-Dolci (1995) em que metade dos seus alunos tinha um familiar na área de saúde, 83% destes, médicos.

Ginzberg e Brann (1980) analisaram as expectativas de 150 segundanistas de medicina que se mostraram preocupados com: a perda da liberdade do médico; o excessivo controle governamental; a tendência ao assalariamento; o declínio da prática privada e o excesso de burocracia. Vemos que esses alunos, apesar de iniciantes de um curso médico, já se mostravam conscientes de problemas dos mais importantes da medicina atual.

Sobre o tema estímulo x desencorajamento, Imperato e Naveri (1991) fizeram uma importante pesquisa envolvendo primeiranistas da Universidade de Nova York. 63% destes foram desencorajados a fazer medicina, 43% por médicos e 40% por amigos e vizinhos. Os pais, entretanto, foram os mais encorajadores, o que aconteceu com 58% dos alunos. As razões alegadas para o desencorajamento foram os longos anos de formação (55%), o custo do seguro por erro médico (50%), a excessiva regulamentação (42%), o estilo de vida do médico (40%), a queda de rendimentos (39%), o alto custo da formação (26%) e o risco de contaminação por doenças graves (22%). Esse estudo confirma outros achados de médicos desanimados e pessimistas com a profissão desencorajarem futuros colegas a investir nesta. A inveja do mais velho e pessimista em relação ao mais jovem com um futuro pela frente também deve, ao meu ver, jogar um papel neste fato.

Rolquit e Killian (1993) realizaram pesquisa entre estudantes que desistiram da carreira médica cujos achados confirmam muito dos encontros da pesquisa anterior: 48% dos que desistiram disseram que foram desencorajados por médicos; 34% optaram por outras áreas por motivos financeiros; 12% em virtude do ambiente de competição entre os estudantes de medicina; 22%, num achado surpreendente, disseram que em outras áreas teriam mais chances de ajudar pessoas.

Tratando do tema das motivações conscientes na escolha da profissão médica, Milan refere-se a pesquisas, depoimentos e reflexões.

Sadeghi-Nejadi e Marquardt (1992), num lúcido depoimento, pontuam que: a existência de doença pessoal ou na família são também fatores de escolha da profissão; o aparecimento das especialidades e subespecialidades fragmentaram a figura do médico e o seu papel de conselheiro; enquanto a ciência médica ganhou prestígio, a figura do médico se deteriorou; o médico liberal está quase extinto e a profissão está dominada pelas seguradoras[12].

Já Parmley (1993) aponta os aspectos positivos da profissão médica que deveriam ser apresentados aos jovens:

- Oportunidade de ajudar pessoas, recebendo gratidão e confiança;
- Chance de aprender com cada paciente, que é único;
- Estímulo intelectual devido ao avanço das especialidades médicas;
- Convívio com outros profissionais ricos de personalidades e dedicados.

Weeks e col. (1994) comentam num trabalho sobre a remuneração dos médicos que os generalistas ocupam o último lugar, apontando para uma falha clamorosa dos nossos tempos e dos nossos sistemas de saúde. É mais uma contingência nefasta da hiperespecialização. Exatamente os clínicos gerais que têm uma formação bem mais abrangente, da maior importância para os sistemas de saúde, são desvalorizados, dessa forma, pelas autoridades sanitárias e pelo próprio público que paga melhor ao especialista.

O ponto alto dessa revisão de Milan, fazendo corpo com sua formação psicanalítica é, contudo, o estudo dos fatores inconscientes relacionados com a escolha da formação médica. Assim, Krakowsky, em 1973, sintetizou:

> O complexo de Édipo positivo leva a uma identificação com o pai. Pode ser, todavia, uma forma de tentar superar o pai e conquistar a mãe ou ainda uma tentativa de negar o medo do pai, identificando-se com um substituto deste: demais parentes, chefes, líderes, o médico assistente, por exemplo (identificação com

12. Como acontece atualmente com o Brasil com o poder dos convênios.

o agressor).

"O médico assistente e onipotente, além de não se dar conta de suas limitações profissionais, é narcisista e vaidoso a ponto de colocar o seu sucesso pessoal como sendo mais importante que as necessidades do paciente".

Quando os processos de sublimação e reparação são falhos, o médico não consegue controlar nem dirigir adequadamente seus impulsos agressivos que se voltam para seus pacientes. Em outras situações, esses impulsos dirigem-se a si mesmos e o médico torna-se masoquista ou, na melhor das hipóteses, passivo.

É comum os médicos desenvolverem uma atitude contrafóbica diante da morte, utilizando-se de múltiplas defesas técnicas comportamentais: frieza, indiferença científica, isolamento dos afetos, negação, projeção e escolha de especialidades. Assim, aqueles que não toleram o processo da senectude podem tornar-se pediatras. O geriatra, por sua vez, pode não suportar o sofrimento da criança e o ginecologista "opta" por lidar apenas com mulheres jovens porque estas não costumam morrer.

E conclui Milan a análise deste livro:

> Em geral as mulheres são menos ambiciosas profissionalmente e buscam obter o prazer em outras áreas e no lazer gratificante. Submetem-se menos aos constrangimentos e às provas masoquistas inerentes às escaladas de postos hospitalares universitários e, deste ponto de vista, são mais sadias do que os homens.

Melanie Klein e Freud, citados extensamente por Millan, não escreveram propriamente sobre vocação, mas sobre as bases inconscientes sobre as quais repousam esse fenômeno. Freud criou o conceito de sublimação graças ao qual os processos instintivos das área sexual ou agressiva se transformam em aspectos nobres, superiores, como a atividade profissional, a criatividade e os pendores artísticos e literários. Assim, um menino que gostava muito de "brincar de médico", dando vazão a sua sexualidade com as meninas envolvidas na brincadeira, torna-se um médico na vida adulta e vai adotar um padrão irrepreensivelmente ético ao lidar com as pacientes e com as colegas especialistas.

Já Melanie Klein contribuiu com o importante fenômeno da reparação, baseado na filosofia judaico-cristã que permeou sua obra, quando nos fala que a percepção de nossa culpa pelos aspectos agressivos com que tratamos nossos objetos de raiz (mãe, pai, irmãos, mestres etc.) leva à necessidade de restaurarmos (repararmos) essas pessoas, através de atitudes amorosas e reconstrutivas, como o amor presente no interjogo de uma profissão. Esses dois processos ficam muito claros no exemplo do cirurgião que sublima os aspectos agressivos de sua conduta ao fazer dela uma atividade nobre, ao mesmo tempo em que repara, corrige danos que infligiu aos outros.

A seguir, Millan estuda a obra de Bohoslavsky, este que foi um grande estudioso do problema da vocação profissional. Como Rorschach, no terreno dos testes psicológicos, ele morreu moço, porém deixou uma importante obra a engrandecer pessoas de qualquer idade. Ele nos falou da extensão do campo da vocação profissional, abrangendo desde questões ideológicas e ético-filosóficas a outras antropológicas, econômicas, sociológicas, pedagógicas etc. Aqui eu incluiria também as políticas, referindo-me entre outras questões ao panorama das profissões mais expostas por um determinado governo ao sabor de suas convicções ideológicas.

Para Bohoslavsky, o adolescente só chega a uma decisão profissional quando elabora conflitos e ansiedades ligadas ao futuro, enquanto as profissões se baseiam em potencialidades que não são específicas e que não podem ser medidas. O prazer no estudo e na profissão dependem do vínculo que estabelecemos com estes e da personalidade do indivíduo. A escolha profissional está sempre relacionada com os outros, reais ou imaginários; o adolescente não quer ter uma profissão, ele quer ser como alguém, com quem se identifica.

O *marketing*, os valores sociais e a realidade econômica fazem com que geralmente o trabalho e o *hobby* se apresentem dissociados, apesar do esforço dos jovens em terem apenas uma grande realização laborativa.

Bohoslavsky também formulou, a partir de Erickson, o conceito de identidade ocupacional, isto é, a autopercepção ao longo do tempo de um determinado papel ocupacional. Desse modo, não existe um médico em geral, mas sim o que é o resultado das expectativas que se tem em relação a esse papel num determinado contexto histórico-social.

A identidade ocupacional forma-se a partir do ideal do ego (eu queria ser como o doutor X), das identificações com o grupo familiar, da identificação com os pares (com os adolescentes) e das identificações sexuais (identificações mais "masculinas" ou "femininas"). "Quando as diferentes identificações estão integradas e o indivíduo sabe o que quer fazer, de que modo e em que contexto, pode se considerar que sua identidade ocupacional foi adquirida".

Para Bohoslavsky a *identidade madura* é aquela que resulta da elaboração dos conflitos, o que permite ao adolescente identificar-se com seus próprios gostos, interesses e aspirações (profissões). A *escolha ajustada* é aquela que possibilita a união dos gostos e capacidades com as oportunidades exteriores.

Uma pesquisa com estudantes de medicina da FM-USP – Resultados

Termina o autor esta segunda obra com uma extensa pesquisa sobre o tema da vocação médica, incluindo um estudo da personalidade através de entrevistas e testes (16 PF e TAT), visando estudar principalmente a questão do gênero em relação à vocação. Entre as conclusões deste trabalho podemos citar:

- A vocação médica transcende o gênero;
- Alunos do gênero masculino se identificaram, conscientemente, com alguém para a escolha da vocação médica, significativamente mais do que as alunas;

- Um terço dos estudantes foi desencorajado por parentes e amigos;
- A quase totalidade dos alunos está consciente de que a profissão médica irá interferir em sua vida privada, devido à limitação do tempo de lazer, isolamento social e horários desregrados;
- Sobre o que se deve fazer para ser um médico de destaque, as alunas deram ênfase aos aspectos humanísticos e os alunos à realização econômica;
- Os dois grupos apresentaram um perfil de personalidade semelhante;
- Alunas: maior sensibilidade e *insight*;
- Alunos: maior criatividade;
- A escolha da profissão surge como um dos pilares da identidade, como um campo (inconsciente) favorável para a sublimação e a reparação;
- O ideal do ego está ligado à realização profissional e ao reconhecimento pessoal, sob a observação de um superego tenaz[13];
- As dificuldades encontradas nos dois grupos são típicas do desenvolvimento normal do adolescente;
- Os alunos, de ambos os gêneros, possuem uma visão hipocrática da medicina;
- Os resultados sugerem que o grupo possui vocação médica, a ser desenvolvida.

A questão da escolha da especialidade

Quando se estuda o problema da vocação médica, geralmente se aborda, concomitantemente, a questão da escolha da especialidade, isto é, por que medicina e por que esta ou aquela especialidade. Esse é um dos pontos também enfocados por Luiz Milan em sua Tese de Doutoramento sobre "Vocação Médica", na qual

13. A questão do ideal do Ego é fundamental em medicina onde a idealização da profissão é um dos fatores fundamentais no trabalho obsessivo e na *work*-adição. Também é comum na profissão, principalmente nos médicos do passado, se encontrar um superego rígido em relação a si mesmo ou aos seus pacientes.

continua sua abordagem e pesquisas sobre esse tema, iniciado no livro *O universo psicológico do futuro médico*, em colaboração. Em parte, seguiremos seu roteiro, claro e didático.

Uma primeira questão diz respeito ao filho escolher a especialidade do pai. São famílias por vezes com vários médicos que seguem o caminho do pai, avô ou mesmo, poderíamos dizer, do patriarca. À primeira vista, caberia pensar em interesses financeiros ou simplesmente em submissão. Sem dúvida, a identificação com o modelo paterno joga um papel importante, mas a realidade dessas escolhas é muito mais complexa. Por vezes um filho escolhe a profissão do pai para afastar os irmãos concorrentes. Ou faz essa escolha para resgatar toda uma possibilidade de convivência com o pai que por razões várias não foi possível realizar no passado. E a oportunidade de contato em uma profissão absorvente e complexa como a medicina cria situações de fértil convivência.

Se o processo de vocação médica é mais oculto e misterioso, o processo de escolha de uma especialidade é mais aberto, consciente, sujeito a várias reflexões e ruminações. Aqui os aspectos pecuniários da profissão, os pragmáticos, ganham mais destaque. Obviamente, também estão presentes os ideais: "Vou fazer saúde pública", "Vou fazer ciência pura", "Vou atender populações carentes".

Por vezes as razões psicológicas estão à flor da pele: escolheu gastroenterologia porque seu pai morreu de cirrose em meio a muito sofrimento. Outras vezes as razões são opacas. Porque escolheu dermatologia, ou ortopedia? Ela não sabe, não se sabe, é um segredo que vai para o túmulo[14].

Miralles (1987) estudou 395 alunos de medicina. 55% escolheram sua especialidade, definitivamente, no primeiro ano. 11% do total eram filhos de médicos; destes, 74% admitiram que a profissão do pai exerceu um papel importante na escolha da especialidade. Esse fato corrobora a minha experiência como médico e como psicanalista em constatar a força da influência que um pai médico exerce sobre

14. Por vezes a escolha que era opaca se torna visível ao médico na hora da prática; ele não sabia que sabia, apenas suspeitava.

a escolha profissional de sua prole. O médico, em função de sua estrutura narcísico-onipotente, quer muito que o filho siga seu caminho, seus passos, por vezes inclusive para resgatar as muitas horas perdidas de convivência por conta da dedicação ao seu próprio trabalho.

Henry et al. (1992), selecionaram as variáveis presentes na escolha de uma especialidade médica: gênero, profissão dos pais, passado familiar, escolar e social; personalidade e atitude diante dos pacientes, da morte, do trabalho em equipe; fatores ligados ao sistema educacional como o internato, a performance escolar, a imagem das especialidades; recompensa financeira, prestígio, possibilidade de clínica particular; condições de trabalho, o consultório e o hospital, tempo gasto com o trabalho, horas de lazer, fatores intrínsecos a cada especialidade.

Em um interessante trabalho desenvolvido na Califórnia, Osborne (1993) concluiu que 89% de alunos buscaram medicina para ajudar pessoas e pelo desafio intelectual. Apenas 20% dos alunos admitiram uma procura por razões financeiras. Os homens mostravam pouco interesse pelo atendimento primário e preferiram as áreas acadêmicas e de alta tecnologia. As mulheres preocupavam-se mais com o número de horas de trabalho em relação à escolha da especialidade. Esse trabalho é importante pois demonstra que as razões humanitárias, que motivam a escolha da medicina neste mundo globalizado e submisso aos valores materiais, ainda podem ser prevalentes.

Resultados semelhantes foram obtidos no trabalho a seguir de Kassebaum e Szenas (1994), que distribuíram para 8.128 estudantes de medicina uma lista com 36 fatores que poderiam influir na escolha da especialidade. O fator considerado de maior influência foi o tipo de paciente (clínico, cirúrgico, criança, grávida, em emergência etc.), seguido pela coerência com a personalidade, ter o propósito em ajudar pessoas, interesse pelo conteúdo intelectual da área em questão e o desafio do diagnóstico. O prestígio, a busca de poder e de ser uma autoridade, bem como o retorno financeiro, tiveram pouca influência. A disponibilidade de tempo e a flexibilidade em poder estar com a família tiveram uma importância moderada.

Vemos, nesse trabalho envolvendo 8.000 estudantes de medicina, uma busca de autenticidade, seja em relação a si próprio, seja na escolha do tipo de paciente, aliado a interesses humanitários. Os aspectos narcísicos e o *status* financeiro não foram prevalentes. Precisaríamos saber a composição da amostragem para avaliar, por exemplo, se se trata de uma população muito jovem, ainda numa fase de idealização que irá mudar ao longo do curso com o encontro das dificuldades intrínsecas à formação.

Precisamos de trabalhos como este para poder avaliar importantes problemas na carreira de um médico e ponderar sobre as "teorias" existentes a este respeito de que, por exemplo, os que escolhem cirurgia o fazem porque no fundo são pessoas agressivas, os psiquiatras porque têm problemas mentais e os pediatras têm uma prevalência de traços femininos...

A escolha de uma especialidade é um aspecto importante da identidade médica e quando ela não se dá de um modo harmônico, respeitando os aspectos conscientes e inconscientes do futuro profissional, pode representar anos de insucessos e traumas em sua carreira ou mesmo o abandono da profissão. Afinal de contas, nem sempre o pé se ajusta ao chinelo que lhe cabe.

Nas faculdades de medicina, esse tema começa a vir espontaneamente à baila nos grupos de reflexão dos segundanistas e principalmente entre os terceiranistas que já estão acompanhando pacientes. Nestes é fácil constatar, por exemplo, que os alunos que têm dificuldades de relacionamentos humanos buscam desde o início especialidades em que estes contatos são mínimos, como laboratório ou anatomia patológica. Porém, muitas vezes, se adaptam a estas rotinas e se transformam em excelentes profissionais. Ou, por vezes, um professor (ou monitor ou tutor) acompanha um aluno junto a um paciente ajudando-o a vencer as dificuldades de relacionamento e emprestando-lhe um modelo de atendimento que lhe será útil por toda a vida médica. Este aluno sente-se então estimulado a lutar contra suas dificuldades de relacionamento humano e pode se tornar um excelente internista ou um psiquiatra.

Além desse aprendizado, que se faz geralmente nas aulas de Psicologia Médica e Medicina Integral, o aluno também se beneficiará desse tipo de experiência nas atividades de Tutoria, quando um preceptor reunido com um grupo de 8 a 12 alunos, de séries diferentes, coordenará discussões em torno de qualquer questão, teórica ou prática, nas quais os alunos colocarão suas vivências e experiências pessoais. Assim, qualquer discussão sobre o tema "Que especialidade eu quero fazer" em pouco tempo "pega fogo" e nós vemos os jovens, estimulados pela espontaneidade dos outros, logo se colocarem, e percebemos a emergência de questões da maior importância para sua vida profissional, como o contato com o paciente grave e com a morte, com o doente mental, com o doente dermatológico, com o doente pobre e com o doente rico, com os métodos diagnósticos e com a pesquisa, com a importante questão dos honorários, da relação com sua família de origem e futura diante da profissão, bem como a relação com a família do paciente, também. Nesse contexto, técnicas de dramatização poderão ser utilizadas com excelentes resultados. Essas técnicas costumam fazer aflorar conteúdos subconscientes e inconscientes que de outro modo permaneceriam reprimidos.

Nós, do PAPE, costumamos, logo nos primeiros contatos com os calouros, fazer um grupo de reflexão com os mesmos, que consiste, de início, em fazer a seguinte pergunta: "Por que você resolveu estudar medicina?". Então costumam se formar três grupos. O primeiro deles é aquele dos que sempre quiseram ser médicos. Já em crianças brincavam de médicos, de dar injeções em bonecos, sem uma conotação sexual. Esse grupo costuma trazer uma especialidade já escolhida. Num segundo grupo a escolha é bem mais recente, beira o vestibular e costuma estar relacionada com um episódio determinado, como a morte de um parente próximo ou a doença grave de um amigo, por exemplo. Num terceiro grupo a escolha se dá sem um motivo aparentemente significativo. "Foi porque eu não gostava de ciências exatas"; "porque medicina ainda dá um bom dinheiro".

No primeiro grupo, a chamada vocação está obviamente presente, como também no segundo grupo, e parece se apresentar de um modo mais frágil no terceiro grupo, composto de pessoas que ainda precisarão elaborar esta questão da vocação ao longo do curso. Ou de pessoas que nunca conseguirão de todo elaborar estas questões de sua vocação profissional e que carregarão para sempre importantes lacunas em sua identidade médica. Ou que irão elaborar estas significativas questões de suas identidades profissionais em outro *setting*, em outro tempo, em outro contexto, *a la longue,* de sua vida profissional. Ou nunca elaborarão de todo este tema e não deixarão por isso de serem bons profissionais.

O CLÍNICO X O CIRURGIÃO

Patrícia Bellodi (2001), entre nós, escreveu um livro importante e original sobre *O clínico e o cirurgião: estereótipos, personalidade e escolha de especialidade médica.*

Citando Machado, ela reúne as especialidades médicas em quatro grupos:

- Cognitivas: lidam diretamente com o cliente e sua relação profissional baseando-se fundamentalmente no conhecimento cognitivo adquirido nas escolas médicas. O raciocínio clínico é acentuadamente valorizado e a relação subjetiva tende a ser mais valorizada. São os clínicos, os pediatras, os psiquiatras, os geriatras e os homeopatas.
- Tecno-cirúrgicas e de habilidades: o que predomina no processo de trabalho é o conhecimento técnico, ou seja, as habilidades técnicas inerentes ao ato em si, quase sempre de forma pontual e precisa. Freqüentemente essas intervenções (em sua maioria cirúrgicas) exigem apoio de diagnósticos clínicos, radiológicos ou laboratoriais. Temos aqui as diversas especialidades cirúrgicas.

- Intermediárias: associadas às habilidades técnicas (cirurgia) e às bases cognitivas da ciência médica (clínica). Constituem verdadeiras "clínicas autônomas", dispensando quase sempre a participação de colegas especialistas para a feitura do diagnóstico. Exemplo: ortopedistas, ginecologistas-obstetras, gastroenterologistas, oftalmologistas e otorrinolaringologistas.
- Tecnológicas e/ou burocráticas: a relação médico-paciente cede lugar a uma relação impessoal, coletiva. São especialidades voltadas para a pesquisa, gerência, administração e planejamento. São os administradores hospitalares, epidemiologistas, sanitaristas, patologistas e radiologistas.

Zimet e Held, citados por Bellodi, afirmam que:

> Não há provavelmente outros tipos de treinamento em graduação em que no início os alunos sejam tão homogêneos em interesses, orientação e antecedentes educacionais e, posteriormente, não há nenhum campo ocupacional no qual as atividades dos seus praticantes são mais diversas do que na medicina.

Sobre a questão das diferenças de personalidade entre clínicos e cirurgiões, baseadas em várias pesquisas, conclui-se que alunos que preferem a clínica apresentam:

- Maiores ansiedades que os cirurgiões e menores que os psiquiatras (Eron, 1955);
- Maior necessidade de intimidade com os outros, empatia e relações recíprocas com colegas, pacientes e auxiliares (Yulft, Pollock e Wasserman, 1969);
- Maior tolerância a ambigüidade, tomando decisões mais subjetivas e pessoais (Friedman e Slatt, 1988; Geller, Faden e Levin, 1990);
- Maior interesse nos valores sociais e crença nos recursos do paciente (Paiva e Haley, 1971);

- Menor autoritarismo e necessidade de ordem (Loker, Greenberg e Losa, 1965; Yulft, Pollock e Wasserman, 1969).
Já residentes em clínica apresentam:

- Forte necessidade de independência e autonomia. Pouco interesse mecânico e maior preferência por cálculo e literatura. Grande interesse por valores humanísticos e estéticos. Facilidade para relações interpessoais, as quais conservam (Casas et al., 1986);
- Fogem menos dos conflitos;
- Certa tendência à depressão;
- Não valorizam o poder nem o dinheiro;
- Inteligentes e inventivos, porém ansiosos e preocupados;
- Tendem a estar na defensiva (De Paikin e De Figueroa, 1991).

Clínicos em exercício apresentam-se:

- Mais humanistas, acreditando em um modo sensível e empático de ajudar àqueles com problemas e necessidades;
- Encorajam seus pacientes à determinação e à liberdade de escolha. Acreditam que os pacientes devem participar das decisões médicas. Preocupam-se com fatores psicossociais (Abott, 1983). São sensíveis a situações emocionais, têm maior auto-estima e uma relação menos estereotipada com os pacientes (Carmel e Glick, 1996).

Já no cirurgião, temos traços de personalidade, em muitos aspectos, opostos a estes. Senão vejamos, entre alunos que escolhem a cirurgia:

- Mais autoritários, dominadores, dogmáticos e com necessidade de funcionar como líderes (Merril et al., 1991; Zeldow e Daugherty, 1991);
- Com maior auto-estima e maior autoconfiança (Otis e Weiss, 1973; Linn e Zeppa, 1984);
- Maior interesse em aspectos práticos, econômicos e menor em teórico-artísticos e sociais (Schumacher, 1973; Paiva e Haley, 1971);

- Maior habilidade manual e menor para pensamentos complexos (Otis e Weiss, 1973);
- Racionais, competitivos e independentes (Zeldow e Daugherthy, 1991);
- Menor tolerância à ambigüidade (Linne e Zeppa, 1984; Merryl et al., 1991).

Pesquisas com residentes de cirurgia revelaram:

- Elevado interesse em temas mecânicos; capacidade para o trabalho em grupo, sendo capazes de se integrar numa equipe de trabalho; tendência a fugir de conflitos; não propensos a abstrações profundas; convencionais; controlados, responsáveis e pouco afetivos (Casas et al., 1986);
- Forte inclinação para a meta e para a tarefa; são trabalhadores, responsáveis e empreendedores; perseguem a objetividade e a racionalidade; são firmes no controle de seus impulsos, mas as contrariedades e distrações são mal toleradas (De Paikin e De Figueroa, 1991).

Já os cirurgiões em exercício são assim descritos:

- Persistentes na tarefa e resistentes nas mudanças; apresentam maior necessidade de aquisição e controle e buscam posições de influência; são defensivos em face de ameaças psicológicas, evitam introspecções e *insights*; negam suas próprias necessidades afetivas e estão contentes com o *status quo* (Wright, 1980);
- Onipotentes, resistentes à fadiga física e mental, valentes e impacientes; a simpatia, a empatia e a aptidão para as relações humanas são traços periféricos (Cassel, 1987);
- Grupo distinto e homogêneo: apresentam os maiores índices de extroversão, ajustamento, praticidade, sociabilidade e competitividade e os menores índices de criatividade, evasão, rebelião e estresse.

Podemos comprovar aqui como os clínicos e os cirurgiões apresentam perfis de personalidade quase antagônicos. E de como a especialidade vem se encaixar quase como uma luva aos traços psicológicos, valores, aptidões, interesses, motivações e necessidades de há muito apresentados, que vêm se corporificar no curso médico. Assim, por exemplo, para o clínico, a empatia é, por essência, uma qualidade humana fundamental; para o cirurgião é um aspecto periférico. Para o clínico, a cultura literária é básica; para o cirurgião é secundária. O cirurgião costuma ser líder, o clínico não. O cirurgião tem habilidades manuais, o clínico não as tem; este valoriza a relação médico-4paciente e o cirurgião muito menos; o cirurgião é o médico onipotente *in natura* e o clínico não o é. O clínico agüenta muito mais o peso das situações ambíguas; já o cirurgião não tolera as ambigüidades da medicina e da vida.

Todavia, se esses trabalhos são feitos para evitar generalidades, certas generalizações discutíveis emergem deles. Não se pode concluir sempre, por exemplo, que o clínico é isto e o cirurgião o seu oposto. Se o cirurgião tem uma nítida tendência para a liderança – que vêm se refletir na condução da própria equipe cirúrgica – o que se pode dizer é que os clínicos não apresentam este traço de modo dominante, mas que há clínicos que são líderes. Eu diria mesmo que a liderança do cirurgião é mais impositiva, e a do clínico, mais democrática.

O fato é que os cirurgiões apresentam o predomínio de raciocínio pragmático e concreto e os clínicos tendem mais à fantasia e à divagação em linhas gerais. De tudo isso decorre – o que é muito importante para nós – um maior interesse nos aspectos psicossociais (humanitarismo) por parte dos clínicos e uma maior valorização da tecnologia e dos elementos biológicos por parte dos cirurgiões. O que esse livro nos demonstra é que há duas grandes linhas, duas grandes forças norteando a formação médica tradicional: clínica e cirurgia. E que as demais especialidades se polarizam em torno destas. Assim, foi também na história da medicina. Cós e Cnidos na antiga Grécia, nos tempos de Hipócrates: a Escola de Cós pregando a medicina à beira do leito e a observação do modo de viver do paciente; Cnidos preconizando a retirada da parte enferma e o ensino de anatomia. É que essas escolas refletem uma polarização geral da própria espécie humana.

Tudo isso vem se juntar às questões gerais desse livro em relação à vocação e à escolha de especialidades. Assim, os alunos de medicina, futuros clínicos e cirurgiões, já trazem em seu bojo as tendências e motivações que serão buriladas e aperfeiçoadas ao longo do curso.

Outras especialidades

Segundo Casas e cols. (1986), os obstetras e ginecologistas são pessoas dispostas para o trabalho, práticas, confiáveis, adaptáveis e que enfrentam os problemas (às vezes, porém, de forma impulsiva); têm pouca participação social e são controlados em suas ações.

Já De Paikin (1978) define os gineco-obstetras como especialidades exercidas basicamente por mulheres, a maioria não dando importância ao fator econômico (como os clínicos gerais)[15], nem considera um problema difícil ter que enfrentar situações de urgência, nem ter a vida das pacientes em suas mãos.

Ainda De Paikin (1978), estudando os pediatras, escreve que estes costumam se interessar pelo social; buscam soluções práticas e imediatas, evitando a ansiedade e os conflitos. São otimistas e vigorosos, constituindo o grupo mais extrovertido dos estudados por esta autora. Em alguns aspectos são muito parecidos com os gineco-obstetras: dependência dos outros, sentimentos de insegurança e baixa auto-estima. Referiram como elementos importantes salvar vidas e estudar profundamente os pacientes.

15. Tive um ginecologista em tratamento que para negar dar importância aos honorários, criava várias situações de exceção com suas pacientes, não recebendo seus proventos, do que advinham múltiplas dificuldades econômicas e financeiras em sua vida.

A relação do pediatra com a criança nos faz pensar na relação com sua própria infância (reparar as carências e impotências), com os irmãos (sentimentos de inveja, ciúme e rivalidade) e com os próprios filhos (atingir etapas não alcançadas).

Entre os estudantes que procuram a psiquiatria, predominam a introversão e o pouco contato social. Comumente apresentam tendências depressivas. Têm um senso exagerado de responsabilidade e foram descritos por Gabbard como "normalmente compulsivos" (Gabbard citado em Zeldon e Daugherty, 1991). Muitos psiquiatras procuram a especialidade buscando tratamento pessoal – daí o grande número de psiquiatras em análise. Diga-se, entretanto, a bem da verdade, que estes são mais saudáveis que aqueles que necessitam de tratamento e não o buscam.

Podemos ajuntar que não é raro o psiquiatra apresentar quadros disfóricos. É figura freqüente o psiquiatra que apresenta um estado hipomaníaco crônico, fato identificável pelos colegas, porém visto como sinônimo de grande saúde mental para os não-especialistas.

Por tudo isso, os psiquiatras podem apresentar história de distúrbios uni ou bipolares em suas famílias de origem.

Há ainda uma unanimidade entre os que estudaram esses especialistas: costuma ser a classe mais culta entre os médicos, os intelectuais da medicina.

Outro terreno debatido por Nogueira Martins é referente ao problema da escolha de especialidades. Aqui ele registra dados apresentados por Patrícia Bellodi em *O clínico e o cirurgião,* ao mesmo tempo em que acrescenta outros, da maior importância.

Mowbray (1989) define, na escolha de especialidades, as variáveis intrínsecas ou pessoais (sexo, personalidade, estilo de vida) e extrínsecas (mercado de trabalho, fatores sociais, econômicos e culturais). Assim, na amostra de Nogueira Martins, o sexo masculino teve predominância absoluta em Neurocirurgia, Ortopedia e Otorrinolaringologia e o feminino em Medicina Preventiva, Pediatria e Anestesiologia. Como exemplo de fatores extrínsecos, temos a ação do mercado de trabalho levando o estudante a optar por especialidades com procedimentos diagnósticos e terapêuticos de alta tecnologia.

Em 1990, sobre essa dança das especialidades, Pernaken escreveu:

> Até poucos anos atrás, a grande maioria dos estudantes de medicina se dedicava à Clínica Médica... Os departamentos de Clínica Médica de todo o país estavam tranqüilos: eles eram procurados por 80% dos melhores médicos dos EUA. Agora é diferente. Muitos departamentos de Clínica Médica estão tendo dificuldades para conseguir o número de médicos residentes de que precisam... Por outro lado, tem se tornado cada vez mais difícil o ingresso em programas de Residência Médica em Oftalmologia, Ortopedia, Radiologia e Anestesiologia.

Dados de anedotário e conhecimentos comuns têm sido confirmados por trabalhos científicos. Assim, De Paikin (1986) vem confirmar a associação entre: Radiologia e certeza no diagnóstico; Psiquiatria e valorização intelectual; Cirurgia e habilidade manual.

> Os estudantes que escolhem especialidades como Diagnóstico por Imagem, Anestesiologia, Patologia e Medicina de Emergência mostram-se menos favoráveis ao contato interpessoal e preferem trabalhar em uma estrutura que estipula condutas relativamente fixas, revelando baixa tolerância para a ambigüidade.

Aqui vemos algumas contradições como o urgentista ter dificuldades nas relações interpessoais. Nenhum médico deve fazer, ao meu ver, uma relação humanizada como o urgentista diante de um paciente em sofrimento agudo, precisando ser atendido como um ser humano que sofre por outro ser humano altamente receptivo.

A questão da escolha das especialidades passa por vários sortilégios, de resto, como tudo em medicina. Uma paciente que tratei em uma psicoterapia analítica era uma excelente clínica e nefrologista. Tinha ela uma relação muito intensa com o pai, sendo a filha preferida entre vários irmãos. Por esse motivo, a relação com os irmãos sempre foi difícil e mareada por ciúmes. Tinha uma percepção apenas parcial deste fato, porém migrou de sua cidade natal para o Rio de Janeiro para inconscientemente afastar-se da figura paterna. Em razão desses fatos trabalhados em sua terapia, pôde aproximar-se mais dos irmãos, porém fez uma curiosa mudança de especialidade médica. Assim, abandonou a medicina alopática e tornou-se uma médica homeopata, como forma de afastar-se mais ainda do pai (também clínico geral e de grande renome), pois a medicina era o principal elo que os mantinha juntos.

O CURSO MÉDICO PADRÃO

A medicina é, por tradição, uma profissão instigante, desafiadora e sedutora. Ter o poder nas mãos de curar a dor de um outro incita uma sucessão de jovens a buscar na formação médica sua meta de vida. Entretanto, é de praxe que o sonho idealizado de ser médico sofra sérios abalos logo que se tem início a formação. O jovem futuro médico está exposto, na condição estudante, a uma série de intercorrências que colocam em xeque sua vocação e muitas vezes se interpõem à solidificação de uma identidade médica.

Com vistas a atender às demandas atuais, as Diretrizes Curriculares do Curso de Graduação em Medicina (do MEC), aprovadas em 2001, propõem um novo modelo pedagógico para os cursos de graduação na área da saúde, tendo como objetivo "levar os alunos dos cursos de graduação em saúde a aprender a aprender (Paulo Freire)[16], o que engloba *aprender a ser*[17], *aprender a fazer*,

16. As partes entre parênteses são de minha autoria.

17. O psicanalista britânico Donald Winnicott considera a vivência de ser a mais profunda do ser humano, base do elemento feminino da personalidade e presente nos dois sexos. Já o fazer se relaciona mais com o elemento masculino; é presente também nos dois sexos e se correlaciona com os elementos ativos das personalidades masculinas. A vivência de ser é mais presente no oriente e a de fazer é predominante no ocidente, principalmente no mundo capitalista e globalizado.

aprender a viver juntos e *aprender a conhecer*"[18], garantindo a capacitação de profissionais com autonomia e discernimento para assegurar integralidade da atenção e a qualidade e humanização do atendimento prestado aos indivíduos, famílias e comunidades.

Constam entre os princípios das Diretrizes Curriculares: o fortalecimento da articulação entre teoria e prática, valorizando a pesquisa individual e coletiva, assim como os estágios e a participação em atividades de extensão e a integralidade da assistência.

A nova proposta de formação estimula o trabalho em grupo e a cooperação interdisciplinar e "exige" que o aluno "seja precocemente inserido em atividades práticas relevantes para a sua futura vida profissional". Além disso, o novo modelo pedagógico incorpora o paradigma biopsicossocial.

"Assim sendo, o profissional de medicina precisa ter, acima de tudo, formação humanista e saber manter o espírito crítico, reflexivo e ético. Deve estar capacitado para agir nos diferentes níveis do processo saúde – doença, em ações de promoção, prevenção, recuperação e reabilitação da saúde. Deve, ainda, ter senso de responsabilidade social e compromisso com a cidadania, agindo como promotor da saúde integral do ser humano, compreendendo-o em toda a sua complexidade: um ser que não se limita a um corpo, mas possuidor de desejos e angústias, e considerando-o apto a discutir com o seu médico o tratamento, a fim de que lhe seja oferecido, dentre os diversos recursos terapêuticos disponíveis e eficazes para o seu quadro, aquele que seja menos invasivo e produtor do mínimo de sofrimento, seja este físico ou psíquico[19]".

O nosso ensino ficou estagnado por muitas décadas ao seguir o famoso Relatório Flexner, elaborado por este educador americano ainda em 1910 e que pregava, segundo Bittar e Marcondes (1994):

18. Até algumas décadas atrás o processo de ensino-aprendizado era calcado apenas na questão da transmissão de conhecimentos, mas hoje contém também fundamentalmente as experiências de ser e fazer, isto é, é um ensino ativo baseado nas vivências emocionais de quem ensina e de quem aprende.

19. Documento do Programa de Apoio Psicopedagógico ao Estudante (PAPE) redigido por Mônica Pinheiro e Renata Seixas Machado.

- Uma nítida diferenciação entre o ensino básico e o ensino clínico (quando precisamos, na verdade, é de integração).
- Uso de aulas expositivas para grandes grupos de alunos (quando a grande ênfase deve ser em aulas práticas e de pequenos grupos).
- Valorização da informação (e não da formação do aluno).
- Cursos independentes e não coordenados (ao contrário dos níveis de coordenação que imperam atualmente).
- Especialização precoce (ao contrário da especialização tardia após uma boa formação geral).

Sandra Serra, em seu artigo sobre Tutoria, neste livro, escreve:

> As exigências que hoje se fazem para os profissionais de saúde e especialmente para o médico são bem mais amplas que aquelas até há pouco tempo contempladas em sua formação: além do conhecimento teórico e científico, o médico deve ter formação generalista, humanista, crítica e reflexiva; capacidade de atuar no processo saúde-doença com ações de promoção, prevenção, recuperação e reabilitação; ser promotor da saúde integral e do ser humano com senso de responsabilidade social e compromisso com a cidadania. Nas suas intervenções exige-se uma visão globalizada dos problemas e análise crítica das situações.

Depreende-se daí que o estudante de hoje necessita de uma formação muito mais complexa e abrangente, incluindo as áreas do corpo, da mente e da sociedade na qual habita: família, ambiente sociocultural e ecológico. Antes, tudo se limitava às ciências biológicas, à feitura de um diagnóstico e conseqüente planificação terapêutica. Lidava-se com as queixas do paciente, com as técnicas laboratoriais e radiológicas e com os processos anátomo-patológicos, biópsias, ou autópsias, no caso de perda do paciente. Com os recursos terapêuticos ainda parcos, o momento mágico da medicina era a feitura do diagnóstico.

Hoje se exige, entre outras coisas, uma visão do estudante da relação com seu paciente, com a percepção de suas reações emocionais para com este (contratransferência) incluindo os malefícios que suas condutas inadequadas podem estar infligindo ao mesmo.

Aqui apresentaremos um exemplo de Curso Médico, utilizando como referência o da Faculdade de Ciências Médicas da UERJ, ao qual já estamos há 27 anos vinculados. É sem dúvida um curso de ponta, com uma visão biopsicossocial do homem bem estruturada e difundida a partir principalmente do trabalho das Disciplinas de Psicologia Médica, Medicina Integral e do Instituto de Medicina Social. O maior desafio desse curso é integrar a visão sociopsicossomática do homem com o conhecimento científico-tecnológico do mesmo, responsável pela concepção organicista-tecnocrática que desvaloriza o humano e o social (modelo flexeriano). Assim, há que se estudar o soma extensivamente, porém sempre com o cuidado de vinculá-lo ao ensino do homem vivo, que sofre e que está inserido numa sociedade. O conhecimento da dimensão biológica é fundamental no estudo do homem sadio e doente e o médico precisa conhecer toda a nova tecnologia de ponta a sua disposição, a vasta extensão da moderna terapêutica, os recursos terapêuticos extraordinários – CTI's, manobras de ressuscitação, cirurgias extensas, métodos dialíticos, uso de transplantes etc. – bem como a iatrogenia decorrente desses métodos. Porém, se não se levar em conta a pessoa do paciente submetido a toda tecnologia salvadora, estaremos praticando mais medicina veterinária do que medicina humana.

Por vezes, trava-se, mesmo nas faculdades de medicina, uma guerra surda entre as disciplinas mais organicistas e aquelas de cunho psicossocial.

A Faculdade de Ciências Médicas é dirigida atualmente pelos professores Paulo Roberto Volpato Dias e Ronaldo Curi Gismondi, respectivamente Diretor e Vice-Diretor. Eles são assessorados diretamente pela Comissão de Graduação, composta pelas professoras Fátima de Barros Alvarenga e Leda Maria da Costa Macedo, que coordenam os vários cursos, e pela Comissão de Avaliação dirigida pela professora Maria Cristina Gutierrez. O Programa de Apoio Psicopedagógico ao Estudante (PAPE) e a Tutoria mantém uma ligação direta com a direção da Faculdade.

Até os idos anos de 1960, a visão do professor de medicina da UERJ era basicamente orgânica-tecnicista, com honrosas exceções, como os saudosos professores Piquet Carneiro, Jayme Landman e Aloísio Amâncio, que realizou um importante e pioneiro trabalho com psicólogas no HUPE e foi o introdutor do estudo da relação médico-paciente na FCM-UERJ. Jayme Landman foi o pioneiro do estudo da sociologia médica do Brasil. Piquet Carneiro foi o construtor da moderna FCM, como também da implantação do HUPE. Sintomaticamente, foram todos professores de clínica médica.

Só depois disso, com o advento das Disciplinas de Psicologia Médica, as Faculdades de Medicina ampliaram sua dimensão humanística. São, portanto, disciplinas novas, egressas da Psiquiatria, resultado do trabalho de psicanalistas no âmbito universitário, que lutaram para ocupar espaço no currículo das faculdades médicas. Contam em média de seis meses a dois anos de duração curricular e em certos cursos são ainda disciplinas predominantemente teóricas, sem atividades práticas.

No Rio de Janeiro se iniciaram na Faculdade de Medicina da UFRJ e depois se espraiaram para a UERJ, Souza Marques, Teresópolis e muitas outras. Hoje são de caráter obrigatório e, portanto, se estendem para todas as faculdades de medicina do país.

O curso médico se divide num ciclo básico e num ciclo profissional. No básico, ministrado em conexão com o Instituto de Biologia, estão as matérias de ciências básicas (anatomia, histologia, bioquímica, biofísica, e também psicologia médica e medicina social) e no ciclo profissional os cursos de clínica médica, cirúrgica e o estudo das várias especialidades médicas.

No primeiro ano, domina a cena o grande curso de anatomia humana que os alunos reclamam ser divorciado da prática médica, com exceção feita à Neuro-anatomia. Também Histologia, Bioquímica e Biofísica, este elogiado por ministrar as aulas em pequenos grupos. A avaliação de Anatomia costuma ser muito rigorosa (como é praxe nesse tipo de ensino) e maior ainda em Anatomia Patológica. O curso corre algo distante nos dois primeiros anos em relação aos demais, do ciclo profissional, sendo esta uma das queixas básicas de professores e alunos que a faculdade ainda não conseguiu resolver.

No segundo ano, os alunos já se iniciam em técnica operatória, matéria que irá ajudá-los a realizar vários procedimentos cirúrgicos de utilidade na sua prática profissional: acessos venosos, biópsias, punções, cateterismos etc. Também nesse momento, há o curso de Informática Médica destinado a prepará-los para obter e manusear informações médicas.

No segundo, terceiro e quarto anos houve a introdução das Disciplinas Problemas e Controvérsias em Saúde I e II, que têm despertado intensas polêmicas entre os alunos. Trata-se de fórum permanente de debates e conferências em questões da área de saúde, permitindo o ensino integrado com a pesquisa numa proposta pedagógica tutorial em que cada aluno apresenta uma monografia. Essa disciplina insere no curso médico a chamada iniciação científica como atividade obrigatória, o que causa polêmica entre os alunos.

Ainda no segundo ano há atividades opcionais com bolsas que despertam bastante interesse no corpo discente. São a Iniciação Científica (relacionada à pesquisa), a Monitoria (para os que querem se dedicar à carreira didática), a Extensão (trabalhos junto à comunidade) e o estágio interno complementar (relacionado a sua área de formação). Essas atividades são associadas a bolsas.

A principal reivindicação dos alunos ainda não atendida, segundo enquête por nós realizada, diz respeito ao desejo de acompanhar pacientes desde o primeiro ano do curso, não como terapeutas (isto seria impossível), mas como observadores em relacionamento com os mesmos. Isto é muito meritório, o interesse pelo doente como pessoa humana que, posteriormente à doutrinação organicista-tecnológica, pode arrefecer. Para atenuar essa situação (o aluno só entra em contato real, oficial, podemos dizer, com o paciente no terceiro ano) a Psicologia Médica propôs uma condição anterior de "micro interno", isto é, o aluno pesa, toma temperatura, pressão arterial e sinais vitais do paciente, acompanha-o na leitura dos exames complementares, assiste visitas de familiares etc. Essa modificação, todavia, ainda não foi incluída no currículo médico.

O Instituto de Medicina Social contribui para a formação profissional com três disciplinas do 1º ao 4º anos. São elas: Fundamentos da Saúde da Comunidade e Medicina Social I e II. É um trabalho de ponta da UERJ, sendo um dos introdutores deste tipo de ensino em medicina no Brasil.

A partir do terceiro ano, o curso se intensifica e se instala o "corre-corre", a ansiedade; iniciam-se os extensos cursos de clínica médica e os alunos desenvolvem atividades práticas junto aos pacientes hospitalizados. Há dificuldades de se desenvolver o raciocínio clínico com calma e tranqüilidade, devido ao grande volume de informações em todas as matérias da terceira série.

É no terceiro ano que os alunos começam a se relacionar verdadeiramente com os pacientes, aprendendo a tomar a história de suas enfermidades, suas histórias de vida, e a examiná-los com os recursos de palpação, percursão e ausculta. Abre-se o universo clínico e o psicossocial conforme a postura e as crenças do estudante em questão. O aluno estuda ainda anatomia patológica (disciplina importantíssima com as suas sessões anatomo-clínicas), microbiologia, farmacologia, radiologia, psicopatologia e psicologia médica.

O quarto ano é semelhante ao terceiro, também corrido, com um longo curso de clínica médica e o início das atividades ambulatoriais, e em enfermaria, das especialidades clínicas: reumatologia, angiologia, endocrinologia etc. Nesses cursos são estudadas as doenças mais comuns da prática médica. Também ocorre o Curso de Medicina do Adolescente, ministrado pelo Núcleo de Estudos e Saúde do Adolescente (NESA), um dos pontos altos da UERJ, juntamente com o Núcleo de Atendimento ao Idoso (NAI), que ministra o curso de geriatria. Há ainda a Disciplina de Pediatria, na qual se estuda o desenvolvimento humano normal e o patológico e as importantíssimas disciplinas de Cardiologia e Pneumologia.

Não há condições, entretanto, para que os alunos passem por todos os ambulatórios, nem pelo CTI, do que eles muito se queixam. Tudo isto deixa em dúvida a Comissão de Graduação, lançando a questão: vale a pena os alunos deixarem de acompanhar mais casos de pacientes internados, como faziam antes? Todavia, é uma tarefa hercúlea modificar um currículo médico. Lida-se com dificuldades tais como estagnação burocrática, influências políticas, jogos de poder, cada um defendendo seus próprios interesses. Nesse sentido, a UERJ – e as universidades brasileiras em geral – já realizou várias reformas curriculares em busca de atualização e avanços.

Os cursos do quarto ano, muito importantes (como Doenças Infecciosas e Parasitárias, onde se inclui a AIDS), têm pouca carga horária (em média 75 horas); exígua, se compararmos com certas disciplinas do Ciclo Básico, que dispõem de 150 horas, como Bioquímica e Biologia Celular.

No quinto ano, no primeiro semestre, há disciplinas predominantemente cirúrgicas, com 30, 60 ou 75 horas, como oftalmologia e otorrinolaringologia, em cursos eminentemente teóricos. Também a disciplina de Neurologia, que está em franca expansão com o advento das neurociências. Há ainda a disciplina de Cirurgia Geral, com 240 horas, na qual os alunos têm contato com pacientes, e as significativas Disciplinas de Ginecologia e Obstetrícia.

O ensino de Clínica Médica, até 2004, era desenvolvido pelos professores da Disciplina, no âmbito das enfermarias. A partir deste ano, passou a ocorrer predominantemente nos ambulatórios das especialidades clínicas, como Reumatologia e Gastroenterologia, e com a participação do CTI e do SPA (Serviço de Pronto Atendimento) da Policlínica Piquet Carneiro.

No segundo semestre do 5º ano se inicia o internato, onde os alunos permanecem até fins do sexto ano, quando se graduam. Há um rodízio que compreende as disciplinas de Clinica Médica, Clinica Cirúrgica, Pediatria, Ginecologia e Obstetrícia, acrescidas atualmente de Medicina Integral e Saúde Coletiva e Integração Curricular em

Emergência (antigo Plantão Geral). Há mais duas disciplinas optativas a serem escolhidas entre 86 disciplinas oferecidas.

O ensino de Ética Médica é realizado atualmente na Disciplina da Deontologia. Há planos da atual Direção da Faculdade de transformá-lo num grande curso de Bio-Ética com autonomia própria.

A Faculdade de Ciências Médicas conta com o Hospital Universitário Pedro Ernesto, para fazer o treino dos seus alunos, e com a Policlínica Piquet Carneiro, em nível ambulatorial, uma das maiores do nosso país.

A avaliação é feita, em cada disciplina, em torno dos itens assiduidade, aproveitamento, desempenho e também relacionamento com o paciente e com a equipe de saúde.

Durante o curso, o aluno participa de vários tipos de aulas. Temos as aulas teóricas, com exposição de recursos audiovisuais, as aulas práticas ministradas pelos professores, pelos próprios alunos ou pelos monitores. Um tipo importante de aulas, cada vez mais realizadas atualmente, é o de reunião e discussão em pequenos grupos, onde são debatidos temas teóricos e práticos, performance e desempenho dos alunos, impasses e ansiedades. São grupos de oito a doze estudantes onde a pessoa do aluno pode vir à baila numa reunião facilitada pelo pequeno grupo de participantes.

É o que a Psicologia Médica realiza durante o terceiro ano ao discutir as mobilizações dos alunos decorrentes do contato com seus primeiros pacientes (casos graves, dor crônica, pacientes rebeldes, reivindicadores, histéricos, hipocondríacos, vítimas de iatrogenias, doentes terminais), casos esses que mobilizam os alunos que se sentem apiedados ante seus males, confusos, perplexos, ansiosos ou deprimidos por não saber como ajudá-los. Esse tipo de trabalho grupal também pode ser realizado sob a forma de tutoria, como está mais bem especificado no capítulo em questão. Porém aqui queremos enfatizar a importância deste tipo de ensino, não apenas informativo, porém basicamente formativo por lidar com sentimentos, atitudes e reações dos alunos diante das tarefas do curso.

Crises da formação médica

O curso médico, por suas características, é naturalmente ansiogênico, pelo grau de rigor dos professores, pelo volume das matérias estudadas, pela própria exigência dos alunos que querem ter ali um espaço completo para se exercitarem na prática de curar seres humanos. Em certas encruzilhadas do curso, essas ansiedades (ou depressões) se acentuam dando lugar a crises acidentais, as crises da formação médica[20], que funcionam, entretanto, dentro do Curso Médico, pela sua seqüência, como autênticas crises evolutivas.

Três situações de crise podem acompanhar habitualmente o curso médico: a crise do primeiro ano ou do contato com o cadáver; a crise do terceiro ano ou da relação com o paciente; a crise do sexto ano, ou do internato. Entre nós este tema foi desenvolvido por Hoirisch, Eksterman e por mim trabalhando com nossas disciplinas de Psicologia Médica em permanente interação.

Logo no inicio do curso, o aluno irá se deparar com o ensino de anatomia, com o inevitável contato com o cadáver com tudo de tétrico que essa situação pode conter. Por vezes, são grandes anfiteatros com vários corpos nus e partes de corpos inteiras ou dissecadas espalhadas pelo recinto.

Além de ver os corpos, o aluno precisa se relacionar diretamente com estes através de dissecações para aprender a penetrar no interior do corpo humano e se iniciar nos primórdios da técnica cirúrgica.

Para um aluno que já tem algum tipo de hipocondria com a condição da morte (e em última instância quem não a tem, mesmo latentemente?) essa convivência macabra pode se tornar insuportável, levando-o a se ausentar das aulas práticas, a trancar matrícula, ou mesmo a abandonar o curso médico.

---

20. Erik Erickson, um grande estudioso da evolução e da identidade humana, foi quem criou o conceito de crises evolutivas (ou normativas) e crises acidentais. As primeiras acompanham a evolução do homem, por exemplo: parto, desmame, crise edípica, puberdade, adolescência, crise da meia idade e velhice. Já as crises acidentais se devem a traumas (físicos ou psicológicos), estresses, perdas, separações, desemprego etc.

Antes o aluno iniciava o curso estressado por um trote assaz sádico e não tinha qualquer tipo de preparação para lidar com o ingresso em anatomia, pelo que a crise do cadáver se apresentava com muito mais freqüência. Hoje, em nossa Faculdade, os alunos ditos veteranos preparam uma semana de Recepção ao Calouro onde são abordados pelo PAPE as questões referentes às crises da formação médica, mormente a condição do primeiranista. Pessoalmente já participei de grupos de reflexão das disciplinas de Psicologia Médica e Medicina Social com primeiranistas, acompanhando sua evolução dentro do curso, particularmente em relação ao ensino de anatomia. E no curso de Anatomia, os alunos têm, de início, seminários sobre o respeito ao cadáver, atualmente.

Por todas essas razões, a crise do cadáver é muito menos freqüente hoje em dia do que há décadas, mas pode atingir alunos hipocondríacos, que têm um medo crônico da morte, ou aqueles que sofreram mortes traumáticas em suas famílias ou círculos de amizade (acidentes, assaltos, balas perdidas, doenças fulminantes, mortes precedidas de grande sofrimento), ou atinge alunos que normalmente não apresentavam problemas com a morte e passam a manifestá-los durante essas aulas.

Assim, atualmente, os estudantes se queixam basicamente das exigências do curso; porém muito poucos entram abertamente em crise, ameaçando a continuidade deste ensino ou mesmo do curso médico como um todo. Além disto, há o interesse por um ensino que é básico como introdução ao conhecimento do homem e mesmo a satisfação de, ao vencer o medo natural do cadáver, estar dando um passo em direção à consolidação de uma saudável identidade médica.

Para ilustrar os bastidores desse drama humano, passarei a relatar uma experiência em que tive de acompanhar psicanaliticamente um médico que chamarei de A. Ele era um jovem de 18 anos quando iniciou seu curso de medicina numa faculdade do interior do país. Começou a primeira série assustado com a convivência com os mais adiantados em conseqüência de um trote sádico que sofreu e com o que se dizia do professor de anatomia naquela faculdade. Ele era um homem agressivo, insólito, inesperado, que levava sempre metade das turmas à dependência. Esse professor ironizava os alunos abertamente e por este motivo A., tímido, temia muito quando chegasse sua vez. Por outro lado, a convivência com a morte lhe era muito difícil. Ele abjurava os corpos nus, com os genitais a vista e ficava por muito tempo imaginando como teria sido a morte dessas pessoas. Era-lhe principalmente chocante ver pênis decepados e num certo dia ficou horrorizado quando alguém colocou um pênis no bolso do paletó de um colega.

A. havia perdido recentemente um avô, a quem era muito apegado, com enfarto do miocárdio e insuficiência cardíaca, e ficou muito impressionado com a sua evolução fatal. Numa manhã, começou, de súbito, a sentir, no anfiteatro de Anatomia, durante uma aula, forte dispnéia, que o levou a ser atendido pelos colegas e pelo professor, que lhe disse estar com um "distúrbio neurovegetativo" e lhe mandou ir para casa e ficar em repouso. Tudo isso foi muito traumático para ele, os colegas terem todos assistidos sua crise. A partir daí ele passou a se sentir muito doente, com um mal cardíaco ou pulmonar, a morte o rondando. Esse estado só foi aminorado quando foi atendido por um psiquiatra que lhe asseverou que todos os seus males eram de ordem psicológica.

A. de início abandonou o curso médico e só aos poucos, com ajuda psicoterápica, conseguiu voltar a assistir a outras aulas que não Anatomia, pois desenvolveu uma fobia ao anatômico e a esse curso. Sua recuperação foi lenta e em muito se deveu ao apoio psicoterápico que recebeu do seu psiquiatra. Só aos poucos recomeçou a reestudar anatomia e depois a freqüentar as aulas no anfiteatro e por último conseguiu voltar a fazer dissecções. Em tudo isto foi muito ajudado pelos colegas de turma, que o estimulavam inclusive por ser um dos melhores alunos daquela turma.

Posteriormente A. migrou para o Rio, já como clínico e fez um tratamento analítico comigo, reelaborando esse episódio de sua formação médica. Como clínico e como ceteísta ele encontrou uma atividade que muito o ajudou a trabalhar o problema da morte com os seus pacientes e consigo mesmo numa elaboração que não tem fim, mas que é um dos pilares do processo de viver.

Ao longo dos dois primeiros anos, os alunos têm aulas práticas em laboratórios onde são feitas experiências com pequenos animais, e ficam mobilizados quando estes, ao final dos experimentos, são sacrificados. Perguntam sempre se não seria possível corrigir cirurgicamente os procedimentos utilizados, para evitar a morte daqueles pequenos seres. Essa situação não se configura em crise, mas é uma mobilização dos alunos diante de um procedimento didático no qual estes se identificam com aqueles pequenos animais, suas lesões, suas possíveis dores, sua morte. E, durante enquête sobre o curso médico, esta situação vai aparecer sempre como uma crítica.

É este mesmo problema, do enfrentamento à doença e à morte que se constitui em um dos elementos básicos da crise do terceiro ano médico ou a crise da relação com o paciente, ou da entrada no hospital de ensino. Desse modo, o estudante que até então tinha contato basicamente com salas de aula ingressa no terceiro ano no hospital universitário onde vai encontrar grandes enfermarias com vários leitos, pacientes gemendo ou assustadiços, um grande movimento nos corredores, pacientes em cadeiras de rodas, tudo sugerindo um intenso sofrimento, pobreza e improvisação. Além disso, ele recebe pacientes para examinar, com quem pode estabelecer uma relação mais íntima, sabendo mesmo detalhes de suas vidas e dos seus sofrimentos. Se for um paciente mais grave, a sombra da morte se desenha e essa situação pode lhe proporcionar ainda mais ansiedade.

Para complicar as coisas, ele se sente de mãos atadas diante do seu paciente. Não sabe medicina o suficiente para poder ajudá-lo com recomendações terapêuticas ou conselhos; desvaloriza os dotes humanos que possui. Como já foi dito antes, apenas se sente usando o paciente como cobaia, nada fazendo de útil pelo mesmo. E, ainda, além de tudo isso, quando vai apalpar seu fígado, ele sente dor.

Sente-se integrante de uma equipe em que ele é apenas a parte inferior, não contribuindo com nada. O médico assistente e o residente sabem muita medicina, o quartanista já aprendeu bem a fazer uma anamnese e um exame físico, tem rudimentos de clínica. E ele? Em que pode colaborar para a equipe e para o paciente?

Como em relação à crise anterior, o aluno angustiado pode trancar sua matrícula ou mesmo abandonar o curso, achando que medicina não é uma boa opção para ele. Porém, a Faculdade lhe oferece atualmente muitas opções para não entrar francamente em crise, quais sejam: buscar ajuda nos colegas de equipe e nos professores de clínica médica; discutir sua situação nos grupos de reflexão da disciplina de Psicologia Médica; levar o caso para a Tutoria ou apelar para o PAPE se a crise já estiver estabelecida.

Com essas múltiplas ações, com o trabalho da Medicina Integral de propiciar contato com pacientes nos anos iniciais do curso e com uma maior conscientização dos professores de Propedêutica e de Clínica Médica dessa vulnerabilidade psicológica dos alunos, essa crise, a maior do curso, já se encontra bastante debelada em nossa Faculdade.

Faz parte ainda da crise o que Eksterman, na Santa Casa de Misericórdia do Rio de Janeiro, chamou de "hipocondria transitória do terceiranista". Aqui, o aluno, que já traz em sua personalidade um traço hipocondríaco, como foi visto, ao ter contato com graves e múltiplas patologias, se identifica com os pacientes e "cisma" que tem esta ou aquela enfermidade. É o aluno que passa a atribuir uma constipação intestinal habitual a um câncer de reto ou o outro que fica achando que pegou tuberculose ou hepatite com o paciente que examinou. Nessas condições, o aluno se consulta com os seus professores; porém, se a hipocondria é acentuada, ele inicia uma peregrinação por outros médicos e faz vários exames complementares por conta própria para diagnosticar seu mal.

A crise do internato se dá pelo receio da formatura e do pleno exercício da medicina, com seus deveres e frustrações. No início dessa fase, costuma predominar a euforia "vou agora ser médico, vou poder receitar, curar pessoas, vou trabalhar em ambulatórios, ver muitos pacientes, vou visitar famílias, vou enfim me especializar". Há a sensação de liberdade do curso médico, das provas teóricas, do rodízio das disciplinas. Depois vem o contato com a realidade, "medicina é uma carreira difícil, há pouca chance de se obter um emprego hoje em dia e além do mais o médico é mal remunerado, precisa de vários empregos para viver". Esses sentimentos negativos se acentuam no internato, acompanham a Residência (três anos) e se intensificam quando ele vai se iniciar definitivamente na sua vida profissional. Conforme a grande maioria dos autores – como está descrito em *O problema da Residência Médica* – a grande crise dessa ocorre no primeiro ano quando o residente se sente ao mesmo tempo frágil e jogado às feras. É uma crise que atinge profundamente a identidade médica – como, aliás, todas as crises do curso o atingem em grau maior ou menor – com fantasias de abandonar a Residência e a própria medicina, trancar matrícula ou mesmo de suicidar-se. Tais crises, como vimos, são progressivamente amainadas nos dois anos seguintes da Residência. É como se houvessem duas formaturas hoje em dia: a do Curso Médico e a da Residência, a definitiva.

Se a crise do terceiro ano já é abordada através de grupos de reflexão, a crise do sexto ano tem recebido menos atenção do currículo médico. Acompanhei apenas uma experiência desse gênero, de grupo de reflexão com internos, levada a cabo por Ana Lúcia Hirth, do PAPE. Já a residência tem recebido mais atenção nos seus aspectos psicopedagógicos como está presente nos trabalhos de Nogueira Martins e na experiência com o NAPPRE.

Com a oficialização da Residência Médica em três anos e com o advento do concurso de admissão a esta, a crise do sexto ano foi transferida para a Residência. Até então o aluno já se inicia em uma atividade liberal ou na rotina dos empregos, mas tudo isso fragmentariamente, devido à grande carga horária da Residência, tendo como pano de fundo a racionalização "eu sou apenas um residente". E a crise do internato se transformou na crise do ingresso na Residência, cujas provas eliminatórias passaram a funcionar como um novo e autêntico vestibular, com todas as características deste: ansiedade e expectativa em vários graus; intensa competição com os colegas; torcida da família e amigos; euforia com a vitória e a classificação; tristeza ou mesmo depressão diante da desclassificação.

Apesar dos temores que cercam a nova vida médica e o receio do ingresso na Residência, o internato pode ser uma fase de muitas alegrias: "eu já sei receitar, conheço a composição dos vários medicamentos, sei enfrentar múltiplas urgências médicas, já sei salvar vidas humanas". E essa postura, com altos e baixos, irá continuar nos anos de prática como residentes. Todavia, irá se modificar depois, para a maioria, com a prática de uma medicina apenas institucional, com uma relação médico-paciente fragmentada, consultas de dez minutos de duração, equipamentos semidestruídos, contato direto com a pobreza, a carência, a vida aviltada.

O CURSO DE PSICOLOGIA MÉDICA: UMA EXPERIÊNCIA VITORIOSA

Em 1978 fui convidado pelos professores Aloysio Amâncio (Clínica Médica) e Jorge Alberto Costa e Silva (Psiquiatria) para assumir o ensino de Psicologia Médica na UERJ e assim o fiz trazendo dois assistentes meus: José Roberto Muniz e Luiz Fernando Chazan. A princípio, o curso era apenas ministrado para o terceiro ano e depois conseguimos que também o fosse para o segundo ano. Funcionamos junto com a Psiquiatria até 1992, quando nos tornamos uma Disciplina independente e autônoma. Além da parte de ensino de graduação, desenvolvemos um Curso de Especialização com atividades de interconsultas e consultas conjuntas e um trabalho de ligação com vários outros serviços do Hospital Universitário Pedro Ernesto (HUPE), tais como Pediatria, UTI Neonatal, UTI Geral, Diabetes, Nefrologia, Reumatologia, Cardiologia, Cirurgia Cardíaca, Dermatologia, Doenças Infecto-Parasitárias, Pneumologia, Urologia, Clínica Médica e Medicina Integral.

Já em 1979, demos uma feição mais dinâmica ao Curso, aprofundando o estudo da relação médico-paciente e utilizando como referencial básico a psicanálise. Com a extensão do curso para o segundo ano, aí ficou localizada a Psicologia Evolutiva, e, no terceiro ano, o estudo da Relação Médico-Paciente. Luiz Fernando Chazan ficou com a coordenação do segundo ano e José Roberto Muniz com a do terceiro ano. Depois José Roberto Muniz assumiu a direção geral do curso e eu fiquei com atividades de pós-graduação.

Não poderíamos, como psicanalistas que somos, deixar de valorizar o ciclo evolutivo do homem, as várias fases por que este passa e as doenças que experimenta em cada uma das suas etapas. Assim, logo de início, ele é apresentado a um ser vivo ainda embrionário, sob a forma de um feto ainda na barriga da mãe. Entrevistando esta, ele irá perceber a adaptação psicofisiológica da mãe ao seu concepto, a predominância dos fenômenos de aceitação sobre os de rejeição, ou não. Também o mundo de fantasias em relação a patologias hereditárias, por exemplo.

No acompanhamento a sua mãe grávida, o aluno assistirá o seu trabalho de parto com todas as contingências que isso terá para a relação mãe-bebê. E prosseguirá na observação desta relação até que o filho dê sinais de estar saindo da fase de dependência absoluta (ou de simbiose para outros) quando, por volta do primeiro ano, começa a articular os primeiros passos e a balbuciar as primeiras palavras.

A seguir, a observação, ainda dos pais, irá incidir sobre um *todler*, uma criancinha de dois ou três anos, sua relação com os irmãos, seu preparo para ingressar na escola. E depois, a fase escolar propriamente dita até a latência e a puberdade, com a explosão da sexualidade. Neste ínterim, rudimentos da fase edipiana poderão ser captados.

A adolescência pode exibir toda sua riqueza de conflitos, ou, ao contrário, nada revelar do que está por baixo da superfície no caso dos adolescentes mais patológicos e, portanto, mais reprimidos e dissociados. Diga-se de passagem que não é tarefa simples um adolescente entrevistar um igual, revelar conflitos que ele mesmo quer manter ocultos, no seu caso.

As entrevistas seguintes vão se referir a adultos jovens, pessoas que saíram da adolescência e estão às voltas com questões da vida conjugal e profissional. Aqui surgem os aspectos positivos e negativos do casamento, bem como os dilemas da vida profissional: satisfações e insatisfações, rivalidades, inclinação exagerada ao trabalho (*work-adiction*).

Com casais mais velhos surgem com mais clareza os desgastes conjugais, as satisfações e insatisfações com a carreira dos filhos e a crise do meio da vida quando já não é mais possível negar a realidade do declínio e da morte.

Nossos estudantes gostam muito de entrevistar idosos e anciãos para fazer um contraste entre aqueles já bem próximos das doenças crônicas e da morte com eles mesmos, em plena flor da idade, aparentemente protegidos destas realidades existenciais desastrosas.

Os objetivos deste curso são:

a) estudar o desenvolvimento humano e a estrutura familiar;

b) colaborar com as entrevistas na aquisição da identidade médica.

Todo o tempo se discute com os alunos qual é a importância de se conhecer esses fatos, que poderão levá-los, no futuro, à prática de ricas e informativas anamneses. O trabalho é centrado em torno de vivências de conquista e de fracasso, que levam ao aprendizado através do relato de experiências pessoais.

No curso de Psicologia Médica II, que se dá durante a plena vigência da crise do contato com o paciente, se estuda em quatro módulos:

a) Comunicação e atitudes, centrado na relação médico – estudante – paciente, com o estudo das técnicas de entrevista, das dramatizações (ao vivo), da importância de saber ouvir, dos tipos de pacientes (verborrágicos/monossilábicos), da observação da relação médico – paciente (RMP) e dos diferentes ambientes hospitalares (ambulatório, enfermaria, CTI etc.);

b) Situações típicas da prática médica – reações psicológicas à doença e ao adoecer; iatrogenia e efeito placebo; comunicação de notícias difíceis (dramatização); trabalhando os preconceitos (sexualidade, racismo, violência, doença mental);

c) O contexto familiar na saúde e na doença: estudo do genograma dos alunos e dos pacientes. O problema da doença crônica;

d) Busca de uma integração: estudo do estresse; discussão do filme "Um golpe do destino", sobre o caso de um cirurgião altamente narcísico e onipotente, que é acometido por um câncer de laringe.

Os alunos são estimulados a trazer observações clínicas que estão realizando para o curso de clínica médica, ocasião em que se faz um exame das entrevistas realizadas, da técnica de colheita de dados, da interação interpessoal entre alunos/pacientes/professores, bem como de eventuais iatrogenias cometidas.

Uma técnica que o curso vem realizando com muito sucesso é a feitura de dramatizações. Consiste em convocar dois alunos (pode ser também por voluntariado) aos quais se dá um pequeno *script*.

Em uma dramatização que empreguei com muito sucesso, enquanto ainda era um dos professores do curso, solicitava (era uma dramatização sobre exame físico) que um dos alunos examinasse o pescoço do outro e simulasse encontrar alguns gânglios de consistência muito dura, quase pétrea. Informasse então ao "paciente" que ele teria que se submeter a uma biopsia para fins diagnósticos.

Esta situação é altamente estressora para o "paciente" e ao mesmo tempo comporta um estudo do processo de comunicação entre a dupla, isto é, se a notícia foi dada de uma forma acolhedora (*holding*) ou se ao contrário predominavam a frieza e o descompromisso. A dramatização é altamente contagiante e a maioria dos alunos participa e se identifica com um dos papéis ali representados. E a cena se enriquece ainda mais se usarmos a técnica do *role-playing*, da troca de papéis, isto é, quem vai receber agora a notícia é o aluno que desempenhou na primeira parte a função do médico.

Vemos então um jogo muito rico de introjeções e de projeções, em que o "paciente", por exemplo, faz uma identificação projetiva no "médico", sendo intrusivo, vingando-se da forma com que este lhe comunicou o diagnóstico anteriormente. Enquanto isso, os alunos participam intensamente, se identificando ora com um, ora com outro da dupla. É o império do lúdico, do brincar compartilhado, em prol do ensino médico.

Outro ponto alto do curso é a discussão das observações clínicas, das anamneses dos alunos, elaboradas para o curso de clínica médica. O momento do contato com o paciente, de há muito esperado, enfim se deu. No primeiro ano ele queria o paciente, deram-lhe o cadáver[21]. Depois passou todo o segundo ano com contatos eventuais, até que no terceiro ano ele pode dizer: "Este é o meu paciente"[22].

Assim, o método do estudo de casos, que começou no próprio âmbito universitário e que sofreu uma influência decisiva da psicanálise, ainda é um dos pilares do ensino da Psicologia Médica. Através dele se pode estudar a importância da biografia do paciente, as conexões sociopsicossomáticas, a teoria das séries complementares de Freud, a importância dos fenômenos do estresse, os fatores envolvidos no processo do morrer e muito mais. E sempre com os relatos vividos pelo paciente, dando uma dimensão de realidade aos fatos.

Os aspectos de estas aulas serem ministradas em pequenos grupos tornam o ensino mais dinâmico, pois os alunos têm a ouvir oito opiniões diferentes, e dessa diversidade nasce o consenso, cada opinião de cada aluno valendo tanto quanto a do professor. Ou dos professores, porque as aulas são ministradas em duplas para que estes se auxiliem mutuamente. Tais aulas também evoluem para um espaço de reflexão onde os alunos terão oportunidade de pensar em torno de questões práticas, sobre as grandes indagações da medicina e da vida humana: "O que é a vida?" "O

21. Finalmente a Faculdade resolveu introduzir o encontro com o paciente na segunda metade do 1° ano, durante o curso de Medicina Integral. Sem dúvida, a reivindicação da disciplina de Psicologia Médica de há muitos anos atrás jogou um importante papel neste sentido.

22. Diga-se, a bem da verdade, que o mesmo paciente é posse também do quarto e do quintanista do leito, bem como do interno do sexto ano. Tudo isto ajuda o estudante a aprender a trabalhar em equipe, sem dúvida um importante pré-requisito da medicina moderna.

que é a morte?" "Por que escolhi medicina?" "Que especialidade pretendo abraçar?".

Temas sobre iatrogenia e ética médica também costumam surgir nesses grupos, assim como a questão de hipocondria do terceiranista. Por tudo isso, costumo dizer que tais grupos não são apenas didáticos, porém também são terapêuticos.

Outro ponto alto do curso é a introdução do genograma. O aluno está estudando família – as saudáveis e as doentes, as indutoras de patologias – e é apresentado ao genograma, um gráfico no qual constam de três a quatro gerações atuais e anteriores a ele, em que é muito mais fácil visualizar o complexo contexto das relações familiares, das influências causadoras de enfermidades, das atuações positivas e negativas da família, aminorando ou acentuando as patologias do paciente. No caso de um paciente obeso, por exemplo, o genograma irá demonstrar que, embora seus pais não sejam obesos, os três tios paternos do paciente o são. E de como é difícil combater uma tendência à obesidade no caso de uma família na qual todos são glutões. O mesmo se diga em relação à dieta no caso de um garoto diabético criado no seio de vários irmãos em que todos são saudáveis e comem açúcar e doces à vontade.

O epílogo do curso se dá com a introdução do complexo tema do estresse e com a questão da doença do médico através da apresentação do filme *Um golpe do destino*, com uma notável *performance* deste grande ator que é Willian Hurt. Dono de uma personalidade tipo A, ele se vê de repente às voltas com um câncer de laringe, ainda na meia idade. As vicissitudes do diagnóstico e tratamento são apresentadas com maestria pela direção, e o filme, que muito mobiliza os alunos, costuma render férteis discussões com os mesmos.

A medicina integral: do paciente à comunidade

A Medicina Integral, considerada por muitos alunos como o ponto alto do ensino médico, compõe-se na prática de cinco disciplinas:

(1º ANO)

MI { Conceitos e prática em medicina
Educação e promoção da saúde }

(2º ANO)

MII { Fundamentos da organização da atenção primária à saúde e do SUS
Da atenção primária a uma rede integrada de serviços de saúde }

MIII – Fundamentos da medicina de família e comunidade e da medicina ambulatorial

INTERNATO

MIV – Prática da medicina ambulatorial

MV – Prática extramuros de atenção primária

A disciplina I cuida de coisas mais gerais, como os processos de saúde e adoecimento, a definição da própria medicina e o papel do médico e dos profissionais de saúde, através, por exemplo, do contato com idosos e adolescentes. São efetuados seminários de temas médicos e realizadas monografias pelos alunos. Estes fazem entrevistas com pessoas saudáveis e também com pacientes, com a finalidade de entender o processo do adoecer.

Em MII trabalham-se as necessidades e demandas da comunidade e as ofertas de serviços médicos. Para isso, os alunos vão aos centros de saúde e hospitais e entrevistam profissionais e pacientes. Concluem sempre que a questão da saúde no Rio de Janeiro é caótica. Pergunta-se, então, qual a responsabilidade do médico nisso?

Os alunos têm a oportunidade de ver como os pacientes e os profissionais de saúde se apresentam, uns diante dos outros. Ao mesmo tempo se apercebem das concepções dos entrevistados sobre o que significa saúde e doença. Cotejam-se as diferentes concepções dos estudantes e dos pacientes sobre o que é saúde e o que é doença.

São realizados seminários de apresentação de problemas, por exemplo, sobre o tema do cuidado como atitude (Leonardo Boff).

Um dos objetivos do Curso de Medicina Integral é ajudar o aluno a desenvolver o espírito crítico e a cidadania (social e profissional) e elaborar uma saudável identidade médica, podemos ajuntar.

Em MIII os alunos estudam os fundamentos da medicina familiar e comunitária. Para tanto, tomam contato com o familiograma e o heredograma, que podem ser estudados juntos, com o nome de genograma. Estuda-se a composição familiar e sua dinâmica e a questão das redes de apoio familiares e comunitárias. São feitas visitas a enfermos e à UNATI (Unidade de Atendimento ao Idoso), da UERJ. Os alunos freqüentam vários ambulatórios para descrever o que observam, tendo sempre em mente a questão: que uso vou fazer do meu conhecimento?

Procura-se despertar no aluno um processo de mudança, buscando-se autonomia e resiliência. Ou cuidado, atenção, vínculo e autonomia.

No Internato (MIV) os alunos irão se defrontar com a prática da medicina ambulatorial de adultos e com o ingresso para a Residência. É feita uma avaliação crítica sobre a questão dos cursos de preparo para a Residência. São feitos atendimentos clínicos de casos de adultos sob supervisão.

MV é uma disciplina eletiva, extramuros, também dirigida ao Internato, que substitui atualmente o antigo Internato Rural. É um trabalho conjunto com a medicina de família, realizada em pequenos municípios.

A residência da UERJ em Medicina de Família e Comunidade é pioneira no Brasil, junto com os movimentos de Murialto (RS) e Vila Velha (ES). Aqui se formaram os residentes mais antigos do Brasil.

Na UERJ, as posições mais revolucionárias quanto ao ensino médico se corporificaram em 1967 através da instalação do Ambulatório de Medicina Integral, pelos professores Américo Piquet Carneiro e Aloísio Amâncio.

A partir daí cresceram as críticas ao ensino médico tradicional de base hospitalar, focal (apenas a abordagem da doença) e totalmente vinculado ao módulo anátomo-clínico e, portanto, organicista, tecnocrático e reducionista.

Nessas posições se destacaram Ricardo Donato e o grande mestre Aloísio Amâncio e seus discípulos, preconizando a prática e o ensino de uma medicina ambulatorial. Estes foram os primórdios da Medicina Integral. Entre 1976 e 1978 há uma ampliação do Ambulatório de Medicina Integral, e em 1978 a Medicina Integral iniciou uma aproximação com a Psicologia Médica, e assim vem caminhando juntas até hoje estas disciplinas irmãs.

Existiram, todavia, resistências dos estudantes aos novos métodos propostos. É mais simples o aprendizado de uma medicina que visa apenas o órgão doente, que não se liga com as questões psicológicas, sociais e existenciais do ser humano, que pretende tudo com cirurgias e com o uso de medicamentos. Todavia, como já foi dito, as reações dos alunos são cada vez mais positivas ao enfoque da Medicina Integral, como da Psicologia Médica.

As aulas da Medicina Integral são dadas em pequenos grupos, em círculos, sob a forma de seminários, pesquisas bibliográficas, estudos de casos e de entrevistas. O objetivo maior é a prática médica centrada na pessoa, com foco na família e voltada para a comunidade. O integrante da Medicina Integral é um especialista voltado para essa prática (Medicina de Família e de Comunidade).

A residência em Medicina Integral forma profissionais nesta área: Medicina de Família, de Comunidade e de Ambulatório.

O PAPE: AJUDANDO O ALUNO DE GRADUAÇÃO

O PAPE (Programa de Apoio Psicopedagógico ao Estudante) foi criado em 1990, na gestão do professor Homero Salazar, um grande educador médico. Fui o primeiro coordenador do Programa até 2003, estando a coordenação atualmente sob a direção da psicóloga Sandra Torres Serra, sendo eu, no momento, supervisor do Programa. O PAPE se inspirou em outros núcleos de psicopedagogia existentes no país, como o GRAPAL da USP e o POPE da UFRJ, atualmente desativado. Ele funciona com a participação da coordenadora, com a minha colaboração e com mais três psicólogos, sendo uma contratada, uma bolsista e um estagiário. Nós participamos da Semana do Calouro quando apresenta suas atividades, centrando-as no aluno do primeiro ano, virgem e cheio de expectativas, precisando de orientação e suporte. O Programa influenciou a criação de outros núcleos de psicopedagogia, como as faculdades de medicina de Teresópolis, Petrópolis e Caxias.

A bem da verdade, o vértice pedagógico, apesar da sua importância, foi utilizado em poucos casos e o Programa vem seguindo basicamente em sua vertente psicológica como um instrumento psicoterápico a serviço do aluno da FCM-UERJ. Os alunos encaminhados por dificuldades pedagógicas apresentam na maioria das vezes problemas psicológicos, sendo seus casos orientados, também, para uma abordagem psicoterápica.

Nossa psicoterapia é de orientação psicanalítica centrada na análise dos principais conflitos do aluno e proporcionando um apoio ao *self*. Utiliza técnicas breves e focais, na maioria das vezes uma combinação das duas. A sua duração é em média de alguns meses e não temos tido casos de recidivas. Predominam os sintomas de ansiedade que por vezes levam os alunos a fazer uso de maconha e álcool. As outras drogas, pesadas, são utilizadas em um pequeno número de casos. Nestes 15 anos de funcionamento do PAPE atendemos a um número muito pequeno de quadros psicóticos, bipolares ou esquizofrênicos. Nesses casos, fizemos concomitantemente atendimento familiar.

Esses pacientes, em geral, costumam ter uma ligação simbiótica com suas mães que torcem demasiadamente pela carreira universitária dos seus filhos, mas que sofrem ao acompanhar o seu crescimento e processo de autonomia. Desse modo, precisam, por vezes, nos casos mais graves, fazer também um acompanhamento breve e focal paralelo ao tratamento dos seus filhos, numa abordagem de "dessimbiotizar" a dupla. Nessas situações, também pode se fazer uma psicoterapia da família nuclear.

Tão logo o aluno ingressa no primeiro ano, ele é convidado a participar de uma entrevista com um dos membros da equipe. Aí se define o grau de saúde mental deste, sua situação atual diante do ingresso numa faculdade de medicina, sabidamente mobilizadora, e os recursos egóicos com os quais ele lidará com os estresses do curso e da formação médica. Se necessário já poderão ser feitas algumas entrevistas pessoais visando um apoio inicial ao aluno.

Os dados dessas entrevistas introdutórias, que não são de caráter obrigatório, são de grande valia no acompanhamento do aluno ao longo do curso, principalmente se este sentir necessidade de procurar o PAPE outras vezes.

Os atendimentos são feitos por solicitação direta do aluno ou indiretamente através de indicação dos professores por mal aproveitamento escolar destes ou por distúrbios de comportamento, situação que só ocorre num número muito pequeno de casos. As más *performances* escolares e os desvios de conduta se devem na grande maioria dos casos a causas emocionais pelo que irão cair no vértice psicoterápico.

A grande causa da procura dos nossos alunos do PAPE são as situações afetivas próprias da adolescência, as vivências de baixa auto-estima, os problemas de timidez e dificuldades de relacionamento, as relações amorosas desfeitas. Como *vitreaux,* estão as situações estressantes do curso médico, as más notas e as reprovações, a inadaptação à faculdade e aos colegas, principalmente no caso de alunos com traços esquizóides.

Essas situações geram quadros de ansiedade, sendo esse o principal diagnóstico desse tipo de pacientes. Em um número pequeno de casos, essa ansiedade desemboca num quadro de fobia ou pânico. As depressões são pouco freqüentes[23] e geralmente secundárias aos qua-

23. Ao contrário da experiência do GRAPAL, que encontrou tal condição como prevalente entre os quadros psiquiátricos dos alunos da Faculdade de Medicina da USP.

dros de ansiedade ou decorrentes de vivências de perdas (da namorada, de uma ou mais disciplinas do curso etc.).

Nesses vários anos de funcionamento do PAPE, tivemos muito poucos casos de psicose ou de toxicomanias. Penso que isso se deve ao fato de que a estrutura desses alunos é basicamente neurótica. Igualmente não tivemos casos de suicídio desde o advento do PAPE na FCM.

Entre os tóxicos podemos citar o cigarro, ainda relativamente freqüente, o álcool, a maconha e, num número pequeno de casos, a cocaína. Porém, tal uso não os leva, normalmente, à busca de socorro especializado.

Já na classe médica sabe-se por vários trabalhos que a dependência de drogas é um fato preocupante, principalmente se relacionado com o álcool. Tal situação é decorrente, entre outras causas, da deterioração da qualidade de vida do médico.

Acrescente-se que alunos muito competitivos (personalidade tipo A) entram muitas vezes em intensa ansiedade durante as provas e, temerosos quanto ao seu resultado nas disciplinas "papões" (Anatomia Humana e Anatomia Patológica), procuram o PAPE.

Outra causa freqüente de busca de auxílio são as relações difíceis com os pais, principalmente se estes são muito exigentes e cobram sempre ótimos resultados. Também as separações dos pais, mormente se são litigiosas, costumam trazer problemas emocionais para os filhos.

O PAPE está representado na Comissão de Coordenação da Tutoria e tem uma ligação direta com o Diretor da FCM. Também trabalha em permanente interação com a Diretoria de Graduação.

Um importante trabalho desenvolvido pelo PAPE é o Projeto Pediatria, coordenado pela psicóloga Mônica Pinheiro, que visa estabelecer uma melhor relação estudante-mãe e estudante-criança, bem como um maior aprofundamento da compreensão dos fatores emocionais envolvidos nos casos atendidos no Serviço de Pediatria.

Vemos, assim, nos nossos alunos, bons índices de saúde mental, tal como obtiveram Loreto e Hoirisch, autores nacionais, ao estudarem também populações de estudantes de medicina. Isto contrasta com os trabalhos estrangeiros, americanos, sobretudo, que descrevem uma grande psicopatologia importante nesses estudantes. É possível que com o acúmulo de estresses no curso e na formação, eles venham a apresentar, depois, outras descompensações psíquicas.

O problema da Residência Médica

O último reduto protetor da vida é o hospital e, no seu interior, a unidade de terapia intensiva representa a última instância, a derradeira esperança.

(Nogueira Martins, 1994)

Luiz Antonio Nogueira Martins, da Universidade Federal de São Paulo, UNIFESP, antiga Escola Paulista de Medicina, é autor de importantes trabalhos sobre Residência Médica, que passaremos a sintetizar. *Residência Médica, estresse e crescimento* é a sua tese de doutorado (1994).

A residência médica, muito desenvolvida em universidades americanas, é no fundo um enorme curso de especialização, acompanhado por uma parte prática, o treinamento em serviço. Durante o curso, o jovem médico irá complementar a formação de sua identidade profissional baseada no tripé psicopedagógico: conhecimentos, habilidades e atitudes.

Halsted (1852-1922) é considerado o fundador da residência médica. Foi um notável cirurgião que realizou a primeira mastectomia radical e preconizou o uso de luvas cirúrgicas. Teve uma vida, no entanto, acidentada e dramática, pois foi cocainômano até o momento da sua morte.

Em 1889, Halsted nomeou quatro ex-internos para trabalharem como residentes, de quatro a seis anos, com atribuições de responsabilidades progressivas nos cuidados pré e pós-operatórios e na execução de cirurgias. Todavia, a Residência Médica só foi institucionalizada nos Estados Unidos em 1933.

Comenta Nogueira Martins a este respeito:

> É interessante notar que o criador da residência médica apresenta uma espécie de síntese de um conjunto de características que podem ser encontradas na atualidade em médicos: notável especialidade de trabalho, decisões ousadas e por vezes trágicas e dependência de drogas.

Vários autores descreveram a história natural psicológica do residente de medicina, sujeita a várias fases, que se mesclam, principalmente durante o primeiro ano de residência, notoriamente o mais duro e estressante.

Ao se iniciar a residência, há o predomínio de um estado de excitação antecipatória, ao qual se segue um período de insegurança, com depressões recorrentes; este estado depressivo é a seguir substituído por sentimentos de competência, com um certo grau de elação, ao final do primeiro ano de residência... O segundo ano de residência tende a ser menos tumultuoso que o primeiro e mais estressante que o terceiro. O terceiro ano tende a ser o mais estável e gratificante, quando a maioria das dificuldades adaptativas vinculadas ao treinamento está resolvida. (Nogueira Martins, 1994)

Baseado em Aach, ele descreve três tipos de estresse por que passa o residente em sua formação:

1) profissional: desenvolvimento do papel de médico na sociedade;
2) situacional: certas características do treinamento – privação do sono, fadiga, excessiva carga assistencial;
3) pessoal: características de personalidade, sexo, situação socioeconômica, problemas familiares, vulnerabilidades psicológicas.

Aach e cols. descrevem as seguintes fases por que passa o residente:

1) de excitação, ligada à expectativa de iniciar o treinamento (1 mês);
2) de insegurança, quando começa a perceber limitações e a vivenciar frustrações (2 meses);

3) de depressão, ligada à sobrecarga de trabalho, privação do sono e falta de apoio institucional ou social;
4) de tédio e desinteresse, realizando as coisas automaticamente (quarto ao sexto mês);
5) novamente de depressão: a rotina se torna insuportável e o trabalho sem fim (sétimo mês);
6) de elação, com o reconhecimento das conquistas e realizações – há riscos motivados pelos excessos de confiança;
7) de autoconfiança e competência profissional ao final do primeiro ano – há segurança em tomar decisões frente aos pacientes; sentem-se capazes de ensinar os estudantes presentes ao *setting* hospitalar.

Ao final do terceiro ano, os residentes expressam estar satisfeitos com a decisão de serem médicos e se sentem profissionalmente competentes (Girard e cols., 1991).

A este respeito, Nogueira Martins nos adverte que a situação do residente brasileiro (condições de trabalho, salários, perspectiva de emprego) é muito diferente da realidade americana e que não devemos aplicar *tout court* estes dados sobre os R3 aos nossos residentes.

Vários outros trabalhos vieram a estudar a saúde mental do residente e foram resumidos por Nogueira Martins.

McCue (1985), estudando especificamente os R1, encontrou: reações depressivas, solidão, separação conjugal, abuso de drogas, distúrbios cognitivos e ideação suicida em 1/3 destes residentes.

Small (1981) descreveu o que chamou de Síndrome do Estresse do Residente:

- distúrbios cognitivos episódicos;
- raiva crônica;
- ceticismo;
- discórdia familiar;
- depressão;
- ideação suicida e suicídio;
- uso abusivo de drogas.

Ele considera como fatores etiológicos desta Síndrome:

- privação do sono;
- excessiva carga de trabalho;
- responsabilidade no cuidado com os pacientes;
- mudanças freqüentes nas condições de trabalho;
- competição com os colegas.

Firthcozens (1987), estudando 170 R1 ingleses, encontrou:

- níveis de estresse mais elevados que em outros grupos profissionais;
- distúrbios emocionais em 50%;
- depressão em 28%;
- residentes de hospital universitário mais estressados e mais deprimidos[24];
- maior incidência de depressão em médicas.

O agravamento da depressão pode levar à ideação suicida ou mesmo ao suicídio. Duffy (1968), citado por Nogueira Martins, registrou 16 suicídios de residentes de maio de 1965 a dezembro de 1966. Smith e cols. (1986) relataram uma taxa de 2% de suicídios em uma amostra de 1% dos residentes que haviam se afastado; 3% destes tentaram o suicídio.

Essas fases podem ocorrer em seqüências outras e combinar momentos depressivos com outros mais exaltados e eufóricos. O importante é que essas qualidades disfóricas acompanham todos os momentos do treinamento, atingindo um cume no oitavo mês, a partir do qual surge uma lenta e gradual sensação de autoconfiança e competência profissional.

Do ponto de vista psicológico, a residência médica é um processo de desenvolvimento no qual o residente deve aprender a lidar com sentimentos de vulnerabilidade, a fazer um balanço entre o desejo de

24. As exigências sobre a *performance* dos residentes de hospitais universitários são reconhecidamente maiores que nos hospitais comuns.

curar e o de cuidar, a lidar com sentimentos de desamparo em relação ao complexo sistema assistencial e *estabelecer os limites de sua identidade pessoal e profissional* (Brent e cols., 1981).

Certos problemas que envolvem principalmente dilemas éticos costumam ser muito ansiogênicos, podendo provocar reações disfóricas em médicos e particularmente em residentes[25]. Decidir sobre a manutenção ou descontinuidade de tratamento em casos graves, lidar com situações nas quais o paciente não aceita continuar um tratamento e/ou se submeter a um procedimento, comunicar diagnósticos graves e/ou de morte para os familiares são situações habitualmente estressantes para os residentes. Conflitos envolvendo condutas médicas[26] (medicações iatrogênicas, exames invasivos, cirurgias extensas, recursos terapêuticos extraordinários, internações, altas) são os principais dilemas éticos de ansiedade ou de depressão nos residentes (Lo e Schroeder, 1981; Nogueira Martins, 1991).

A depressão e a privação do sono são descritas como os problemas mais significativos que atingem os residentes e são considerados, respectivamente, como a principal reação ao treinamento e aos mais significativos fatores estressantes.

Bing-You (1993) aplicou um questionário a 35 residentes (23 homens e 12 mulheres), detectando as principais causas de ansiedade, por ordem decrescente:

- atendimento de parada cardíaca;
- ser acusado de erro profissional;
- conversar com pacientes terminais;
- não conseguir administrar o tempo;
- contrair infecções dos pacientes (medo de);
- apresentar casos nas visitas;
- ensinar aos estudantes;

25. Em nosso trabalho com residentes no Hospital Universitário Pedro Ernesto – UERJ, tivemos oportunidade de constatar tal fato.

26. O médico é altamente predisposto para adoecer, pois a medicina se faz com obsessividade (a obsessividade do diagnóstico), com urgência de tempo, presente nas condutas institucionais ou de convênio e com a competitividade inerente à própria prática profissional.

- responder a perguntas difíceis dos pacientes;
- interagir com o corpo da enfermagem;
- lidar com pacientes alcoolizados ou hostis.

Já Nogueira Martins, em seu trabalho prospectivo realizado com residentes em 1994, levantou as seguintes dificuldades:

- quantidade de pacientes;
- comunicação com pacientes de baixo nível socioeconômico e cultural;
- pacientes hostis ou reivindicadores;
- pacientes que vêm a falecer;
- pacientes com alteração de comportamento;
- comunicações dolorosas ao paciente ou à família;
- medo de contrair infecções;
- dilemas éticos.

Fatores Estressantes da Residência Médica

Em 1992, Zimerman sintetizou as dúvidas e indagações dos médicos do mundo atual: "Que tipo de médico quero ser, posso ser, devo ser, ou esperam que eu seja?".

Rudner (1985) descreve três tipos de fatores estressantes:

- pressão do tempo – falta de tempo para a família, para o lazer e sensação de ter que fazer muitas coisas ao mesmo tempo;
- fadiga – privação do sono, sobrecarga horária, múltiplos plantões;
- falta de autoconfiança – medo de cometer erros, falta de suficiente conhecimento médico (que não tem ou julga não ter).

Ford (1983), estudando 122 residentes de várias especialidades, além da carga de trabalho e fadiga, encontrou como principais fatores estressantes a sensação de inadequação profissional, a percepção de um ambiente extremamente competitivo e a solidão.

Vendo esses trabalhos, faço um paralelo com os alunos do terceiro ano médico que se sentem sem nenhum conhecimento especializado para entender as enfermidades dos seus pacientes e poder ajudá-los efetivamente. E, por isso, se sentem como "sangues-sugas", tudo tirando (anamneses, exames físicos), sem dar nada em troca.

Assim, penso que o residente regride a esta fase do terceiro ano baixando em muito sua auto-estima, negando os conhecimentos que alberga e que são o bastante para atender a maioria dos casos que lhes caem nas mãos. Às situações mais complexas cabem as supervisões, o atendimento em equipe e a Tutoria[27]. É essa alteração da auto-estima que irá favorecer o advento de uma futura depressão. São essas situações que, trabalhadas num grupo de reflexão, podem levar o residente a ganhar *insight* sobre essa complicada situação e aos poucos solucioná-la.

Por último, nessa etapa do seu trabalho, Nogueira Martins estuda os recursos adaptativos possíveis de reparar esse estado de coisas. Assim, Eder e cols. (1980) relatam que ao lado de conforto religioso, meditação, caminhadas, havia uma atitude de "não fazer nada e esperar que isto acabe logo", isto é, de profunda passividade. A maioria destes médicos recorria em primeiro lugar a familiares e amigos. Um número muito pequeno recorreu à psicoterapia. Nenhum deles praticamente procurou a ajuda de professores. "Um grupo de apoio – composto de um professor e oito residentes que se encontravam regularmente ao longo do ano para discutir questões relativas à residência – foi considerado um recurso útil pelos residentes que dele participaram".

Robert e cols. (1985) relatam ser preocupante o fato de que no seu trabalho os residentes (pediatras) não consideram os professores e coordenadores da Residência como um ponto importante de apoio. Os métodos mais freqüentemente usados para lidar com o estresse na residência foram exercícios físicos, religião e bebidas. Como fontes de apoio emocional citaram os colegas de residência, os amigos e a família.

27. A Tutoria se me afigura como um excelente método de apoio psicopedagógico ao residente, em que ele ganha um Tutor disponível diuturnamente para ajudá-lo nas complexas questões médico-psicológicas que se apresentam.

Vemos neste trabalho que mesmo num país de primeiro mundo, como os Estados Unidos, os residentes não são ajudados em suas dificuldades de adaptação pelo staff docente-administrativo. É aqui que avulta a necessidade de trabalhos como os grupos de reflexão e de a tutoria ter um lugar estabelecido no ensino e na prática médica.

Rudner (1985), estudando 76 residentes de Medicina Familiar, encontrou:

- 40% dos residentes lidavam com o estresse conversando com outros residentes, familiares e amigos;
- 19% lidavam com o fator tempo elaborando uma lista diária de prioridades essenciais;
- 13% lidavam com as situações frustrantes através de gritos e reações raivosas;
- 2% usavam álcool.

Um estudo prospectivo

Nogueira Martins baseou seu trabalho de pós-graduação no estudo de entrevistas e questionários com 113 residentes que ingressaram na Escola Paulista de Medicina em 1988. Foram formados quatro grupos: clínica médica masculina, clínica médica feminina, cirurgia masculina e cirurgia feminina.

O grupo foi submetido a uma análise muito complexa da qual selecionamos alguns itens.

O trabalho dá ênfase às dificuldades dos residentes com os chamados pacientes difíceis, "pacientes que não entendem o que você diz", na fala de um residente. Neste item é abordado o tema do suicídio. Ele cita então Cassorla (1989), um grande estudioso do tema da morte entre nós: "Cassorla salienta que frente a um paciente que fez uma tentativa de suicídio, a equipe de saúde costuma expressar um desprezo agressivo, às vezes chegando próximo ao maltrato...". Cassorla adverte que simplesmente taxar esta conduta de "desumanidade" ou "frieza" não leva a nada.

O impacto do ato suicida no médico deve-se a um conjunto de fatores, segundo Cassorla:

- os médicos são treinados para salvar vidas e minorar sofrimentos. Quando uma pessoa tenta o suicídio, demonstrando não querer viver mais, confunde o médico, contrariando os princípios básicos da profissão;
- os médicos geralmente não compreendem a complexidade do ato suicida e seu caráter multifatorial;
- o contato com o paciente suicida produz no médico sentimentos de impotência, frustração e fragilidade. Tais sentimentos paralisam o médico, levando-o a condutas agressivas.

Em outras palavras, o médico assume aspectos de seu paciente (identificando-se com ele), tais como impotência, fragilidade, desespero, reações agressivas e violentas, quando se sente invadido por ele, através do mecanismo de contra-identificação projetiva descrito por Bion.

Nogueira Martins nos fala ainda das repercussões do suicídio na dinâmica hospitalar:

> ... quando ocorre um suicídio em alguma unidade hospitalar as repreensões são significativas e tendem a abranger a instituição como um todo. Vivências de fracasso ou incompetência profissional, com intensos sentimentos de culpa, tendem às vezes a desencadear verdadeiros tribunais em busca pelos culpados pelo doloroso evento.

A seguir, Nogueira Martins estuda o delicado problema da agressão do paciente ao *staff* médico hospitalar, dizendo que estes dados são muitas vezes subestimados porque muitas agressões não são registradas (Paine e cols., 1991). "Um estudo com 66 clínicos gerais na Inglaterra revelou que 91% tinham sido agredidos verbalmente, 18% haviam sido vítimas de tentativas de agressão e 11% foram agredidos fisicamente".

Os psiquiatras são os profissionais mais expostos aos ataques.

Em um trabalho realizado por Chaimovitz e Moscovitch (1991), 40% dos residentes de Psiquiatria revelaram terem sido agredidos fisicamente por pacientes.

Embora os casos de agressões a residentes na casuística de Nogueira Martins sejam poucos, considero o residente um grupo de risco a este respeito porque ele está no *front* dos atendimentos, onde há mais estresse, nos corredores dos pronto-socorros, nos boxes dos ambulatórios, prestando atendimento a pacientes e familiares. E vale recordar aqui que as agressões físicas podem ser cometidas tanto por pacientes como por acompanhantes.

Aach et al. (1988) se referem diretamente às dificuldades dos residentes com pacientes usuários de drogas e de álcool.

Em minha experiência no Hospital Universitário Pedro Ernesto como supervisor de especializandas em Psicologia Médica, que lidavam diretamente com residentes vários, nas áreas de Aids, nefrologia, diabete e reumatologia, tive a oportunidade de confirmar vários dados das revisões relatadas e acrescentar outros, mais específicos, do nosso trabalho e das unidades atendidas.

Vejo no residente uma continuação das dificuldades já apresentadas pelos internos, o medo da prática médica, a indefinição profissional, o temor pelo futuro. Há nitidamente um conflito de identidade médica e seus desvios, nos seus primórdios.

Assim, o residente – verdadeiro objeto transicional da medicina, usando uma metáfora winnicottiana[28] – ainda é estudante (tem aulas, estágios dirigidos etc.) e, ao mesmo tempo, já é médico, pois colou grau e tem atributos de um médico como receitar, coisas que o interno, ainda estudante, não faz. E como em toda situação de transição, é esta sujeita a angústias, dúvidas, hesitações e indefinições.

28. O bebê de oito meses, na fase do desmame, segundo Winnicott, paradoxalmente é um ser ao mesmo tempo ligado e separado da mãe e que, por este motivo, vai encontrar um objeto dito transicional, um ursinho ou polegar, que irá representar ao mesmo tempo esta união e esta separação, conforme suas necessidades. Do mesmo modo, o residente é como se fosse o objeto transicional da medicina, o elemento de ligação entre o ensino médico e a prática médica profissional, apresentando características de uma e de outra destas fases.

Quanto aos internos, há aqueles que já terminaram o curso médico com sua identidade médica bem estabelecida, e outros, a maioria, que necessitam da residência para consolidar esta identidade. O fato é que o volume de conhecimentos e de necessidades, de habilidades práticas para se formar um médico é tão grande que se necessita de nove anos de aprendizado e experiências práticas.

Enriqueceram esta nossa experiência os relatos trazidos por residentes que freqüentavam os grupos de reflexão, constituídos exatamente para ouvi-los e discutir seus testemunhos, suas dúvidas, suas ansiedades. Porém, os residentes são ainda muito recalcitrantes em expor suas dificuldades e freqüentemente se evadem desse espaço de reflexão, dificultando mesmo sua realização. Aqui, sem dúvida, entra em jogo o caráter narcísico do médico já apontado, dirigindo-se este mais para posições de arrogância do que para a humildade e necessária exposição de erros e fraquezas[29].

Nossas especializandas puderam detectar as dificuldades dos residentes com os aspectos emocionais dos pacientes através, principalmente, das consultas-conjuntas. Nesse tipo de atendimento, que criei, a psicologia responde ao pedido do residente (ou de qualquer médico ou aluno que está naquele momento assistindo ao paciente) de "Veja este caso para mim", respondendo com um convite de "Podemos ver o paciente juntos?". E assim, nesta consulta-conjunta, a psicologia pode observar dados da relação médico – paciente e aspectos psicológicos do paciente, bem como do residente, imbricados na situação a dois (agora transformada em a três) e detectar fenômenos de ansiedade, problemas de comportamento e iatrogenias presentes na relação.

É muito comum que o residente tente jogar o "abacaxi" do paciente para a psicóloga, principalmente quando este apresenta

29. Mais facilidade vem tendo, atualmente, os serviços de psicologia médica em realizar grupos de reflexão com enfermeiros do que com médicos, como se iniciou com Balint. Já com alunas de pós-graduação em psicologia médica estes grupos funcionam normalmente, com excelentes resultados para sua formação profissional. Acredito que com outros profissionais de saúde (assistentes sociais, fisioterapeutas, nutricionistas) também poderemos obter bons resultados.

problemas emocionais que julga não ter condições de conseguir lidar, ou condutas do paciente que não tolera admitir (um diabético infenso a dietas, por exemplo). Por outro lado o *staff*, a equipe de saúde, também joga seus "abacaxis" para o residente. Isto já é uma praxe... Residente é para "quebrar os piores galhos", resolver as questões médicas e administrativas que ninguém consegue resolver. É um batismo de fogo diário que parece não acabar mais.

A consulta-conjunta funciona como espaço de trocas de saberes e experiências, o médico aprendendo estratégias de abordagem psicológica, e a psicóloga, aspectos clínicos de um paciente, coisas que ela até então desconhecia. Deste trabalho em comum costumam surgir desdobramentos, outras consultas-conjuntas, ou um espaço para o residente poder expor à psicóloga as dificuldades de relacionamento com seus pacientes, à guisa de ajuda. Desse modo, surgem os mais variados comportamentos, desde a recusa em receber a família do paciente, a dificuldade em dar diagnósticos sombrios e a ocorrência de reações depressivas diante da morte de pacientes. Uma das dificuldades do residente é que este é o encarregado de executar as tarefas médicas mais difíceis, como comunicar a morte de um paciente à sua família[30].

Um dos problemas sempre presentes é a iatrogenia. No ambulatório de diabete são geralmente as questões em torno da medicação (insulina) e dieta que provocam as respostas iatrogênicas, de conteúdo agressivo. Assim, tivemos, por exemplo, a situação de um residente que diante de qualquer diabético rebelde, que não melhorava por não seguir as recomendações médicas, o ameaçava com o fantasma da amputação, dramatizando para este o ato do cirurgião cortando-lhe a perna.

A psicóloga trazia-me esta situação e eu a estimulava a penetrar nas brechas que o residente estava lhe dando e sugeria que ela valorizasse seus aspectos positivos, que eram muitos (grande inteligência, capacidade profissional ímpar, seriedade etc.). Enfim, eles se

30. Antes essa tarefa era delegada à assistente social e, hoje em dia, muitas vezes, à psicóloga. O médico assistente é apenas o encarregado do corpo... vivo.

tornaram amigos profissionais e ela, muito experiente, passou a funcionar como conselheira de seus casos psicológicos difíceis. Neste ínterim, como numa cura transferencial, desapareceu a iatrogenia da amputação.

Na nefrologia, onde também realizamos nossos trabalhos, a aproximação dos *staffs* e residentes com nosso grupo é menor que na diabetologia e são feitas menos consultas-conjuntas. Os médicos esperam pouco dos hemodialisados comuns, pacientes mortos-vivos que só existem em função da máquina de hemodiálise, concentrando todas as expectativas nos transplantados. Aqui as iatrogenias se cingem principalmente ao *round*, isto é, discutir problemas de diagnóstico e condutas médicas diante dos pacientes[31]. Neste serviço, ao invés da consulta-conjunta, predominam os pedidos de parecer, geralmente de situações psiquiátricas, como estados depressivos em pacientes submetidos à hemodiálise e naqueles que experimentam a perda de seus enxertos (transplantes).

A morte de um paciente após transplante – o que é mais impactante porque é a morte depois de uma promessa de vida – costuma ser motivo de grande estresse para o residente do leito, podendo levar a uma depressão ou ausência de uma reação afetiva, posto que emocionalmente negada.

O *status* elevado deste Serviço – o primeiro em transplantes do Estado – ajuda os residentes a enfrentar seu alto grau de estresse, incentivando seu narcisismo e elevando a auto-estima daqueles identificados com o Serviço.

Todavia, a experiência médica mais estressante que testemunhei foi a supervisão da equipe de Psicologia Médica de Aids, ainda na década de 1980, início da década de 1990, na fase da chamada peste *gay*, quando homossexuais, em sua grande maioria, eram internados no HUPE, praticamente para morrer, assistidos por clínicos perplexos e por psicólogos e psiquiatras impotentes e angustiados.

E, como sempre, a linha de frente que cuidava dos doentes era composta pelos residentes liderados pela brava chefia de clínica do

31. A praxe é que os residentes apresentem os casos, o que é motivo de estresse para os mesmos.

Serviço de Doenças Infecciosas e Parasitárias, Dirce Bonfim. Nosso grupo, composto de cinco psicólogos e psiquiatras, interatuava junto com a equipe clínica, entrevistando pacientes e familiares, discutindo casos e situações com residentes, *staffs* e enfermeiros e realizando trabalhos psiquiátricos e psicoterápicos em comum com os residentes. As reuniões de equipe eram bissemanais e freqüentadas por todos. O estresse dos residentes ficava evidente quando estes interrompiam de súbito um atendimento para chorar ou praticamente abandonavam a assistência a um paciente terminal, se ausentando. Quem mantinha o atendimento a estes pacientes, até o fim, eram os enfermeiros, principalmente os auxiliares de enfermagem, os menos graduados, porém encarregados, como os residentes, das tarefas mais difíceis. E, talvez, por falta de conhecimentos técnicos, com um menor grau de hipocondria, não se identificando tão maciçamente com os pacientes.

No cumprimento destas tarefas eram sempre os residentes que tinham as reações mais dramáticas, por exemplo, saindo "correndo" e chorando de um leito ao constatar a piora de seu paciente.

Foi o progresso técnico que tornou a Aids de uma condição aguda e subaguda numa doença crônica, com razoável sobrevida, desde que convenientemente medicada, e os homossexuais deixaram de ser os vilões-vítimas da doença pela expansão de outros grupos de risco.

Um fator adicional, da parte dos residentes, foi a questão do preconceito que os fazia ora temer, ora repudiar os pacientes, dificultando em muito a tarefa assistencial[32]. Aliás, diga-se a bem da verdade, que este não é somente um problema do residente e que pode ser encontrado na classe médica em geral, bem como a dificuldade de assistir de perto um paciente terminal. O residente é apenas uma vanguarda assistencial assinalando dificuldades que são dos médicos em si mesmos.

---

32. Este problema do preconceito não é mais tão candente entre nós porque os homossexuais, através de seus líderes e da classe como um todo, promoveram um amplo debate com a sociedade, denunciando os preconceitos e as perseguições sociais, contribuindo para uma melhor compreensão de sua problemática e para que fossem melhor tratados como cidadãos.

Aqui cabe assinalar o caso dos médicos que adquiriram Aids e que morreram na fase inicial da doença e o drama do médico portador de Aids, mormente se homossexual ou bissexual. Há indícios vários que estas duas condições são freqüentes na classe médica, porém isto ainda não foi devidamente pesquisado. Uma pista é a estrutura narcísica habitualmente encontrada entre médicos e homossexuais.

Conheço o caso de um serviço universitário que ainda nos anos 80 albergou três jovens residentes homossexuais com Aids; todos eles vieram a morrer em pouco tempo. Um deles sentia-se horrorizado por estar contaminado ao mesmo tempo por fungos e bactérias. Dizia: "Os bichos estão me comendo". Ele faleceu com *sepsis* tuberculosa evidenciada por biopsia de medula óssea.

O médico portador de Aids (como o de câncer) tem todas as condições para desenvolver uma hipocondria secundária, isto é, a hipocondria que se segue ao diagnóstico de uma doença grave, passível de exacerbações, no caso o surgimento de infecções oportunistas e esgotamento do potencial imunológico.

O fato é que o advento da Aids num médico homossexual é quase sempre uma situação difícil para este, por medo que sua condição de homossexual (ou de bi) venha à tona. Por tudo isso, um acompanhamento psicoterápico se impõe.

NAPPRE: UMA EXPERIÊNCIA EM ANDAMENTO

Um dos trabalhos de ponta realizados pela FCM-UERJ e pelo HUPE é a Coordenação da Residência Médica através de Denise Herdy, nossa ex-aluna, que já pontificava no curso de Psicologia Médica. Ela é a atual Coordenadora de Desenvolvimento Acadêmico (CDA) que lida com as atividades de 220 residentes novos a cada ano, de todas as áreas da saúde. A Residência, em sua gestão, instituiu o NAPPRE (Núcleo de Apoio Psicopedagógico ao Residente) que coordena as medidas psicológicas e pedagógicas necessárias ao bom êxito da Residência e que é coordenado pela psicóloga Lia Cruz da Silveira, com o apoio da pedagoga Neide Miranda Filha. Pelo que sabemos este é um dos trabalhos pioneiros no Brasil, no terreno do apoio psicológico ao residente, pois reúne os vértices psicológicos e pedagógicos no atendimento.

Tal trabalho se iniciou há três anos, após a CDA ter constatado várias situações de conflito entre os residentes, algumas levando até a registros policiais. Os residentes brigavam entre si, com alunos, com preceptores[33] e com residentes de outras áreas. A CDA passou então a procurar entender o que se passava entre estes e encontrou uma população altamente estressada, com um trabalho estafante e freqüentes problemas pessoais.

Já durante as provas de seleção, com a participação da pedagogia, passou-se a avaliar as atitudes dos candidatos, através de provas orais e, inicialmente, de situações simuladas.

Os alunos ingressam no NAPPRE através da detecção pelos preceptores de atitudes desfavoráveis, ou buscam ajuda espontaneamente. São muito comuns as situações de conflitos com os colegas, mais ou menos conscientes para o residente. A avaliação negativa da atitude do aluno não é eliminatória, ela é isolada e não o exclui, porém participa de sua classificação, avaliação e desempenho.

Um fato importante é que o aluno avalie o processo de avaliação, embora ele ainda não saiba de todo o que é uma avaliação de comportamento; conhece apenas os procedimentos técnicos.

O NAPPRE procurou de início saber o que se passava, em termos de relações interpessoais na recepção aos novos alunos, na ambientação destes, para depois traçar suas estratégias. Entre estas está a projeção de um filme narrando a história de uma mulher jovem acometida de um câncer de ovário, com metástases múltiplas e atendida por um residente.

O aspecto mais importante, ao meu ver, diz respeito à instalação dos grupos de convivência com os residentes, coordenados pelo NAPPRE. Estes são grupos de reflexão sobre a tarefa cuja freqüência vai, entretanto, diminuindo quando estes são então substituídos

33. O preceptor é uma função semelhante à tutoria, isto é, um aluno mais adiantado ou professor que presta assistência psicológica e/ou pedagógica ao residente.

pelos grupos focais, que abordam diretamente uma situação estressante, que pode ser o processo de morrer de determinado paciente, por exemplo.

Atualmente, o NAPPRE vem realizando uma modalidade de abordagem ao residente em pequenos grupos: o próprio residente, um preceptor e um representante do NAPPRE. Essa estratégia tem propiciado a realização de interconsultas ou de consultas-conjuntas, ambas dirigidas a um aperfeiçoamento da relação residente-paciente.

Nestas estratégias grupais, tem-se delineado a força e a importância das relações de poder dos R2 sobre os R1[34]. Para trabalhar tais relações de poder, o CDA aboliu o trote dos calouros da residência, substituindo-o por um *coctail* de recepção.

Atualmente estão sendo feitos trabalhos especiais com residentes da Pediatria e da Clínica Médica. Tem-se constatado que o grupo de residentes e preceptores da enfermagem se apresenta como o mais receptivo ao enfoque do NAPPRE, sem ocultar sua necessidade de apoio psicopedagógico. Para este grupo estão sendo elaboradas estratégias especiais.

O PBL: UMA EXPERIÊNCIA REVOLUCIONÁRIA

O método se baseia em dois elementos ou fatores: a problematização e o aprendizado ativo. A problematização é derivada do POP (Prontuário Orientado por Problemas) no qual os alunos, diante de um paciente, elegem sob supervisão os principais problemas a serem resolvidos. Este método foi aplicado com sucesso na faculdade de medicina da Universidade de Oxford, e foi trazido para a UFRJ há muitos anos, por Alexandre Kalache, não tendo sido contudo implantado. No aprendizado ativo, os estudantes é que se encarregam das tarefas do aprendizado, pesquisando, estudando a sós ou em grupos, fazendo explanações, abandonando a tradicional postura passiva que deixa as iniciativas para os professores.

---

34. R1 = residentes do 1º ano;
R2 = residentes do 2º ano.

Logo que o aluno ingressa na faculdade, é apresentado a uma enorme árvore que contém os vários conteúdos do curso médico, privilegiando todas as áreas em grau de complexidade crescente.

Todo o método é ativo e integrado. São extintas as várias disciplinas do curso.

O aprendizado se dá de cinco formas:

1ª) Tutoria: reuniões de oito alunos com um tutor de três horas de duração duas vezes por semana.

São baseadas na discussão de problemas sobre a saúde humana em geral, retirados pelo tutor dos conteúdos da árvore e por este elaborados, privilegiando as várias áreas do curso. Com o evoluir do Programa, as questões extraídas da árvore vão sendo substituídas por problemas reais da prática médica.

Nos grupos, os alunos fazem hipóteses sobre os problemas levantados e o tutor atua apenas facilitando a discussão. Os alunos procuram as bibliotecas e laboratórios da faculdade (ou extramuros) para pesquisar soluções e também buscam os professores (que se transformaram em instrutores) os quais prestam esclarecimentos, sem dar aulas. Os problemas são vistos em seus aspectos biopsicossociais-ecológicos. Como exemplo, pode-se estar estudando o nascimento do ser, desde o aparelho sexual feminino, passando pela embriologia e parto até os aspectos psicossociais daquela família grávida.

Os alunos voltam ao seu tutor para apresentar os resultados de suas pesquisas e conclusões e o tutor avalia se os objetivos do trabalho foram alcançados. Geralmente são gastas de duas a três reuniões por problema.

Com esse método, a faculdade de medicina da FESO tem obtido ótimos resultados. No referente à anatomia, por exemplo, os alunos não mais decoram os detalhes anatômicos e sim ficam com uma noção geral de cada peça em relação a várias patologias – ou funcionamento normal – nos quais estão inseridos: trauma de joelho, por exemplo, onde se estuda com minúcias a articulação dos joelhos, a fisiopatologia do trauma e as manifestações clínicas daquela lesão, bem como as perspectivas cirúrgicas.

Nesta *performance* verifica-se geralmente que os alunos pesquisam muito mais do que lhes foi pedido.

2ª) Laboratório de habilidades: os alunos aprendem a tomar pressão arterial, dar injeções, fazer parto em manequins. Tudo isso sempre integrado e em pequenos grupos.

3ª) Estágio em Unidade Básica de Saúde (PSF): durante quatro anos, uma vez por semana, dão um turno no PSF. Assim participam dos programas de vacinação dos grupos homogêneos ou heterogêneos (várias enfermidades) e demais atividades do PSF, de forma ativa. Também acompanham de 5 a 10 famílias durante quatro anos.

4ª) Conferências (de um professor da faculdade ou convidado) ou mesas-redondas, ambas com três horas de duração (hora e meia de debates) em torno de temas que estão sendo vistos no curso. Esta atividade em parte substitui as aulas teóricas, que são abolidas.

5ª) Consultoria: para os alunos que ao final das atividades ainda apresentem dúvidas ou queiram aprofundar mais os conhecimentos. Podem ser prestados por professores da FESO ou de outras instituições.

É esta a experiência da faculdade de medicina de Teresópolis cuja implantação do Programa está sendo supervisionado pela faculdade de medicina de Marília.

O PBL tem o apoio do MEC e do Ministério da Saúde. O MEC seleciona as Faculdades brasileiras que têm condições de implantá-lo e fiscaliza o desempenho da faculdade em questão.

O PBL visa a formação de médicos familiarizados com os problemas de saúde da população brasileira em geral. Visa assim formar médicos conscientes de nossas realidades econômica e social e não apenas de profissionais voltados para o atendimento das classes dominantes, modelo vigente ainda em muitas das faculdades de medicina do nosso país (internato a ser ainda estruturado).

Visa a educação permanente:

a) discussão dos problemas surgidos (com os tutores);

b) com os representantes dos alunos;

c) com o grupo Gestor (direção da faculdade).

O PBL não é instalado de um modo tranqüilo sem reações do corpo doente. Assim, muitos professores se sentem ameaçados de perder seus feudos, as antigas disciplinas, ou reagem ao perder suas ferramentas básicas, as aulas teóricas. Há mesmo professores, que indignados ante as profundas reformas instituídas, ameaçam pedir demissão.

Afora estas medidas mais radicais, parte das mudanças preconizadas por este método já vem sendo realizada em nossas faculdades como o advento da Tutoria, o ensino baseado em problemas e o estágio no PSF. Penso que o caminho a ser trilhado pelas faculdades de medicina do país privilegiará em médio prazo a aplicação do PBL por inteiro ou a adoção de parte das medidas adotadas no Programa, mescladas com o ensino médico tradicional.

Referências bibliográficas

ALEN, J. (1998). *Doctors and his carrees.* London, Policy Studies Institute.

ALEXANDRE, S. F. et al. (1992). Ten years of orienting college students to carrees in medicine. *Gama,* 267(24): 3.330.

BALDWIN, D. C. Jr. et al. (1991). Substance use among senior medical students. *Gama,* 256: 2.074.

BELLODI, P. L. (2001). *O clínico e o cirurgião: estereótipos, personalidade e escolha da especialidade médica.* São Paulo, Casa do Psicólogo.

BING-YOU, R. C. (1993). Anxiets of entering first-years residents, *Accad. Med.*, 68:90.

BITTAR, R. E. & MARCONDES, E. (1994). Critérios para seleção e organização de conteúdos: integração horizontal e vertical. *Documentos CEDEM*, 4:55.

BJORKSTEN, J. C.; FIEDAL, T. C. & NAGLUN, P. (1991). Effect of medical school stress on the mental health of medical students in early and late clinical curriculum. *Acta Psychiatry Scandinavia,* 84:340.

BOHOSLAVSKY, R. (1971). *Orientação vocacional – a estratégia clínica.* São Paulo, Martins Fontes.

CASAS, J. J. V. et al. (1986). Motivación e incentivo como factores determinantes en la elección de la especialidad medica. México, *Rev. Méd. IMSS,* 24:211.

CASSEL, J. (1987). On control, certitude and "paranoia" of surgeons. *Culture, medicine and psychiatry,* 11:229.

CASSORLA, R. M. S. (1989). O impacto dos atos suicidas no médico nas equipes de saúde. *JBM,* 56:84.

DE PAIKIN, M. L. S. (1986). Fatores determinantes en la eleccion de la especialidad en medicina. *Bol. Acad. Nac. Buenos Aires*, 64:413.

DE PAIKIN, M. L. S. & DE FIGUEROA, N. B. L. (1991). Pratica profissional y auto-imagem de las especialidades medicas. *Rev. Arg. Cirurgia,* 62:201.

FEJARDO-DOLCI, G. E. et al. (1995). Seleccion de la carrera y perspectivas de desarrollo professional en estudientes de medicina. *Salud Publica de Mexico*, 37:31.

FERNANDES, J. M. & RODRIGUEZ, C. R. C. (1993). *Estudo retrospectivo de uma população de estudantes de medicina atendidos num ambulatório de clínica psiquiátrica no Hospital de Clínicas da Faculdade de Medicina de Ribeirão Preto*. Med. Ribeirão Preto, 26:258.

FINZBERG, E. & BRAUN, E. (1980). How the medical students views his profession and its future? *Inquire* 17:195.

FREIRE, P. (1975). *Pedagogia do oprimido*. Rio de Janeiro, Paz e Terra.

GINZBERG, A. (1969). *Piaget theory of intellectual development prendice.* New Jersey, Hall Inc.

HENRY, P. et al. (1992). Choice of medical specialty: analysis of students needs. *Psychological Reports* 71:215.

HOIRISCH, A.; BARROS, D. J. M. & SOUZA, M. S. (1993). *Orientação psicopedagógica no ensino superior.* São Paulo, Cortez Editora.

IMPERATO, P. J. & NAYERI, K. (1991). First year medical student experiences with being discouraged from entering medical school. New York State, *J. Med.*, 91:243.

JEAMMET, P.; RENAUD, M. & CONSOLIS, S. (1982). *Psicologia Médica.* Rio de Janeiro, Editora Masson.

JOHNSON, W. D. K. (1991). Predisposition to emotional distress and psychiatric disease amongst doctors: the role of unconcions and experimental factors. *Brit. J. Med. Psychol.* 64:317.

KASSEBAUM, D. C. & SZENAS, P. L. (1994). Factors influencing the specialty choices of 1993 medical school graduates. *Acad. Med.* 89:164.

KNOBEL, M. & ABERASTRURY, A. (1982). *Adolescência normal.* Porto Alegre, Artmed.

KRAKOWSKY, A. J. (1973). Doctor-doctor relationship III: a study of feelings influencing the vocation and its tasks. *Psychosomatics* 14:156.

LLOID, C. & JARTIREL, N. K. (1984). Psychiatry symptoms in medical students. *Psychiatry* 25:582.

LORETO, J. (1971). A saúde mental do universitário. *Neurologia* II A:23.

MACHADO, M. H. et al. (1999). *Os médicos no Brasil: um retrato da realidade.* Rio de Janeiro, Ed. Fiocruz.

McCUE, J. D. (1985). Influencing of medical and premedical educations onimportants qualities of physicians. *J. Med.* 78:958.

MELEIRO, A. M. A. S. (1999). *O médico como paciente.* São Paulo, Lemos.

MELLO FILHO, J. (1992). Aids, o doente, o médico e o psicoterapeuta. In: MELLO FILHO et al. *Psicossomática hoje.* Porto Alegre, Artmed.

__________. (2000). *Concepção psicossomática: visão atual.* São Paulo, Casa do Psicólogo, 12 ed.

__________. (2003). *Vivendo num país de falsos* selves. São Paulo, Casa do Psicólogo.

MILLAN, L. R. (2005). *Vocação médica e gênero: um estudo com primeiranistas da Faculdade de Medicina da Universidade de São Paulo.* Tese de Doutorado, edição do autor, São Paulo.

__________. (2001). *Vocação médica: um estudo de gênero.* São Paulo, Casa do Psicólogo.

MILLAN, R. L. et al. (1999). *O universo psicológico do futuro médico: vocação, vicissitudes e perspectivas*. São Paulo, Casa do Psicólogo.

MOLDLIN, H. C. & Montes, A. (1964). Narcotie addicion in physicians. *Am. J. Psychiatry* 121:358.

NOGUEIRA MARTINS, L. A. (2001). *Humanização das relações assistenciais: a formação do profissional de saúde*. São Paulo, Casa do Psicólogo.

__________. (2005). *Residência médica: estresse e crescimento*. São Paulo, Casa do Psicólogo.

__________. (1994). *Residência médica: um estudo prospectivo sobre dificuldades na tarefa assistencial e fontes de estresse*. Tese de Doutorado, Escola Paulista de Medicina, São Paulo.

NORTMAN, M. T.; SALT, P. & NALDELSON, C. C. (1984). Stress and adaptation in medical students: who is most vulnerable? *Comprehensible Psychiatry* 25:366.

NOTZEN, N. & BROWN, S. (1995). The feminization of medical profession in Israel. *Medical Education* 29:337.

ROCCO, R. P. (1992). Relação estudante de medicina – paciente. In: MELLO FILHO et al. *Psicossomática hoje*. Porto Alegre, Artmed.

RUSSEK, H. I. (1960). Emotional stress and coronary heart disease in american physicians. *Am. J. Med. Sci.* 80:711.

SACKS, M. H. et al. (1980). Psychiatry problems in third-year medical student. *Am. J. Psychiatry* 137:825.

SADEGHI-NEJAD, A. & MARGUARDT, M. M. (1992). Medical school applicants and the appeal of medicine as a carreer. *Am. J. Med.* 93:335.

SCHNEIDER, P. B. (1991). *Regards discrets et indiscrets sur le médecin*. Paris, Masson.

SIMMEL. (1926). The doctor game, ilness and profession of medicine. *Int. J. Psychoanalysis* 7:470.

SIMON, R. (1971). O complexo tanatolítico justificando medidas de psicopatologia preventiva para estudantes de medicina. *Boletim de Psiquiatria* 4:113.

VAILANT, G. E.; SOBOWALE, N. C. & Mc ARTHUR, C. (1972). Some psychologic vulnerabilities of physitians. *N. Eng. J. of Med.* 287:372.

WEERS, L. et al. (1965). Psicoanalisis de la vocacion. *Rev. Psicoanalisis,* 22:69.

WINNICOTT, D. W. (1971). Conceitos contemporâneos de desenvolvimento adolescente e suas implicações para a educação superior. In: *O brincar e a realidade.* Rio de Janeiro, Imago.

__________. (1965). Adolescência: lutando contra a depressão. In: *A família e o desenvolvimento do indivíduo.* Belo Horizonte, Interlivros de Minas Gerais.

WRIGHT, M. R. (1980). *Self* – perception of the eletive surgeon and some patients perception correlates. *Arc. Otoryn,* 106:405.

ZELDOW, P. B. et al. (1985). Personality indicates of psychosocial adjustment in first year med students. *Soc. Sci. Med.* 1:95.

4 – O Desenvolvimento da Identidade Médica

Anna Lucia D'Abreu Hirsch Villela

Introdução

No decorrer de alguns anos de atividade no Programa de Apoio Psicopedagógico ao Estudante (PAPE) da Faculdade de Ciências Médicas (FCM) da UERJ e no Programa de Assessoria Psicopedagógica (PAPP) da Faculdade de Medicina de Petrópolis, sempre nos pareceu bastante intrigante a transformação do "ser" que ingressa na faculdade, em busca de status e de desempenhar papéis que, na maioria das vezes, estão relacionados com a possibilidade de salvar e de ser útil, naquele que já passou por todo o processo de formação e que traz poucas recordações das expectativas que o motivaram a ser médico.

Sempre estivemos atentos a essas questões e pudemos captar algumas dificuldades, anseios e angústias dos alunos durante o processo de formação, sendo também tema de muitas discussões no meio universitário já há algumas décadas, devido à grande incidência de problemas de ordem emocional encontrados entre tais alunos.

O processo de ensino no curso médico é difícil, doloroso e sujeito a crises, coincidindo, normalmente, com a transição da adolescência à idade madura, exigindo do indivíduo compromisso e devoção aos papéis adultos.

Observa-se a existência de várias crises, evolutivas (as que fazem parte do processo de desenvolvimento de uma pessoa) e acidentais (as que são inesperadas) no decorrer do curso. Podemos, então, pensar que este processo, que leva à construção de uma identidade, é constituído de uma sucessão de crises.

Neste trabalho serão apontados três momentos distintos do curso: o primeiro ano, o terceiro ano e o Internato. Estes momentos são identificados por alguns autores como integrantes das principais crises do curso médico.

Como podemos observar, paralelamente às crises próprias do curso médico – como adaptação ao novo método de estudo, grande volume de matéria, carga horária intensa, contato com o paciente, contato com a morte e a escolha da especialidade – estão as crises do campo pessoal, que são relacionadas ao desenvolvimento humano e aos acontecimentos sociais.

As crises relacionadas ao ensino da medicina parecem estar ligadas à forma como o curso de medicina se estrutura, não se tratando somente do conteúdo escolar, mas da maneira como é desenvolvido ou apresentado, valorizando o conhecimento técnico/teórico e organicista, sem dar a devida importância ao desenvolvimento humanístico.

Pain (1985) nos diz que o processo de aprendizagem não se configura nem se define como estrutura, e, sim, é um lugar de articulação de esquemas, que nos apresenta o professor como mais que um transmissor de conhecimentos, sendo principalmente um formador de atitudes. Pois é a figura do professor que o aluno admira e com a qual se identifica. E é dessa relação, mas não somente, que o aluno, em processo de formação, vai construir sua própria identidade médica.

Na tentativa de entender o processo de ensino-aprendizagem no curso médico, serão apresentadas, a partir de uma visão psicopedagógica do processo de aprendizagem, questões a respeito do vínculo e do processo grupal, objetivando a investigação da transformação do sujeito que faz uma escolha ocupacional naquele que possui uma identidade profissional.

Primeiramente, serão descritos aspectos importantes inerentes ao curso médico, sendo enfatizadas questões acerca da escolha profissional, a influência da morte e as crises, mencionadas acima, que fazem parte do processo de formação médica.

Após a descrição anterior, tentaremos correlacionar a visão psicopedagógica do processo de ensino-aprendizagem com as especificidades do curso médico, para possibilitar o entendimento do processo de transformação do sujeito que ingressa na faculdade em busca de status e de ser útil num médico que, geralmente, pouco se envolve emocionalmente com seus pacientes na tentativa de preservar sua onipotência.

Uma visão psicopedagógica do processo de ensino-aprendizagem

Vínculo e aprendizagem

A psicopedagogia, *"técnica de condução do processo psicológico da aprendizagem"* (Pain, 1992), compreende o processo de ensino-aprendizagem de forma peculiar. Pain (1992) faz uma descrição das dimensões do processo de aprendizagem, definindo este como um processo que não se configura como estrutura e, sim, como um lugar de articulação de esquemas.

> Nesse lugar do processo de aprendizagem coincidem um momento histórico, um organismo, uma etapa genética da inteligência e um sujeito associado a outras tantas estruturas teóricas de cuja engrenagem se ecoa e preocupa a epistemologia; referimo-nos principalmente ao materialismo histórico, à teoria psicanalítica de Freud, enquanto instauram a ideologia, a operatividade e o inconsciente. Procuraremos abranger a vastidão deste lugar de coincidências, através da descrição de suas dimensões. (Pain, 1992)

A autora segue descrevendo as dimensões biológica, cognitiva e social do processo de aprendizagem e este como função do eu.

Na dimensão biológica, Pain, citando Piaget, aponta para três tipos de conhecimentos: o hereditário (programado), o lógico-matemático (construído através do estágio de equilibração e coordenado pelas ações) e o da experiência (adquirido pelas informações sobre o objeto e suas propriedades).

Na dimensão cognitiva, aponta a aquisição de uma nova conduta, a aprendizagem da regulação das transformações dos objetos e suas relações, e da aprendizagem estrutural (estruturas lógicas do pensamento).

Na dimensão social, coloca "a aprendizagem como um dos pólos do par ensino-aprendizagem", esclarecendo que a escola e a família têm papéis importantes nessa dimensão, vendo a transmissão da cultura como a síntese do processo educativo.

O processo de aprendizagem como função do eu descrito por Sara Pain considera a aprendizagem como um só processo que reúne a educação e o pensamento. E, citando Freud, descreve:

> A aceitação do real perante o princípio do prazer é levada a efeito mediante a função sintética do ego, já que este é capaz de pensar e, portanto, de adiar o cumprimento de um ato e de antecipar as condições em que este ato é possível. Também é concedida à mente a capacidade de discernimento, isto é, a possibilidade de perceber o que convém e o que não convém, quanto aos diferentes fatores em jogo, evitando assim racionalmente a necessidade de reprimir. Outra possibilidade da inteligência humana sem a qual seria impossível deter a demanda impulsiva é a de atender e memorizar, que põe o sujeito em atitude expectante com o exterior. (Pain, 1992)

Neste sentido, Pain nos traz uma visão dialética do processo ensino-aprendizagem. Fernández (1994) aponta a relação mãe – bebê como o início da inclusão da criança em uma cultura, quando a mãe põe, em um primeiro momento, significado aos sons do bebê, denominando palavras e pensamentos a essas manifestações. Esta primeira interpretação necessária e sadia da mãe foi chamada, por Piera Aulagnier, de "violência primária", permitindo, assim, "... a partir das necessidades orgânicas, as demandas que, em uma dialética com o desejo da mãe, darão lugar às palavras". (Fernández, 1994)

Com relação às palavras, Alicia Fernández as aponta como tendo dupla função: uma função relacionada aos processos pulsionais, pois são ao mesmo tempo uma possibilidade de eliminar as expressões sonoras e de conservá-las como um gozo infinito, e outra função relacionada aos demais processos. Do mesmo modo, os pais têm a função de perceber a originalidade do enunciado da criança como dar significado às expressões para uma autonomia de pensamento que, possivelmente, estão em oposição aos seus desejos.

Aponta que, em um segundo momento, a possibilidade de falar se faz a partir de um vínculo de aprendizagem, onde existe um aprendente e um ensinante, no qual os pais são as primeiras figuras ensinantes que constroem a "matriz organizadora" que vai possibilitar as aprendizagens futuras.

A "violência secundária patógena", descrita por Aulagnier, e comentada por Fernández, implica na impossibilidade dos pais em suportar a frustração da originalidade e diferença de pensamento da criança em relação ao seu pensamento e desejo, trazendo, conseqüentemente, um ataque à autonomia de pensamento, podendo se transformar em uma psicose ou oligotimia quando este ataque for massivo.

Fernández enumera alguns aspectos necessários para a criança aprender a falar, que, mesmo não sendo suficientes, são necessários. E, além dos que já mencionamos, que estão ligados à possibilidade de originalidade e diferença, é necessário que perceba que pode calar-se e continuar pensando, que esses pensamentos sejam sentidos por ela como de sua autoria, podendo mostrá-los ou guardá-los.

Com relação ao ensino da língua escrita, existem duas modalidades de ensino: uma patógena (reproduzindo no ensino a "violência secundária patógena") e uma saudável e normal, que proporciona um espaço de autonomia e autoria de pensamento. Novamente, Fernandéz relaciona "aspectos necessários, ainda que não suficientes, para que uma criança possa aprender a escrever". Esses aspectos são os mesmos para a construção da matriz organizadora da aprendizagem, sendo que o vínculo entre pais/ensinantes e filhos/aprendentes é substituído por professores/ensinantes e alunos/aprendentes.

Esta autora, quando faz uma análise da fonte somática do aprender, caracteriza a aprendizagem pela relação do ensinante e do aprendente com o conhecimento, onde se encontram significações inconscientes, trabalhando sob dois processos biológicos: o *alimentar-se* e o *olhar*.

Quando a autora fala do *alimentar-se*, aponta as primeiras experiências corporais entre mãe-bebê como o início da construção do aprender. A mãe representa o ensinante, e o filho, o aprendente; essa construção continua em todas as relações posteriores durante toda a vida.

Essas primeiras experiências são caracterizadas pela seguinte atividade: "Uma mãe provedora de alimentos-nutrientes e um bebê necessitado de incorporar as características desse alimento-leite materno em substância de seu próprio corpo". (Fernandéz, 1994)

A partir do pensamento de alguns autores citados, como Freud e Piera Aulagnier, Fernández faz uma análise psicopedagógica e comprova que "a alimentação é a 'fonte somática' da modalidade de aprendizagem e das significações inconscientes do aprender". Da mesma forma que a primeira representação do seio, na aprendizagem, a primeira representação do conhecimento não é diferenciada do outro e, também, implica um investimento primordial de conhecimento. E, no processo de aprendizagem, o ato de conhecer e de pensar trarão o conhecimento diferenciado do seu portador. Com isso, vê o desejo de aceder ao conhecimento como o primeiro investimento do outro como ensinante, que experimenta um prazer corporal, possibilitando a construção da modalidade de aprendizagem onde o "... aprendente possa se conectar com sua máquina desejante-imaginativa-pensante".

A autora descreve como o processo de alimentação (fonte somática) constrói as significações inconscientes do aprender. Nos mostra como a fome, o prazer de alimentar-se e o registro de falta de comida têm seus paralelos nas significações inconscientes do desejo de conhecer, da função positiva da ignorância, até o paralelismo de um sintoma de alimentação com um sintoma de aprendizagem. Do mesmo modo, uma questão econômico-social pode produzir fracasso escolar em organismos sadios que sofrem de desnutrição.

Continuando sua análise da fonte somática do aprender, Fernández parte da imagem do aprendente, que "olha-conhece" para delimitar os diferentes vínculos entre ensinante e aprendente nas diversas situações de aprendizagem:

> ... num extremo estão o *exibir* e o *esconder;* no centro, situam-se o *mostrar* e o *guardar*; e, no outro extremo, marcando a patologia, junto ao exibir do ensinante, encontro o *evitar o olhar* do aprendente, e junto ao esconder do ensinante, o *espiar* do aprendente. Só frente ao *mostrar-guardar* do ensinante instala-se um espaço que permite aprender-olhar. (Fernández, 1994)

Dependendo da maneira de funcionamento do ensinante, baseado no *"mostrar-olhar",* poderá ser construído: a aprendizagem, uma inibição cognitiva, um problema de aprendizagem ou uma oligotimia.

Baseando-se no significado do olhar como fonte somática do aprender, o *"mostrar-olhar"* funciona como um dispositivo de interpretação psicopedagógica no qual o tipo de vínculo entre o ensinante e o aprendente vai determinar a relação do sujeito com a aprendizagem. Descreve os tipos de vínculos:

- Perverso – onde o ensinante se mostra conhecedor, se exibe, e o aprendente tem a reação de evitamento e inibição do pensar, expulsa e cospe o conhecimento;
- Neurótico – neste tipo de vínculo, o ensinante esconde e oculta o conhecimento e, conseqüentemente, o aprendente tem a postura de espiar e de não mostrar o que aprendeu, sentindo-se culpado por apropriar-se do conhecimento;

- Psicótico – no vínculo psicótico, o ensinante desmente o conhecimento formulado pelo aprendente, que alucina e delira (psicose) ou anula sua capacidade de pensar (oligotimia);
- Sadio – este tipo de vínculo possibilita a aprendizagem, pois o ensinante mostra e guarda o conhecimento sem culpa, conhece e conhece que desconhece, facilitando para o aprendente apropriar-se do conhecimento.

Essa descrição feita por Fernández, como ela mesma aponta, nos possibilita:

> ... analisar a relação entre aprendentes e ensinantes como indivíduos, e assim interpretar o grau de saúde ou enfermidade de um sujeito em relação à aprendizagem; mas também pode ser utilizado para analisar a circulação do conhecimento em um grupo social. (Fernández, 1994).

Como podemos observar, para ocorrer a aprendizagem é necessária uma cena em que dois personagens atuem, um transmitindo o conhecimento e outro recebendo este conhecimento, singularizando-o e incorporando-o aos seus esquemas. Pois a possibilidade de transmissão do conhecimento está na construção de um vínculo entre estes dois personagens, vínculo este estabelecido na *"matriz do aprender"*, nos primeiros contatos com a mãe, pai e irmãos (Fernández, 1990).

Fernández (2001) aponta para a importância subjetiva e produtora de subjetividade do vínculo estabelecido nessas primeiras relações, que possibilita o sujeito cognoscente tomar-se a si próprio, pensando com seus próprios recursos, com suas próprias idéias, tornando-se autônomo a partir de um projeto identificatório dos pais, capaz de "suportar" as diferenças e individualidades.

Assim como Fernández, Pichon-Rivière (1998) fala sobre a importância das primeiras relações na determinação da construção do vínculo que se reproduzirá em todas as relações futuras. E define vínculo como sendo sempre um vínculo social, pois é na relação com o outro que será repetida uma "história de vínculos determinados em um tempo e em espaços determinados". Esclarece que esses vínculos são determinados numa relação particular com os objetos internos e externos, que traz como conseqüência uma conduta mais ou menos fixa que tende a se repetir automaticamente.

Para Pichon-Rivière, as relações nunca são impessoais, já que:

> ... o vínculo de dois se estabelece em função de outros vínculos condicionados historicamente no sujeito e que, acumulados nele, constituem o que denominamos o inconsciente. O inconsciente, portanto, é constituído por uma série de pautas de conduta acumuladas em relação com vínculos e papéis que o sujeito desempenha diante de determinados sujeitos. Então, quando deposita sobre outro sujeito, mediante o mecanismo de deslocamento ou de projeção, um determinado objeto interno, estabelece com ele um vínculo fictício, como o é, por exemplo, o vínculo transferencial, no qual o analista chega a ter as características de uma figura anterior e é operante, justamente por isso, no tratamento: porque através da transferência é possível reviver o vínculo primitivo que o paciente tem com sujeitos primários, de sua primeira época de vida. Desse modo, é possível retificar a natureza dessas imagens e fazer a aprendizagem da realidade, a aprendizagem em sentido geral. (Pichon-Rivière, 1998)

O conceito de Pichon-Rivière sobre vínculo nos reforça o entendimento da relação ensinantes (pais, professores e outros) e aprendentes como fator fundamental na transmissão de conhecimento.

Partindo desta direção, Pain (1999) nos coloca que a transmissão efetiva do conhecimento acontece quando o conhecimento é transmitido "através de uma elaboração conjunta entre aquele que ensina e aquele que aprende" (Pain, 1999). Afirma que o sujeito só aprende o que é conhecimento do outro, mas aponta que apesar disso o sujeito é capaz de utilizar seus instrumentos cognitivos e significantes para reconstruir o conhecimento que é apresentado para ele de forma incompleta, ou seja, mostra que o processo de aprendizagem é, sobretudo, um processo de apropriação construtiva do conhecimento.

Estes vínculos se repetem na vida do sujeito nas diversas fases de seu desenvolvimento, no meio familiar, nas escolas, nas universidades e no meio profissional e, como aponta Fernández (2001), um espaço para reflexão que traz a percepção de uma questão que nos parece fundamental no processo de transmissão do conhecimento: a autoria do pensamento como condição para a autonomia da pessoa, através do reconhecimento da sua própria capacidade de pensar, possibilitando o reconhecimento da capacidade pensante do outro.

A dinâmica grupal de ensino

O ser humano, por natureza, somente existe ou subsiste em função de seus inter-relacionamentos grupais. O indivíduo, desde o nascimento, participa de diferentes grupos numa eterna busca de sua identidade individual, grupal e social, pois o homem é necessariamente um ser gregário, fenômeno este estudado pela Psicologia Social, a interdependência entre pessoas.

Já que é inerente ao ser humano a participação em grupos, e é nele que buscamos nossa identidade, vamos à importância de acrescentarmos conceitos sobre o processo grupal, com objetivo de facilitar o entendimento do processo de aprendizagem no ensino médico.

Rodrigues (1972), quando fala de processos grupais, aponta as diferenças distintas entre o *grupo psicológico* e *organização social.* Diz:

> ...grupo psicológico é aqui considerado como sendo integrado por pessoas que conhecem, que procuram objetivos comuns, possuem ideologias semelhantes e interagem com freqüência; organização social é entendida como sendo um sistema integrado de pessoas e grupos que visam a um mesmo fim último, podendo, no entanto, dispensar as características acima aludidas.

Zimerman (1997) coloca a importância de pensarmos que: "... a essência dos fenômenos grupais é a mesma em qualquer tipo de grupo, e o que determina óbvias diferenças entre distintos grupos é a finalidade para qual eles foram criados e compostos".

A partir de uma visão geral da história, dos conceitos criados para o trabalho de grupo, podemos seguir com o estudo atual a esse respeito, que abrange a conceituação de *grupos operativos* (contribuição de Pichon-Rivière) às suas várias aplicações na prática, sendo considerado, genericamente, um continente de todos os demais grupos, e tem como campo de trabalho os seguintes espaços: ensino-aprendizagem, institucionais, comunitários e terapêuticos. (Zimerman, 1997)

De todos esses campos dos grupos operativos, é importante um maior enfoque para duas vertentes deste: aos grupos operativos terapêuticos, que visam fundamentalmente uma melhoria de alguma situação patológica dos indivíduos, e aos grupos operativos de ensino-aprendizagem, que visam objetivamente operar determinadas tarefas em grupo.

No que se refere aos operativos terapêuticos, a forma que mais nos interessa neste estudo é a modalidade de grupos de auto-ajuda, pois em nossa prática observamos a sua existência e formação espontânea desde o primeiro ano do curso médico. Esses grupos utilizam mecanismos como dependência e interdependência, atração interpessoal e outros, para, através de sua subjetividade, transmitir conhecimentos implícitos na *"cultura"* médica como, por exemplo, a negação da morte como defesa para a percepção de sua própria finitude. Consiste, comumente, no fato de ser: "... um grupo de formação espontânea entre pessoas que se sentem identificadas por algumas características semelhantes entre si, e se unificam quando se dão conta que têm condições de se ajudarem reciprocamente" (Zimerman, 1997).

Essa modalidade de grupo guarda semelhanças com os grupos de formação profissional de Kurt Lewin nas décadas de 1950 e 1960, nos Estados Unidos. Mas a idéia de grupos de auto-ajuda começou com Caplan e Kilelea (1976), quando estudaram grupos de religiosos, de bairros, de famílias, de organizações sociais, profissionais, políticos e de pacientes com doenças crônicas, apontando para a dinâmica grupal como um mecanismo de suporte mútuo.

Esses grupos, segundo Cobb (1976), representam um grande apoio contra o estresse, considerado como uma das maiores pragas da sociedade.

Yallow (1985) introduziu o conceito de *universalidade de conflitos*, quando propõe que os componentes do grupo vivam simultaneamente um processo de identificação e diferenciação, se sentindo um ser singular e único, porém emergido num mundo de conflitos grupais e sociais.

Para falar de formação de grupos de auto-ajuda no curso médico, vemos a importância da descrição de um trabalho realizado pelo PAPE, no início de 1999, com oito alunos que apresentavam baixo rendimento na Disciplina de Propedêutica Medica II no segundo semestre de 1998.

No início de cada ano, os alunos do 3º ano médico da Faculdade de Ciências Médicas da UERJ, se autodistribuem em oito ou nove grupos, e apresentam esta listagem à disciplina citada acima. Apesar do curso médico, nesta universidade, ser em regime seriado, o curso de Semiologia (Disciplina de Propedêutica Médica I e II) é divido em dois grupos que são mantidos durante todo o ano.

Devido ao afastamento, no segundo semestre de 1998, do professor-orientador do grupo dos oitos alunos citados anteriormente, houve uma redistribuição deste para outros grupos pela própria disciplina.

No final do ano letivo, num levantamento comparando o rendimento dos alunos durante o primeiro e o segundo semestre, foi observado que os alunos do grupo que tiveram seus componentes redistribuídos apresentaram uma queda de rendimento não condizente com o esperado. Quando interrogamos a respeito do ocorrido mencionaram que, entre outras queixas, a não-inserção nos novos grupos – que se mostraram fechados aos novos integrantes – foi um fator desestimulante para o estudo dessa disciplina.

Através de um questionário aplicado no início do ano letivo de 1999, verificou-se que estes grupos, normalmente, já haviam sido formados espontaneamente desde o primeiro e/ou segundo semestre do Primeiro Ano Médico, e não especificamente para o estudo de Semiologia.

Estes dados reforçam a idéia de que estes grupos funcionam como suporte às questões inerentes ao curso médico. E, embora estejam muito presentes na nossa realidade e mostrem bons resultados, é bastante difícil um acompanhamento e uma avaliação dos resultados. Mas seus bons resultados devem ser buscados na subjetividade de cada um, no que diz respeito à auto-estima.

Na outra vertente, dos grupos operativos de ensino-aprendizagem, utilizaremos seu conceito para o entendimento da dinâmica grupal existente em uma instituição de ensino, já que segundo Pichon-Rivière, grupo operativo "é um conjunto de pessoas com um objetivo comum". (Bleger, 1998).

Num grupo, seja natural ou artificial, pedagógico ou experimental, os acontecimentos do aqui e agora estão diretamente relacionados com o conjunto de instituições de nossa sociedade.

> Um grupo operativo é um conjunto de pessoas ligadas por uma constante de tempo e de espaço e articuladas por uma mútua representação interna onde se coloca uma tarefa explícita ou implícita que constitui uma finalidade. (Kamkhagi, 1986)

Kamkhagi (1986), quando faz uma síntese do conceito de grupo operativo, aponta para a ruptura das condutas estereotipadas que dificultam a aprendizagem com sua tarefa implícita. O grupo operativo tem como função o desenvolvimento da capacidade de aprender a pensar, resolvendo as contradições dialéticas sem criar situações conflitantes.

Continuando, esclarece que em qualquer estrutura de funcionamento grupal, a inter-relação de mecanismos de aceitação e de distribuição de papéis é representada pelos modelos de condutas que correspondem com a sua posição na rede de interações. Podemos destacar três papéis mais importantes, funcionais e rotativos, nesse interjogo: porta-voz, bode expiatório e líder.

O porta-voz é membro que denuncia, seja pela palavra, seja pelo silêncio, seja pelo gesto, o acontecer grupal, as fantasias que o movem, as ansiedades e necessidades da totalidade do grupo, conjugando verticalidade e horizontalidade grupal. O bode expiatório é o membro que se faz de depositário dos aspectos negativos e atemorizantes do grupo, dando origem a mecanismos de segregação e exclusão. O líder é o membro que se faz depositário dos aspectos positivos do grupo. Os papéis de bode expiatório e de líder estão ligados entre si. Outro papel importante que aparece no grupo é o de sabotador, funcionando normalmente como o líder da resistência à mudança.

A epistemologia convergente, ciência que funciona como uma unidade operacional, fornece elementos para a construção de um instrumento único, o ECRO (Esquema, Conceitual, Referencial e Operacional).

> ... esquema de referência própria para cada integrante, suas ideologias, experiências, formas de pensar, afetos etc., que, quando confrontado com os esquemas conceituais referenciais dos outros membros do grupo, irá, através de um movimento de espiral dialética, configurar um ECRO comum, condição básica para o estabelecimento da comunicação que se seguirá através de um processo de aprendizagem tornado operativo, quer dizer, ser orientado através da tarefa. (Kamkhagi, 1986)

As ansiedades básicas (medo da perda e medo do ataque) deverão ser elaboradas como tarefa do grupo, pois configuram a resistência à mudança instalada em um momento de pré-tarefa. Quando a pré-tarefa passa para a tarefa é porque existiu a elaboração das ansiedades básicas. (A chamada "espiral dialética" é representada pelo cone invertido: na sua base estão os conteúdos emergentes, manifestos ou explícitos, e, no vértice, estão os conteúdos implícitos).

1° vetor – *avaliação ou identificação* – momento de conhecimento dos membros do grupo.
2° vetor – *pertenencia* – existe uma maior integração no grupo, possibilitando a elaboração de estratégias.
3° vetor – *cooperação* – manifesta o caráter interdisciplinar e a inter-relação da horizontalidade e verticalidade.
4° vetor – *pertinência* – é o centrar-se do grupo na tarefa prescrita e no esclarecimento da mesma.
5° vetor – *comunicação* – verbal ou pré-verbal, levando em conta o conteúdo da mensagem, o como e o quem desta mensagem (meta-comunicação).
6° vetor – *aprendizagem* – o somatório de informações permite a transformação, lei dialética. Mudança qualitativa do grupo.
7° vetor – *telê* – configura a transferência positiva ou negativa do grupo.

> ... A espiral representaria graficamente o movimento dialético de indagação e esclarecimento que vai do explícito ao implícito. Este movimento atua revelando os dois medos básicos subjacentes, (perda e ataque) e permitindo interpretar a mudança. (Kamkhagi, 1986)

Kamkhagi (1986) nos traz, ainda, os conceitos de Pichon-Rivière, sobre verticalidade, horizontalidade e transversalidade.

O conceito de verticalidade está ligado à história da pessoa, o de horizontalidade ao aqui e agora do contexto grupal, de acordo com a história pessoal de cada membro. Os aspectos da sua história fazem com que funcione como um captador do momento grupal, assumindo um determinado papel em um determinado momento.

A horizontalidade pode ser entendida como a generalização e colocação, na dinâmica grupal, das diferentes histórias dos membros do grupo. Faz-se aqui importante entender o conceito de transversalidade, que busca explicações nas determinações sócio – político – ideológico – econômico – sexuais, incidindo sobre o indivíduo a todo momento e em todos os níveis. O funcionamento dos significantes sociais está associado, de modo irreversível, à castração e à culpa.

A transversalidade acontece quando existe a comunicação máxima, e tem como pretensão a superação dos impasses entre verticalidade e horizontalidade. E quando um nível elevado de transversalidade se faz, permite o processo analítico que oferece aos indivíduos uma possibilidade real de se servir do grupo, se manifestando ao grupo e a si mesmo.

O grupo operativo no ensino médico, oferecido por um programa de apoio psicopedagógico aos alunos, promoveria um espaço para as rupturas de estereótipos que dificultam a aprendizagem, desenvolvendo a capacidade de aprender e pensar.

Como descrito, a partir dos acontecimentos do aqui e agora, a história pessoal de cada membro, que funciona como captador do momento grupal, sendo transversalizado pelos significantes sociais, promove a superação dos impasses trazidos pelo aqui e agora e a historia de cada um.

Dessa maneira, o grupo operativo nos possibilita a elaboração dos conflitos e crises inerentes ao curso médico. As angústias promovidas pelo ensino médico, no qual é valorizado o conhecimento técnico-teórico e organicista, transmitidos de forma tradicional a partir de aulas clássicas e expositivas, seriam discutidas e melhor vivenciadas em um grupo operativo, pois a experiência emocional existente na relação entre o médico e seu paciente só podem ser transmitidas dessa forma.

Esses conceitos nos trarão subsídios para entendermos a questão central apresentada neste trabalho, pois a instituição de ensino é um grupo social no qual observamos processos grupais.

Encontramos, mais especificamente na Faculdade de Ciências Médicas da UERJ, por um lado, a formação espontânea dos grupos de auto-ajuda, que se inicia desde a entrada na faculdade e tem como objetivo o suporte mútuo; e, do outro, os grupos operativos oferecidos pelo PAPE, que trazem como objetivo aprender, e os grupos de reflexão que são recursos pedagógicos da Disciplina de Psicologia Médica, que tem como objetivo estudar com os alunos questões acerca dos fenômenos e dinâmica da relação do médico com o seu paciente, bem com o refletir sobre as vivências do estudante em relação com o seu curso médico.

A FORMAÇÃO MÉDICA

A escolha pela medicina

Em decorrência da experiência, já mencionada anteriormente, do atendimento aos alunos do curso médico, vemos a discussão sobre o tema "escolha profissional" como sendo de grande importância para o entendimento do processo de aquisição da identidade médica, já que preocupações com a vocação profissional aparecem durante todo o curso. Sendo seus conflitos a causa de grande número de evasões, principalmente no primeiro ano.

Bellodi (1999), quando fala sobre o processo de escolha profissional, esclarece que este é uma busca de uma melhor integração entre o mundo interno e o mundo externo, ou seja, é a possibilidade de olhar para si mesmo e para as possibilidades de trabalho, pois, segundo a visão psicanalítica, o comportamento humano surge da combinação desses dois fatores: externos e internos.

Os fatores internos estão relacionados às pulsões, impulsionando a vida mental na busca do prazer. A vocação é um desejo que necessita ser satisfeito e está na profissão e em tudo que ela representar em sua possibilidade de satisfação.

Citando Bellodi, a compreensão psicanalítica descreve que a escolha: "... leva em consideração dois conceitos importantes: a sublimação e a reparação – mecanismos que se interpõem entre aquelas pulsões e desejos inconscientes (muitas vezes proibidos) e a sua realização na vida em sociedade".

Continua:

A sublimação (Freud, 1915) é o mecanismo pelo qual impulsos e tendências de natureza primitiva, da ordem da agressividade e da sexualidade, e por isso censurados na vida adulta, encontram uma forma socialmente aceitável de descarga e satisfação. Por exemplo, trabalhos em que o desejo em conhecer a intimidade do outro não somente é aceitável como valorizado: a medicina, a psicologia, as artes etc.

A reparação (Klein, 1932) é outro mecanismo psíquico que ocorre pela necessidade inconsciente de reparar danos reais ou imaginários, a objetos do mundo interno ou externo, destruídos ou danificados pelas pulsões agressivas. Enquanto a sublimação pode ser traduzida como a conversão de impulsos não aceitáveis em atividades "refinadas", a reparação, ainda que relacionada também com esses impulsos, consiste na tentativa de corrigir os seus efeitos.

Bohoslavsky (1977) comenta que o mecanismo de reparação é um conceito fundamental para a compreensão da escolha profissional, pois o indivíduo se interessa por esta ou aquela profissão em função dos objetos internos "prejudicados" que pedem reparação.

Porém, no que se refere aos fatores externos, estes são determinados pelo contexto social em que vive o sujeito que os escolhe, são amplos e nele participam outros sujeitos desejantes, dando peso fundamental no direcionamento da escolha.

Os primeiros contatos dos seres humanos com o mundo que os cerca são com figuras parentais: pai, mãe, irmãos, avós, tios, entre outros, que farão a mediação entre a criança e o mundo, impondo uma estrutura social, valores e conceitos. Posteriormente, o ser humano passa pelo processo de socialização secundária, interiorizando valores das instituições escolares, de trabalho, se relacionando com outras figuras significativas para a construção do seu papel, postura e valores, determinando as escolhas e representações sociais de diferentes elementos da realidade, entre eles, a profissão.

Continuando com Bellodi:

> Para Bohoslavsky (1977), uma profissão não existe abstratamente como conceito, mas apenas concretamente, como representação de pessoas fazendo determinadas atividades naquela área profissional.
> Se a profissão é o resultado do mecanismo inconsciente de reparação, existiriam, segundo o autor, formas concretas diferentes de reparação. Essas diriam respeito a com que se repara (instrumentos e quaisquer objetos externos – os animais, o corpo, as pessoas, as idéias, o universo, as estrelas, os automóveis, as casas etc.) e à maneira de quem se repara (refere-se aos processos de identificação e suas resultantes).
> Assim, podemos entender que, quando escolhemos uma profissão, na verdade, escolhemos ser como a pessoa que exerce a profissão, ou seja, fazer medicina como alguém. (Bellodi, 1999)

Esta escolha é produto de múltiplas identificações, elaborações de conflitos e luto, pois, na medida em que escolhe, está deixando de ser "como é", "quem é", para ser aquilo que, para ele, é a representação da profissão que escolheu.

Nossa experiência nos mostra que, pela especificidade do processo de aprendizagem no curso de medicina, freqüentemente a vivência de crises traz ao aluno dúvidas com relação a sua "vocação", principalmente quando o processo de escolha é experimentado com muitos conflitos, nos quais os fatores internos e externos não foram trabalhados, impossibilitando a percepção de suas características e sua pessoa sobre a realidade ocupacional da profissão escolhida.

A morte e a formação médica

Uma questão que nos parece fundamental no curso de medicina é a forma como a pessoa do médico elabora suas vivências e conceitos sobre a morte. E como essa elaboração influencia no processo de aquisição da identidade médica e determina, qualitativamente, a prática da medicina.

O curso de formação médica tem como objetivo permitir ao estudante a aquisição gradativa da identidade médica, formada a partir de uma identidade profissional já existente e identificações nos contatos com professores, médicos e pacientes. Podemos, então, pensar que a medicina exercida é determinada pela aprendizagem técnica e prática, pela personalidade, pela introjeção da concepção do papel do médico pela sociedade e, também, pela forma com que cada um incorpora a questão da "morte".

Como apontamos, antes mesmo do contato com o cadáver no anatômico, o sujeito que escolhe ser médico traz implícitas nesta escolha questões com relação à morte e angústia de morte, pois será dado a ele o *"poder mágico"* que lhe dá a possibilidade de *"dar e tirar a vida"* (Hoirisch, 1976).

Hoirisch (1976) enfoca um aspecto importante do papel do médico: "... que na preocupação de salvar objetos, nega a necessidade de se preservar. Ser médico equivale então a ser heteroconservador e autodestrutivo. O desapego pela própria vida é uma negação do temor à própria morte."

Zaidhaft (1992) faz uma descrição da fenomenologia da morte no curso médico, desde suas primeiras impressões ao lidar com o cadáver no anatômico, quando se passa por uma "identificação" com o morto, para então fazer parte da irmandade médica, iniciando o desenvolvimento de mecanismos de defesa indispensáveis para a profissão. Segundo este autor, as situações mais difíceis de se lidar, no que diz respeito à morte, é a situação limite, ou seja, o vivo que está quase morto, provocando muitas vezes o distanciamento e, posteriormente, sentimento de culpa por tê-lo morto antes de sua morte real, pois a manutenção da relação com o "futuro-morto" lembra ao médico a sua própria morte.

O conflito entre a percepção da própria morte e a tentativa de preservar a onipotência, pode direcionar uma espécie de pacto com a morte. Desta forma, para alguns médicos, a vida e a morte perdem seus parâmetros habituais, os conceitos se confundem e quando relatam suas experiências de treinamento com os futuros mortos com a alegação de que "já está quase morrendo mesmo", revelam uma falsa intimidade com a morte.

Citando ainda Zaidhaft:

> ... para poder exercer a medicina, todo médico necessita incorporar a morte em si, "vacinar-se" para poder conhecer algo sobre ela, lidar com ela, enfrentá-la. Esta vacinação, muitas vezes, produz o resultado de o médico se transformar na própria morte (não reconhecer a morte e a vida dos pacientes nem sua própria vida e morte). Entretanto, a Medicina não existe isolada dos médicos e cada um irá incorporar a morte – inoculada durante o curso médico – de acordo com sua individualidade.

Podemos, então, observar que a *"incorporação da morte"* é fator determinante no processo de aquisição da identidade médica e na prática que o médico terá com seu paciente, na medida em que as identificações com seus professores e suas vivências com os pacientes são facilitadores deste processo.

Crises da formação médica

Inicialmente, baseando-nos em nossa pratica no PAPE, pretendemos apontar algumas questões inerentes ao curso de medicina, com vistas a dar maior possibilidade de compreensão de sua especificidade.

No que diz respeito ao curso de medicina, uma questão bastante intrigante é a questão da "vocação" para ser médico, pois é difícil de entender por que alguém busca conviver diariamente com a doença e com a morte. A escolha profissional é feita em meio a uma fase crítica do ciclo evolutivo – a adolescência. Esta fase é caracterizada como o período da vida que exige reorganização psíquica para lidar com as mudanças do amadurecimento, buscando uma nova identidade e vivendo o luto pelas perdas infantis. Esta escolha tem motivações conscientes e inconscientes. No caso da medicina, está em parte relacionada a motivações conscientes: o interesse pela biologia, a influência da família e do grupo social, a possibilidade de curar, salvar e ser útil, a busca de status dentro da família e do meio social, e outras. Dentre as motivações inconscientes, podemos relacionar como observadas em nossas práticas, principalmente, a angústia, a impotência diante da morte (existe a crença de que, enquanto médico, poderá salvar "todas" as vidas) e a possibilidades de sublimação e reparação.

Para alcançar seu objetivo, o futuro médico dedica-se muito para ultrapassar a barreira do vestibular e, com grande euforia, inicia seu curso com um novo status familiar e sentindo-se socialmente mais valorizado. Logo após as comemorações pela conquista idealizada, caracterizada pelas brincadeiras e festas que ocorrem na "Semana de Calouros", observa-se o início da primeira crise, dentre várias existentes no decorrer do curso. Após passar por essa fase de encantamento, se vê frente as suas primeiras dificuldades: o contato com a morte, o acúmulo de estudos e o distanciamento do que vem a ser para ele a "medicina". Toda essa angústia é acentuada pelo contato com o cadáver no anatômico, significando que a luta contra a morte foi perdida e que a medicina "fracassou", trazendo angústias com relação a sua onipotência.

A segunda crise ocorre no terceiro ano, por ocasião da entrada nas enfermarias, quando se defronta com o paciente e suas situações de doença e morte, sentindo-se impotente diante delas. É quando o aluno passa por um processo de identificação com o paciente, geralmente sentindo, nele mesmo, uma série de sintomas de doenças que esteja estudando naquele momento, podendo, então, apresentar verdadeiros quadros hipocondríacos.

O Internato, quando acontece a terceira crise, surge no momento de assumir a sua identidade profissional: começa a deixar de ser estudante para ser médico. Com medos e ansiedades, se sente cobrado para adquirir todo o conhecimento terapêutico. Temeroso com o mercado de trabalho que o espera a seguir, sente, freqüentemente, dificuldades para escolher sua especialização ou para se inserir num campo profissional muito competitivo e estrangulado. Permeiam essa fase questões sobre o futuro, responsabilidade e ética médica. (Millan & cols., 1999).

Podemos, então, relacionar algumas dificuldades vivenciadas pelos alunos no decorrer do curso médico: grande volume de matérias, carga horária intensa, adaptação a um novo método de estudo, contato com o paciente e contato com a morte.

Através da prática exercida no PAPE, tornou-se evidente que as dificuldades vividas pelos alunos, quer no âmbito familiar, quer dentro da faculdade, são geradoras de ansiedades que influenciam de forma direta no aproveitamento das atividades acadêmicas.

O PROCESSO DE ENSINO-APRENDIZAGEM NO ENSINO MÉDICO

O aluno de medicina

Como dito anteriormente, o ingresso na faculdade acontece em meio a uma fase crítica do ciclo evolutivo – a adolescência. Esta fase é um período de transição entre a vida infantil e adulta, quando acontece uma transformação biológica e psicossocial, trazendo exigências no que diz respeito à busca de papéis e ideologias. A compreensão desta fase nos possibilita o entendimento deste aluno, ou seja, deste adolescente que está dando seu primeiro passo no mundo adulto.

No que diz respeito à escolha, muitas vezes ainda não está claro o que o levou a fazer esta opção, podendo estar relacionada à idealização feita pelo adolescente ou por sua família como, por exemplo, a perpetuação da tradição médica, vocação para fazer o bem, sensibilidade para o sofrimento do outro, a busca de status e a negação da morte.

Nas universidades, assim como nas escolas, o método de ensino que prevalece é aquele tradicional onde o aluno deve ser "ativo somente para abrir a boca a fim de receber a dieta prescrita pelo pedagogo...". (Fernández, 2001)

Nos cursos de medicina, durante os primeiros anos, é apresentada ao aluno uma carga intensa de conteúdo que tem como objetivo prepará-lo para posteriormente ver doenças. Geralmente, este aluno tem a preocupação de absorver o máximo de informação possível, provocando-lhe a sensação de que estuda muito e não consegue aprender nada.

Questões relacionadas a sua escolha permeiam esta fase e podemos observar o aluno diante de uma situação de sofrimento e questionamentos com relação a sua "vocação"; desiste do curso ou opta por um distanciamento do doente, como reação defensiva. Buscando apoio nas atitudes dos professores, usa como modelo estas atitudes e comportamentos com o doente.

Nesse momento, a angústia por não aprender tem um caráter de urgência em decorrência do clima de competitividade estabelecido entre os alunos e as exigências internas, características destas.

Com relação às demandas recebidas em um programa de apoio psicopedadógico no curso médico, estas indicam que as questões mais comuns trazidas pelos alunos estão relacionadas à baixa auto-estima, trazendo dificuldades de enfrentar situações críticas e sentimentos de insegurança, desencadeando:

- ansiedade;
- depressão;
- dificuldades de elaboração de crises;
- problemas da integração com colegas e familiares, ou seja, dificuldades de desenvolver vínculos afetivos;
- dificuldades de lidar com o problema da morte;
- preocupações com a falta de aptidão e habilidade;
- dificuldade de integrar teoria e prática.

Vemos os vínculos entre professores e alunos como gerados nas questões levantadas acima que serão discutidas a seguir. Como nos mostra Fernández (2001), a intervenção psicopedagógica deve estar direcionada a proporcionar condições facilitadoras da autoria de pensamento com a intenção de promover a autonomia da pessoa favorecendo a autoria de pensar.

Relação professor-aluno

O curso de formação médica tem como objetivo principal informar sobre o conhecimento e prática médica, e como objetivo secundário permitir ao estudante a aquisição gradativa de uma identidade médica, formada a partir de identificações com familiares, colegas e professores, médicos e pacientes.

A aprendizagem técnica ocorrida a partir da relação professor – aluno, a peculiaridade da personalidade de cada aluno, a dinâmica grupal que se estabelece, a própria instituição composta por hospital-escola / médico-professor / alunos, a introjeção do papel do médico através da sociedade e, principalmente, a forma como cada um vive suas inter-relações dentro das instituições de ensino, serão fatores determinantes deste processo.

Inicialmente, o que podemos ver é um estudante que após o vestibular, ingressa na faculdade e continua com a postura passiva dentro das aulas, como acontecia no Ensino Médio.

O ensino continua a ser aquele em que os alunos estão atentos e copiando ou gravando tudo que o professor diz, com muita ansiedade por absorver todo o conhecimento possível.

Em alguns cursos de medicina encontramos professores que não possuem formação didática, dando aulas teóricas por imitação de modelos.

Podemos observar que o vínculo estabelecido entre professor-alunos é fundamental para a construção da aprendizagem. É possível relacionarmos duas direções bem distintas tomadas pelos alunos diante da angústia promovida pelas motivações inconscientes em confronto com a realidade do curso, principalmente no que diz respeito ao sofrimento do doente: a busca de identificações com modelos mais rígidos que não permitem a aproximação com o doente ou a busca de identificações com modelos de professores que possibilitam essa aproximação.

Geralmente, o curso médico não promove a aprendizagem do encontro humano existente no ato médico. O ensino tradicional, no qual são utilizadas aulas clássicas ou expositivas para a transmissão direta do conhecimento, não possibilita o aprendizado de uma experiência emocional. Podemos perceber, na atitude fria diante do paciente, a construção de defesas frente ao envolvimento emocional, revelando muitas vezes uma conduta chamada por Winnicott de falso-*self* (Mello Filho, 1989) que funciona como uma espécie de escudo que protege o sujeito contra o envolvimento, mantendo, assim sua estrutura onipotente. Neste caso, os alunos buscam naqueles professores mais distantes e frios modelos de admiração e competência. E, sabemos, fatores relacionados com escolha, com os mecanismos de reparação e sublimação, levam a busca do poder onipotente, mostrando-nos o impasse existente entre este poder e sua real condição de fraqueza.

Os maus vínculos partem daqueles professores que não se dão emocionalmente ao doente, provavelmente por ter vivido durante sua formação conflitos entre o poder onipotente e a condição de fraqueza diante da morte, buscando modelos identificatórios distantes e frios. Estes professores promovem os vínculos descritos por Fernández (1984) como perversos, neuróticos ou psicóticos.

No que diz respeito ao estabelecimento dos vínculos considerados bons entre professores e alunos, ou seja, os vínculos capazes de promover uma construção de aprendizagem adequada e uma aproximação verdadeira dos alunos com os doentes, temos um ensinante que mostra e guarda o conhecimento sem culpa, conhece e conhece que desconhece. Isto parte geralmente daqueles professores que não negam suas dificuldades emocionais nas diversas fases de sua formação.

Observamos que os monitores e residentes possuem papel importante no estabelecimento do vínculo com os professores, já que estes estão numa posição intermediária entre os alunos e os professores, possibilitando mostrar suas inseguranças e fracassos aceitando com mais tranqüilidade as críticas.

Diante das dificuldades, os alunos identificam-se com os professores que estabelecem melhores vínculos, considerando-os bons professores, sem serem necessariamente bons médicos. Com aquele professor com o qual o vínculo não é satisfatório muitas vezes encontramos rechaços, não só no que diz respeito ao professor, mas também a sua disciplina, desencadeando, assim, problemas de desempenho.

Como apresenta Escobar (2000), a possibilidade de o médico se relacionar com seus pacientes tem suas raízes na própria formação profissional, constatando esta afirmativa na transformação dos primeiros e bons relacionamentos que os alunos fazem com os pacientes *"ainda virgens de outras influências"* para, posteriormente e não raramente, fazerem de forma impessoal e fria, deduzindo que algo aconteceu no decorrer da formação, que algo foi desaprendido e deformado. Aprendem que boa relação é a antítese de *"prestígio profissional e força no ato de curar"*.

Conclusão

Pouco se encontra numa revisão de literatura, em trabalhos, artigos ou teses, sobre psicopedagogia do ensino, com as especificidades encontradas nos alunos dos cursos de formação médica, impossibilitando, assim, uma referência mais especifica. Porém, organizamos aqui vários conceitos que nos possibilitam uma visão abrangente do tema proposto.

Observamos a onipotência mascarando a negação da morte, como característica presente entre professores e alunos, nos levando a reflexões a respeito do médico como ser humano frágil e possível de adoecer.

O processo de ensino-aprendizagem está numa seqüência mais ou menos regular de modificações do sujeito em função da existência de crises decorrentes das vivências e fantasias relacionadas a enfermidades e à morte, buscando nos vínculos com professores seus modelos identificatórios de poder e superioridade como defesa frente à angústia da morte.

Com o grupo de formação espontânea, dentro do sistema institucional acadêmico, podendo ser melhor denominado como grupo de auto-ajuda, utilizando mecanismos como dependência e interdependência, atração interpessoal e outros, será possível perceber a subjetividade existente na transmissão de conhecimentos implícitos na "cultura" médica como, por exemplo, a negação da morte como defesa para a percepção da sua própria finitude.

O presente trabalho nos possibilita ter uma visão da existência de questões emocionais inerentes aos alunos de medicina e, através de nossa prática, tornou-se evidente que as dificuldades vividas pelos alunos, quer no âmbito familiar, quer dentro da faculdade, são geradoras de ansiedades que influenciam de forma direta no aproveitamento das atividades acadêmicas.

Referências bibliográficas

BELLODI, P. L. *Personalidade e escolha de especialidade médica: O clínico e o cirurgião para além dos estereótipos.* Tese apresentada ao Instituto de Psicologia da Universidade de São Paulo, como parte dos requisitos para obtenção do grau de Doutor em Psicologia Clínica, São Paulo, 1999.

BLEGER, J. (1998). *Temas de psicologia.* São Paulo, Martins Fontes.

BOHOSLAVSKY, R. (1998). *Orientação vocacional: a estratégia clínica.* São Paulo, Martins Fontes.

CAPLAN, G. & KILELEA, M. (1976). *Suport sistem and mutual help.* New York, Grune Stration.

COBB, S. (1976). *Social suport and moderation of live stress.* USA, Pysichosomatic Medicine.

ESCOBAR, A. C. S. (2000). Grupos de reflexão com alunos de Psicologia Médica. In: MELLO FILHO, J. & cols. *Grupo e corpo: Psicoterapia de grupos com pacientes somáticos.* Porto Alegre, Artmed.

FERNANDÉZ, A. (1994). *A mulher escondida na professora: uma leitura psicopedagógica do ser mulher, da corporalidade e da aprendizagem.* Porto Alegre, Artes Médicas.

________. (2001). *O saber em jogo: a psicopedagogia. Propiciando autorias de pensamentos.* Porto Alegre, Artes Médicas.

HOIRISCH, A. (1976). *O problema da identidade médica*. Tese de Doutorado para provimento efetivo do cargo de Professor Titular da Psicologia Médica da Universidade Federal do Rio de Janeiro, Rio de Janeiro.

LAPLANCHE, J. & PONTALIS, J. (1996). *Vocabulário de psicanálise*. São Paulo, Martins Fontes.

KAMKHAGI, V. R. (1986). Horizontalidade, verticalidade e transversalidade em grupos. In: BAREMBLIT, G. *Grupos: teoria e técnica*. São Paulo, Graal.

MELLO FILHO, J. (1989). *O ser e o viver: uma visão da obra de Winnicott*. Porto Alegre, Artes Médicas.

PAIN, S. (1992). *Diagnóstico e tratamento dos problemas de aprendizagem*. Porto Alegre, Artes Médicas.

________. (1999). *A função da ignorância*. Porto Alegre, ArtMed.

PICHON-RIVIÈRE, E. (1998). *Teoria do vínculo*. São Paulo, Martins Fontes.

RAPPAPORT, C. R.; FIORI, W. R. & DAVIS, C. (1981). *Teorias do desenvolvimento: conceitos fundamentais*. São Paulo, E. P. U., v. I.

________. (1981). *A infância inicial: o bebê e sua mãe*. São Paulo, E.P.U., v. 2.

________. (1981). *A idade pré-escolar*. São Paulo, E. P. U., v. 3.

________. (1981). *A idade pré-escolar e a adolescência*. São Paulo, E. P. U., v. 4.

RODRIGUES, A. (1972). *Psicologia social*. Petrópolis, Vozes.

YALLOW, I. D. (1985). *The theory of group psichoterapy*. USA, Basic Books.

ZAIDHAFT, S. (1992). *Morte e formação médica*. Rio de Janeiro, Francisco Alves.

ZIMMERMAN, D. E. & OSORIO, L. C. (1997). *Como trabalhamos em grupo*. Porto Alegre, Artes Médicas.

5 – Tutoria e a Possibilidade de Construção da Identidade Profissional

Sandra Torres Serra

Preâmbulo

Este trabalho pretende refletir de que maneira a participação de alunos de medicina em grupos de tutoria (*mentoring*)[1] pode contribuir para a construção de sua identidade profissional. O termo Tutoria abordado aqui se refere ao que é denominado internacionalmente por *mentoring,* definida como uma modalidade especial de relação de ajuda em que, essencialmente, uma pessoa mais experiente acompanha de perto, orienta e estimula – a partir de sua experiência, conhecimento e comportamento – um jovem iniciante em sua jornada no caminho do desenvolvimento pessoal e profissional. (Bellodi, 2005)

A tutoria em sua modalidade *mentoring* se diferencia da tutoria puramente acadêmica, programa de algumas faculdades de especialidades diversas, de áreas humanas ou tecnológicas, que tem o objetivo específico de orientar o aluno a planejar e executar o seu projeto acadêmico, abarcando questões de cunho institucional, curricular e profissional. No Brasil, em relação às faculdades de medicina, há programas de tutoria (*mentoring*) implantados seguindo os mais diversos objetivos e modelos. Na Faculdade de Ciências Médicas da UERJ, o "Projeto Tutoria", implantado em 2004, depois de um período de elaboração e discussão coletiva de suas propostas, objetiva

1. Neste trabalho o termo "tutoria" será abordado em sua modalidade *mentoring.*

sobretudo o suporte ao aluno com vistas a auxiliar na construção da identidade profissional, considerando que neste processo atuam diferentes aspectos referentes à singularidade de cada sujeito, que incluem questões subjetivas de cunho afetivo, familiar e social, além daquelas de ordem institucional e acadêmica.

O Projeto Tutoria apresenta-se como um espaço alternativo ao espaço estritamente acadêmico, para os alunos discutirem a formação em seus aspectos mais amplos – a prática clínica, a vivência comunitária e social, os estágios, as inserções institucionais –, ao mesmo tempo em que seu exercício possibilita o desenvolvimento de laços identificatórios, que contribuem para a construção da identidade profissional.

A FORMAÇÃO MÉDICA EM UMA TRANSIÇÃO DE DISCURSOS

As exigências que hoje se fazem para os profissionais de saúde e especialmente para o médico são bem mais amplas do que aquelas até há pouco tempo contempladas em sua formação: além do conhecimento técnico e científico, o médico deve ter formação generalista, humanista, crítica e reflexiva; capacidade de atuar no processo saúde – doença com ações de promoção, prevenção, recuperação e reabilitação, ser promotor da saúde integral do ser humano com senso de responsabilidade social e compromisso com a cidadania. Nas suas intervenções exige-se uma visão globalizada dos problemas e análise crítica das situações.

De que forma o estudante está sendo preparado para exercer a profissão, a partir desta nova perspectiva?

As escolas médicas estão atualmente em vias de adaptarem seus currículos de graduação a um novo paradigma de formação. Em termos gerais, o currículo trata de uma proposta educacional feita por uma escola que assume a responsabilidade por sua execução e avaliação. A proposta curricular de uma escola como parte do projeto político-pedagógico compreende uma fundamentação ideológica que apresenta as intenções da instituição em relação a alguns objetivos que deseja alcançar.

A delimitação do currículo de graduação, no caso da formação médica, sempre foi tarefa complexa, considerando os inúmeros aspectos que confluem na discussão do perfil profissional que deve ser formado para conferir uma formação básica e consistente no campo técnico e humanístico (Lampert, 2001).

O modelo de ensino médico adotado na maioria das universidades brasileiras é fundamentado nos princípios que nortearam a chamada reforma Flexner.[2] A partir do relatório elaborado por Flexner em 1910, o modelo de ensino privilegia a formação científica de alto nível e o estudo do corpo humano segundo órgãos e sistemas, entendendo o funcionamento do homem pelo estudo de suas partes. O relatório Flexner marcou as estruturas curriculares dos cursos médicos, caracterizando-os, por um lado, pela ênfase nos conhecimentos especializados e no incentivo à aprendizagem da prática médica nos hospitais de ensino, e, por outro lado, pelo impulso às pesquisas. Na escola médica, o conhecimento das especialidades se localizou na divisão das disciplinas, agrupadas em básicas e profissionalizantes, fragmentando a unidade do conhecimento médico, ainda no curso de graduação (Lampert, 2001). Uma das conseqüências deste modelo, observa Rego (2003), é o enfraquecimento das equipes mais generalistas e sua substituição por profissionais especializados e a perda de seus eixos integradores, dividindo em compartimentos o ensino em esferas privadas com pequena integração entre si. As disciplinas do curso de medicina evidenciam a hegemonia do modelo biomédico, que privilegia a dimensão anatomofisiológica do processo saúde-doença. Os traços mecanicista (o corpo como máquina), dualista (a separação entre razão e emoção) e quantitativista da racionalidade moderna se manisfestam, no âmbito da saúde, na redução do ser

2. Reforma Flexner: sistema de transformações ocorridas no modelo de ensino da medicina dos Estados Unidos após a publicação, em 1910, do relatório produzido por Abraham Flexner por encomenda da American Medical Association-AMA (Rego, 2003).

humano a objeto e, a seguir, na substituição da doença por seus fenômenos fisiopatológicos (Ribeiro, 1988). Atualmente, a formação médica ainda encontra-se baseada neste modelo de ser humano, pautado em paradigmas mecanicistas, dualistas e quantitativistas.

Apesar do predomínio deste modelo, a excessiva especialização do ensino médico gerou movimentos contrários: no âmbito internacional, dos eventos mais importantes como a Conferência Internacional sobre Cuidados Primários em Saúde, realizado em Alma-Ata (1978), e a I Conferência Mundial de Educação Médica em Edimburgo (1988), resultaram documentos que estabeleceram pontos para a reforma da educação médica poder avançar em direção à construção de um novo paradigma de formação, voltados para a promoção da saúde, com ênfase na missão social do médico e no atendimento das necessidades básicas de nível primário. No Brasil, a Constituição de 1988 e a criação do Sistema Único de Saúde (SUS), que contém os princípios de eqüidade no acesso, universalidade, integralidade e controle social da atenção à saúde somaram-se a esses movimentos, conduzindo à busca de um novo ensino médico, mais adequado à realidade social e principalmente às necessidades do SUS. Em 2001, o Conselho Nacional de Educação, através da Câmara de Educação Superior, instituiu as Diretrizes Curriculares Nacionais do curso de graduação em medicina, visando contemplar uma melhor adequação do ensino médico à realidade brasileira. No documento elaborado que tomou por base também a Declaração Mundial sobre Educação Superior no Século XXI (1998) e o Relatório da 11ª Conferência Nacional de Saúde (2000), faz-se fundamental contemplar na formação da graduação aspectos que dizem respeito ao modelo de promoção à saúde preconizado para o país, atendendo à Lei Orgânica da Saúde (Lei n. 8.080 de 19/9/1990) como a atenção integral em um sistema hierarquizado de referência e contrareferência e o trabalho em equipe. As diretrizes curriculares também atendem à Lei de Diretrizes e Bases da Educação Nacional (1996) na qual o aluno tem participação ativa no seu aprendizado, devendo ser precocemente inserido em atividades práticas com estímulo para o trabalho em grupo e a cooperação multidisciplinar.

Em última instância, o objetivo das diretrizes é a integração do ensino das universidades ao mercado, à rede pública de saúde, de forma a contemplar a formação de recursos humanos dentro de perfis profissionais que contribuiriam para a melhor funcionalidade do SUS. A FCM-UERJ desde 2001 vem tentando adequar o seu currículo às exigências do MEC, criando ou ampliando disciplinas que trabalhem a atenção primária e a abordagem integral do paciente.

Para alcançar o novo perfil do profissional preconizado nacionalmente através das Diretrizes Curriculares, a formação deve priorizar não mais apenas aspectos cognitivos como a aquisição de conhecimentos, mas, sobretudo, a incorporação de qualidades que permitam ao futuro médico obter uma formação generalista, crítica e reflexiva. O aluno deve ser capacitado a fazer uma análise crítica das situações, transformando seu conhecimento em ações que promovam a saúde integral do ser humano, através do trabalho interdisciplinar.

Nesse novo modelo, a medicina se situa na interface das ciências biológicas e humanas e, em um sentido mais amplo, é necessário que o futuro médico, ainda na graduação, obtenha as condições para a compreensão de processo de saúde – adoecimento considerando os diferentes graus de relevância dos fatores que constituem a complexidade desse processo.

Exige que o médico comprometa-se com o tratamento do homem, abordando além de seus componentes físicos, químicos e biológicos, os componentes psicológicos, emocionais, afetivos e sociais.

Nesse sentido, a aquisição de conhecimentos puramente técnicos não são suficientes para que um profissional desempenhe a tarefa clínica satisfatoriamente. As diretrizes enfatizam, sobretudo, o desenvolvimento da área de atitudes e valores. Ao lado dos conhecimentos técnicos, o futuro médico deverá desenvolver habilidades e comportamentos capazes de abordar o ser humano e o mundo que o cerca de maneira integral.

Portanto, o estudante de medicina atualmente encontra-se em uma transição de discursos, entendida como a transição de um discurso biológico-mecanicista para um discurso da integralidade da assistência. Durante a formação, o estudante passa fundamentalmente por uma confrontação de sentido, caindo de um suposto asseguramento técnico que o discurso biológico e mecanicista deveria lhe conferir. Na sua prática, se depara com as seqüelas da pobreza e exclusão social, dos efeitos na saúde física e psíquica oriundas de tais condições. Segundo a nova tendência, a prática da profissão médica deve ser exercida sobre bases científicas, mas com a percepção de que cada sujeito possui uma singularidade. Implica em conceber o paciente marcado por uma subjetividade que contém uma diferença, determinante, por exemplo, da forma como ele experimenta a sua doença e nos recursos psíquicos que tem para enfrentá-la. Reconhecer no paciente a influência de sua subjetividade implica em aceitar a sua própria, e incluí-la no seu processo de formação.

Para além da formação acadêmica, no âmbito dos valores e atitudes a serem desenvolvidos, é que se insere o Projeto Tutoria, uma vez que estabelece um outro espaço para o aluno, diferente do espaço de aquisição de conhecimentos; onde, pela valorização do desenvolvimento das relações sociais e através da elaboração das situações adversas vivenciadas, o aluno pode se ouvir nas suas angústias e transformá-las a seu favor. Isso pode levar a uma reflexão para cada aluno que, ao estudar medicina e se deparar com a clínica, muitas questões estarão em jogo. Além do manejo técnico de situações, o médico como sujeito estará implicado em sua prática, atravessada por questões que dizem respeito a sua própria singularidade.

O Projeto Tutoria da Faculdade de Ciências Médicas – UERJ[3]

Após uma apresentação realizada pela professora Patrícia Bellodi sobre a experiência de tutoria na faculdade de Medicina da

3. O Projeto Tutoria é resultado de uma colaboração entre o PAPE (Programa de Apoio Psicopedagógico ao Estudante), a Direção, Coordenação de Graduação e Extensão e docentes da Faculdade de Ciências Médicas. São coordenadores do Projeto o Professor Júlio de Mello Filho (coordenador geral), Sandra Torres Serra (coordenadora do PAPE), Prof. Luiz Fernando Chazan (Psicologia Médica), Profa. Lêda Maria da Costa Macedo e Fátima Alvarenga (Coordenação de Graduação e Extensão).

Universidade de São Paulo, em agosto de 2002, quatro professores[4] da Faculdade de Ciências Médicas, indicados pelos alunos, foram convidados pela Direção para exercerem a função de tutor em caráter experimental, visando a elaboração de um projeto que contemplasse as características e necessidades específicas da FCM-UERJ. Depois de uma capacitação ministrada pelo professor Júlio de Mello Filho, sobre conteúdos e vivências grupais, cada professor-tutor realizou, com um respectivo grupo de alunos voluntários, reuniões quinzenais, abordando questões pertinentes à formação. Além disso, os professores-tutores participaram de reuniões de supervisão com o intuito de discutir a construção do projeto. Concomitante a esta experiência de tutoria em caráter experimental, que teve a duração de seis meses, a redação do projeto começou a ser realizada por este grupo de professores, com o auxílio da equipe do PAPE e da coordenação de graduação, para a apreciação oficial junto ao Conselho Departamental, que avalizou a sua implantação, ocorrida em outubro de 2004. O projeto elaborado ressaltava, como principal objetivo, "acompanhar os alunos em seu processo acadêmico, através da formação de grupos de alunos, orientados por um professor-tutor". Esse acompanhamento deveria contemplar, além da discussão de questões acadêmicas, o suporte pessoal para a expressão de questões de cunho afetivo e emocional. A tutoria foi pensada pelo Professor Júlio de Mello Filho como um espaço para grupos de alunos que, orientados por um tutor, funcionariam tal como um grupo de reflexão. Tal exercício teria como fim a construção individual de uma identidade médica. Em suas palavras:

> A Tutoria não é apenas um instrumento de orientação acadêmica; ela é principalmente um recurso de reflexão no qual o aluno aprende a usar sua capacidade de pensar e refletir e não apenas de fazer as opções mais adequadas em um caso dado. Esta

4. Profs. Michael Deveza (Disc. Medicina Integral), Julia Fernandes de Souza (Disc. Patologia Clínica), Sandra Boiça (Disc. Patologia Clínica) e Elizabeth Portari (Disc. Anatomia Patológica).

capacidade é fundamental para o estudante aprender a se ver, a meditar sobre quem é ele e o porquê de suas opções na vida no contexto daquilo que é o seu ser pensante. Neste sentido entram em jogo as opções pretéritas de seu passado bem como sua capacidade de avaliar seu presente e seu futuro, se imaginando nesta ou naquela posição e entendendo como isto é singular, isto é, um aspecto dele mesmo típico de seu modo de ser e viver suas questões de uma forma pessoal.

Funcionando como um grupo de reflexão, a tutoria objetiva principalmente as resoluções de tensões ligadas aos estudos, à formação, ao trabalho prático e à convivência institucional, abrangendo os seus diversos atores: colegas, professores, técnicos, funcionários. É um espaço de interação e contato, de pensar as vicissitudes de uma determinada tarefa (seja de ensino, aprendizagem, prática clínica, escolha de especialidades) e os desdobramentos sobre o aluno que a desempenha. Constitui-se uma atividade, em que, a partir da reflexão crítica, o aluno tem a possibilidade de iniciar a construção de seu lugar no mundo profissional.

Essa proposta se coaduna com aquela explicitada pelos professores quando da elaboração do Projeto Tutoria, na qual a figura do tutor assume importância fundamental. Nesse novo papel, os professores são chamados a atuar no âmbito institucional, de forma diferente de sua inserção acadêmica. Consta no texto do Projeto:

> Consideramos de fundamental importância a criação da figura do tutor como tendo formação em Medicina, com conhecimento das causas e conseqüências das dificuldades que lhe serão apresentadas, que não se apresente como um terapeuta, mas alguém com disponibilidade para ouvir, ética para discernir os limites e possíveis caminhos e habilidade em repassar a questão para um novo momento de opção e responsabilidade de escolha. A prática médica – alvo da formação destes alunos – é perpassada continuamente por problemas de relacionamento.

A função que propomos para este tutor é basicamente um "estar reflexivo", permitindo ao aluno aprender a se ouvir e posicionar-se em base de dados reais.

Além disso, os professores também consideraram importante que o candidato a tutor tivesse compromisso para formar vínculos com os alunos, permitindo uma comunicação que construísse conhecimento, um conhecimento em que o aluno incluísse as suas vivências. O tutor exerce uma influência sobre o aluno, mas não a tem como objetivo, sendo esta uma conseqüência da própria relação. A principal função do tutor é a de promover reflexões sobre a vida acadêmica, auxiliando na elaboração das questões do aluno e ajudando-o em seu planejamento para atingir os objetivos da sua formação profissional. Nesta atividade, o tutor deverá estimular os alunos a avançarem na formação, superando as suas dificuldades, sejam estas de ordem acadêmica ou não. Caso o tutor venha a identificar no aluno a necessidade de um acompanhamento individualizado, deverá encaminhá-lo ao PAPE[5], serviço que oferece a todos os alunos atendimento clínico psicoterápico de orientação psicanalítica.

A Tutoria hoje

Atualmente a FCM conta com sete tutores[6] e cerca de noventa alunos inscritos. A participação dos alunos é facultativa. Os grupos são formados por alunos de diversas séries e os encontros são realizados

5. O PAPE (Programa de Apoio Psicopedagógico ao Estudante) é vinculado à direção da FCM e oferece atendimento clínico de orientação psicanalítica a todos os discentes. Estes procuram o serviço por demanda espontânea ou através de encaminhamento de professores.

6. Professores Maria Cristina Gutierrez (Comissão de Avaliação), Regina Moura (Psiquiatria), Conceição Sampaio (Biologia Celular), Jane Sayd (Fundamentos de Saúde Coletiva), Milton Magarão (Medicina Integral), Pedro Coscarelli (Clínica Médica) e Adílson Mariz (Cirurgia Vascular). O Projeto já contou com as participações dos professores José Luiz Bandeira Duarte (Pediatria), Mauro Penna (Fisiatria), André Paes (Clínica Médica e Propedêutica), Eduardo Góes (Neurocirurgia), Carlos Augusto Virgini (Cirurgia Vascular) e Mônica Firmida (Medicina Integral).

quinzenalmente, segundo agendamento realizado entre o tutor e o seu respectivo grupo. Nas reuniões, são discutidos temas pertinentes à formação acadêmica e profissional, bem como questões de interesse dos alunos referentes a relacionamentos afetivos, postura ética ou quaisquer outros temas a serem definidos em conjunto previamente ou que emergem no momento dos encontros. Os professores interessados no exercício da tutoria são capacitados pela equipe de coordenação. Esta objetiva potencializar o conhecimento dos professores sobre o trabalho com grupos e discutir os problemas inerentes ao ensino de graduação e às questões relacionadas à ética e ao exercício da profissão. Durante o exercício da tutoria, os tutores se comprometem a participar de reuniões mensais de supervisão. As atividades da tutoria auxiliam os alunos a lidar com as vicissitudes do processo de formação; e ao professor, auxiliam a lidar com as vicissitudes de seu ofício, embora ele não trabalhe no seu grupo as suas questões pessoais. As questões do professor que emergem em função de sua prática de tutorar são reservadas ao espaço de supervisão.

A tutoria é centrada em uma relação em que os desafios inerentes à profissionalização estão em pauta. Muitas vezes, os alunos buscam fora da instituição oportunidades para o exercício da medicina, deparando-se com as adversidades do serviço não supervisionado. Uma das conseqüências dessa prática, como observa Costa-Macedo (2003), é "a aprendizagem de conceitos e técnicas errados, além de condutas profissionais antiéticas que são incorporadas e repetidas no exercício profissional futuro". Para os alunos que percorrem várias instituições praticando a medicina muito antes de estarem formados, na condição de estagiários ou bolsistas, a tutoria se faz um campo de discussão dessas vivências.

A tutoria pode ser um lugar de encontro, entre alunos e tutor, um lugar de troca de experiências, um compartilhar de angústias, medos e sucessos. O desenvolvimento do conhecimento científico e tecnológico e a prática interdisciplinar rompem com qualquer possibilidade de o professor ser o detentor exclusivo do saber, trazendo questionamentos para o âmbito das relações professor – aluno.

Atualmente o docente vê-se confrontado com um aluno mais participativo, que tem acesso à informação facilmente e que o instiga a transformar "atitudes cristalizadas". Tutoria também pode ser um espaço de reciclagem para os professores, como observou a tutora Julia Fernandes Souza:

> Desde a primeira reunião foi consenso entre os professores que os alunos estavam ansiosos por um canal de comunicação para escoar muitas perguntas sobre o que fazer com o que estão estudando; que estágios já podem começar a fazer; como encaminhar pendências de relacionamentos institucionais mal resolvidos; como fazer para poder ter suas opiniões ouvidas etc. Foi muito rica a participação de alunos de duas séries diferentes. A vivência ensina muito e, muitas vezes, as respostas, sugestões, ponderações, reflexões foram travadas apenas pelos estudantes, ficando o tutor como um mero catalisador. Como já participo do Projeto de Monitoria da UERJ, há tempos sei como é gratificante o trabalho com os alunos fora do contexto sala de aula. Foi gratificante também travar conhecimento com professores de outras áreas. Creio que isto está faltando na F.C.M. Precisamos nos conhecer melhor! Também queremos ser ouvidos, trocar idéias com colegas de outros setores desta Faculdade. Estamos rodando em torno de nosso umbigo, achando que estamos fazendo o máximo. Um olhar de fora pode ser muito valioso para que possamos reconsiderar atitudes cristalizadas, defasadas deste mundo em eterna transformação e desenvolvimento. Os alunos têm nos mostrado isso muito bem.

Sendo a tutoria um processo dinâmico, ainda em construção, os professores participantes, os coordenadores e supervisores do Projeto no momento avançam nas discussões sobre a prática, tentando viabilizar a sua consolidação na comunidade acadêmica, incorporado-o como uma atividade extracurricular oferecida aos alunos. A comissão coordenadora vem trabalhando sobre estratégias de divulgação do Projeto e de captação de novos tutores, bem como metodologias de capacitação.

A Tutoria hoje na FCM-UERJ é pensada como uma "porta de entrada" da universidade, funcionando como urna espécie de recepção ao aluno ingressante. Além do tutor informar aos alunos sobre a universidade como um todo, disponibilizando os serviços nela existentes e explicitando quais os recursos dirigidos para os usuários e a comunidade, constitui um espaço de acolhimento ao calouro ainda pouco ambientado com a dinâmica da faculdade.

Além do espaço informativo, do debate de situações vivenciadas e a reflexão sobre a formação, pensamos que a atividade em grupo estabelecida na Tutoria pode ter várias funções, dentre elas, a de contribuir para a construção de um lugar de reconhecimento e asseguramento do aluno em contraposição ao desamparo experimentado por alguns sujeitos quando da entrada em uma faculdade de Medicina.

Os laços, o grupo: a Tutoria como suporte diante do desamparo

O estado de desamparo experimentado por alguns alunos se articula com sua fragilidade identitária no momento de ingresso na faculdade. Entendemos aqui que o aluno de medicina experimenta muitas vezes uma sensação de desproteção, o que evidencia na verdade a existência de um desamparo discursivo, considerando que um discurso rege a circulação de valores, ideais, crenças e atitudes de uma determinada cultura. Ao entrar na universidade, o aluno se defronta com uma cultura atravessada por valores e ideais distintos do colégio ou cursinho, desfaz os seus laços anteriores de amizade e, no caso da medicina, ainda é exposto às mazelas do sofrimento e da dor humanas. Esse desamparo muitas vezes experimentado é correlato a um novo trabalho subjetivo que este sujeito terá que realizar, através de identificações que se irão somar para a construção de novos aspectos de sua identidade.

No *Novo Dicionário Aurélio*, a palavra *identidade* é definida como conjunto de caracteres próprios e exclusivos de uma pessoa; também como o aspecto coletivo de um conjunto de características pelas quais algo é reconhecível ou conhecido. Para a psicanálise, a identidade é pensada pela via das identificações, sendo a identidade sempre uma construção singular. Com Freud, a identificação constitui uma "operação na qual o indivíduo humano se constitui". A personalidade constitui-se e diferencia-se por uma série de identificações. É necessário que se considerem as correspondências entre as estruturas intersubjetivas e intra-subjetivas e, para isso, Freud recorre à identificação, processo formador do eu e suas instâncias; processo psicológico no qual um indivíduo assimila um aspecto, uma propriedade, um atributo do outro e se transforma, total ou parcialmente, segundo o modelo dessa pessoa. Na obra de Freud, o termo identificação designa o processo pelo qual um sujeito adota como seus um ou mais atributos do outro (Evans, 1998).

O "eu" é concebido como o conjunto das identificações. Isso significa que a multiplicidade identitária habita o próprio eu. Existem, pois, múltiplas ficções identitárias no campo do eu e nas fronteiras da unidade que estabelecem relações de oposição e contradição, já que as marcas identitárias não são sempre complementares e harmônicas (Birman, 2003). Sob um aspecto, a identificação é a capacidade de ocupar lugares e posições psíquicas diferentes.

Segundo Freud (1921), a identificação "é conhecida pela psicanálise como a mais remota expressão de um laço emocional com outra pessoa", sendo sempre atravessada por conteúdos afetivos.

Freud postula que uma das formas da identificação "pode surgir com qualquer nova percepção de uma qualidade comum partilhada com alguma outra pessoa que não é objeto da pulsão sexual"; e quanto mais importante essa qualidade comum, mais bem sucedida pode tornar-se essa identificação, representando o início de um novo laço. Portanto, o laço que se cria entre membros de um grupo é sustentado por uma identificação baseada em uma qualidade comum. No caso dos grupos de tutoria, o que faz o laço entre os alunos?

O que faz o laço deles com o tutor? O que é necessário para que o grupo se mantenha constituído?

Para iniciar um processo de identificação do aluno com o seu tutor, é preciso que este seja tomado pelo aluno como modelo, como um ideal. É aquilo que o aluno gostaria de "ser". Uma vez que a entrada na universidade é repleta de exigências – e a cada ano do curso as exigências se tornam maiores, às quais nem sempre o aluno consegue estar à altura de responder – , surge o professor-tutor, capaz de se apresentar como alguém que venceu as dificuldades, que fez um percurso profissional e supostamente encontra-se bem sucedido. É portanto o investimento imaginário na figura do tutor como ideal que pode levar um aluno a se inserir em um grupo de tutoria.

Com relação aos alunos entre si, é a atividade em grupo que pode facilitar a criação de novos laços de amizade, de companheirismo e até mesmo de competitividade. É possibilitada por um ponto em comum que une os participantes, mesmo que isso não seja explícito conscientemente. Os participantes estão ligados por algo, embora possam, sob muitos aspectos, parecerem estranhos a si mesmos. O que pode constituir este elo, este laço que liga os participantes entre si?

Freud (1930), em o *Mal-estar na civilização*, indaga o que os homens pedem da vida e o que desejam nela realizar. A esta indagação Freud responde que os homens buscam a felicidade, apesar de o mundo apontar para fontes constantes de sofrimento, originadas do próprio corpo, do mundo externo e dos relacionamentos. As questões que permeiam os grupos de tutoria dizem respeito à escolha pela medicina e às expectativas em torno da profissão; às realizações que se pretende alcançar e à função social do médico. Desde a entrada na faculdade até os estágios mais avançados, a partir das situações experimentadas no âmbito de sua prática e vida pessoal, o aluno se pergunta: "Que médico quero ser?", "Como posso ser feliz exercendo a minha profissão?". E não é sem sofrimento que o aluno se indaga.

Uma das formas do sujeito controlar o sofrimento ocorre, segundo Freud (1930), com a assistência da sublimação das pulsões quando se consegue intensificar suficientemente a produção de prazer a partir das fontes do trabalho psíquico e intelectual. É o trabalho profissional que fornece ao sujeito "um lugar seguro em uma parte da realidade, na comunidade humana".

Para Freud, o mal-estar na civilização moderna não pode ser curado, pode-se apenas realizar a sua gestão no espaço social. A regulação do mal-estar implica, portanto, a constituição de laços sociais entre as subjetividades, em uma gestão forjada no registro horizontal, em uma leitura do social centrada na aliança fraterna (Birman, 2003).

O aluno, ao entrar na universidade, anseia pela criação de novos laços. Os laços sociais constituídos são essenciais para a integração do estudante à universidade, pois propiciam um compartilhar de medos, sentimentos e expectativas além de atenuar as dificuldades das tarefas relacionadas à incorporação dos conhecimentos e atitudes necessários ao exercício da profissão.

Acreditamos que o laço comum que une os participantes em um grupo de tutoria é o sentimento de desamparo frente às exigências da formação e da profissão, além dos aspectos ligados à formação médica relacionados à transição dos discursos em que se encontra a formação e que exige do aluno sobretudo um desenvolvimento de atitudes. Aspectos subjetivos também contribuem para o sentimento de desamparo experimentado. Vejamos:

A universidade sonhada ocupa um lugar normalmente idealizado pelo sujeito. O ingresso na faculdade significa um momento de especial significado para o aluno e sua família, com importantes desdobramentos para ambos. Constitui, para os alunos, um "desejo realizado", um sonho conquistado com esforço e persistência e um caminho a seguir coberto de expectativas. No caso da medicina, o estudante logo no início de sua formação é considerado por seus amigos e familiares o "doutor", ocupando imaginariamente um lugar impossível de sustentar, considerando que ainda está começando a sua formação. As exigências sociais que lhe advêm quando entra na faculdade são de diversas ordens.

O aluno, ao ingressar na faculdade de medicina, idealiza uma prática clínica capaz de compreender totalmente o ser humano e de dar conta de seu sofrimento. Muitos alunos, ao ingressarem na faculdade, vivem a ilusão de vencer a morte. Como observa Sayd (1999), a medicina ocupa na cultura uma posição hegemônica nos cuidados à saúde, e o modelo biomédico, dito científico, responde a uma aspiração coletiva: transmite "uma apaziguadora aparência de certeza e inquestionabilidade" ao abordar as questões da natureza humana e da morte. Qual será o efeito para cada sujeito-estudante, ao reconhecer o seu desamparo diante daquilo que julgava possível contornar?

Uma das principais motivações referidas para a escolha da carreira médica, nas entrevistas realizadas com calouros no PAPE[7], é o desejo de poder "ajudar o outro". Às aspirações dos calouros, baseadas no tratar, curar e "ser útil" ao semelhante, somam-se as exigências de participação na vida coletiva. Além das motivações expressas conscientemente, aquelas inconscientes são determinantes em toda escolha profissional, e, como observa Millan (1999), no caso da medicina, "a escolha profissional baseada na vivência da angústia e impotência frente à morte leva o estudante a acreditar que através de sua profissão possa salvar todas as vidas e ainda evitar a sua morte". Acrescenta que isso ocorre devido à "incapacidade de tolerar limites, onde o aluno assume uma postura onipotente de negação da realidade humana". Tais motivações sofrem transformações ao longo do curso, quando as tentativas de salvação onipotente são substituídas pelo exercício de atividades baseadas no conhecimento científico, e nas possibilidades de tratamento são considerados fatores como a própria singularidade do paciente.

Como pode o aluno lidar com os limites das práticas e da ciência médica? Seria a Tutoria uma alternativa ao sujeito-estudante de lidar com o mal-estar provocado pela constatação de que o discurso da medicina não consegue solucionar as mazelas oriundas das adversidades causadas pela situação social e econômica dos pacientes por eles atendidos? Seria uma forma de lidar com o desamparo diante da impossibilidade do discurso médico de

7. O PAPE oferece a todos os alunos ingressantes uma entrevista individual.

solucionar algumas questões da saúde, principalmente as que dizem respeito à cronicidade e à morte?

O tutor irá lidar com o aluno que cai de uma perspectiva de faculdade e medicina ideais e vai ter que se ver com os seus conflitos, exigências e divisões.

A fala produzida nos encontros de tutoria pode ser uma maneira de fazer borda a este sofrimento psíquico experimentado que remete o aluno a um estado de desprazer. Essa fala construída nos encontros talvez permita que o aluno possa dar sentido aos seus conflitos e, com a ajuda do grupo, dar outros destinos ao seu sofrimento. Na medida em que o aluno tem a possibilidade de se expressar, ter uma postura pró-ativa e implicar-se na sua formação, há um tempo para a elaboração de escolhas, no qual pode desenvolver sua capacidade de decisão, responsabilizando-se e apropriando-se das mesmas.

Ao sujeito ingressante na universidade é imposto um trabalho subjetivo decorrente das transformações a que é submetido em função das situações ali vivenciadas.

O trabalho implícito nos grupos de tutoria diz respeito à questão subjetiva de cada sujeito que se impõe e é reatualizada no momento da sua entrada na faculdade. Essa questão diz respeito a: "Quem sou eu?", "Como pretendo conduzir a minha vida?", "Que médico quero ser?", "Como posso colocar meu desejo em ação?". A escuta do tutor e a fala dos participantes no grupo pode veicular a construção dessas respostas, de um saber que será construído, e não dado *a priori*. A construção de laços identificatórios entre pares seria uma forma possível de lidar com o desamparo experimentado diante da falta de respostas a essas questões.

Diante do mal-estar causado pelo exercício da profissão ou das expectativas em relação a ela, seja em função das situações adversas enfrentadas ou pela impossibilidade de ancoramento somente no discurso científico, a participação ativa nos grupos pode permitir ao aluno a construção de uma identidade profissional, uma inscrição na rede de linhagens, uma inserção no sistema de trocas com seus "semelhantes", alunos que, como ele, buscam respaldo para os seus atos e suas escolhas.

Adendo

Palavras dos alunos

Fizemos uma pesquisa entre os alunos, objetivando colher quais as impressões que eles possuíam sobre o exercício da tutoria, mais especificamente em relação ao tema discutido neste trabalho. Veiculamos, via internet, a seguinte pergunta: "Na sua opinião, de que forma a Tutoria pode contribuir para a construção da identidade médica?". Obtivemos algumas respostas e esperamos que estes relatos possam subsidiar futuras discussões sobre a prática da tutoria. Vejamos:

> "Acho que a contribuição de identidade vem como exemplo... Ver como vive o médico hoje (meu tutor), me fez refletir sobre as características que um médico deve ter e principalmente sobre a qualidade de vida que eu quero ter. Ajudou a saber o que eu quero e o que eu tenho que fazer para ser como eu me imagino médica daqui a alguns anos."
> Aluna – 3º ano

> "O projeto, sob o meu ponto de vista, pode contribuir para a formação médica em questões como a escolha da especialização, onde o tutor deverá mostrar a sua área instigando a vocação em seus alunos. Há também a contribuição no quesito experiência médica passada pelo tutor principalmente no que diz respeito à idéia de humanização do médico, além da relação ideal médico – paciente. O dia-a-dia do médico deverá ser abordado para que os alunos saibam o que os aguarda após a formatura... Enfim, o projeto seria uma espécie de apadrinhamento do aluno em que o tutor tem como objetivo principal preparar e incentivar seus escolhidos onde tal ato influenciará de maneira positiva na formação acadêmica e humana destes".
> Aluna – 2º ano

Nestes dois relatos observamos a importância da figura do tutor e de que forma esta pode ser investida como o modelo ideal a ser seguido. Consideramos que esse modelo ideal faz parte de uma projeção muitas vezes necessária para a adesão do aluno ao Projeto. Devemos, porém, observar junto aos tutores que este mecanismo pode prejudicar o trabalho da Tutoria quando o tutor acredita encarnar este modelo de perfeição.

A seguir, os alunos descrevem o que consideramos ser a função do grupo de Tutoria:

> "O espaço da tutoria poderia ser aproveitado para discussão de questões da relação médico – paciente, através de casos clínicos semelhante a um grupo Balint. Não sei se foge muito ao propósito da Tutoria, mas seria muito interessante a discussão de temas polêmicos da área de saúde, principalmente sobre comportamento humano, com leitura prévia de texto pré-estabelecido sobre o assunto escolhido pelo grupo. Esse seria um espaço de reflexão e construção de uma visão do ser humano como um todo e que se relaciona com o mundo, tão necessário para a formação médica. Esse tipo de conhecimento humano é, muitas vezes, deixado de lado pelo médico e principalmente pelo estudante de medicina, devido à grande preocupação com a aquisição de conhecimentos técnicos."
> Aluna – 3º ano

> "Acho que o projeto tutoria irá nos acrescentar um pouco de experiência vinda do tutor, além de trocas com outros colegas. Deve ser importante para nos orientarmos durante o curso, sobre como iremos descobrir o que gostamos de fazer, que oportunidades seriam importantes para cada um, cada qual com sua individualidade, diferentes potencialidades e pontos de vista (...)."
> Aluna – 1º ano

"Com a orientação do tutor e a troca de experiências entre os membros do grupo é possível desenvolver uma maior consciência da carreira médica: derrubando mitos, descobrindo as perdas que nos aguardam durante o caminho, retirando as idéias ingênuas e, muitas vezes absurdas que criamos sobre 'ser médico'. Isso tudo possibilita a construção da identidade médica, principalmente para aqueles que começam a ter os primeiros contatos com a área médica."
Aluno 2º ano

Referências bibliográficas

BELLODI, P; MARTINS, M. et cols. (2005). *Tutoria – mentoring na formação médica.* São Paulo, Casa do Psicólogo.

BIRMAN, J. (2003). "Soberania, crueldade e servidão: mal-estar, subjetividade e projetos identitários na modernidade". In: *Psicanálise e formas de subjetivação contemporâneas.* Rio de Janeiro, Contra Capa Livraria.

COSTA-MACEDO, L.; TAQUETE, S. & ALVARENGA, F. (2003). "Currículo paralelo: uma realidade na formação dos estudantes de Medicina da UERJ". In: *Revista Brasileira de Educação Médica,* v. 27, n 03, Rio de Janeiro, Associação Brasileira de Educação Médica – ABEM.

DIRETRIZES CURRICULARES NACIONAIS DOS CURSOS DE GRADUAÇÃO EM MEDICINA. (2001). Minuta de Resolução, Conselho Nacional de Educação.

EVANS, D. (1998). *Diccionario introductorio de psicoanalisis lacaniano.* Buenos Aires, Paidós.

FREUD, S. (1921). "Psicologia de grupo e análise do ego". In: *Obras Completas*, v. XVII, Rio de Janeiro, Imago.

__________. (1930). "O mal estar na civilização". In: *Obras Completas*, v. XXI, Rio de Janeiro, Imago.

LAMPERT, J. D. (2001). "Currículo de graduação e o contexto da formação do médico". In: *Revista Brasileira de Educação Médica.* v. 25, n. 1, Rio de Janeiro, Associação Brasileira de Educação Médica – ABEM.

LAPLANCHE, J. & PONTALIS, J. (1983). *Vocabulário de psicanálise.* São Paulo, Livraria Martins Fontes, [1967].

MANNONI, M. (org.). (1994). *As identificações na clínica e na teoria psicanalítica.* Rio de Janeiro, Relume-Dumará.

MARCONDES, E. & LIMA GONÇALVES, E. (coords.). (1998). *Educação médica.* São Paulo, Sarvier.

MELLO FILHO, J. (2003). "Projeto Tutoria da FCM-UERJ".

MILLAN, L. R.; MARCO, O.; ROSSI, E.; MILLAN, M. & ARRUDA, P. (1999). "Alguns aspectos psicológicos ligados à formação médica". In: *Universo psicológico do futuro médico: vocação, vicissitudes e perspectivas.* São Paulo, Casa do Psicólogo.

REGO, S. (2003). *A formação ética dos médicos – saindo da adolescência com a vida (dos outros) nas mãos.* Rio de Janeiro, Fiocruz.

RIBEIRO, E. C. (1998). "Ensino/aprendizagem na escola médica". In: *Educação médica.* São Paulo, Sarvier.

SAYD, J. D. (1999). "Novos paradigmas e saúde – Notas de leitura". In: *Physis Revista de Saúde Coletiva.* v. 9. n. 1, Rio de Janeiro, EdUERJ.

6 – Identidade Médica: o Normal e o Patológico

Júlio de Mello Filho

A questão da identidade

O estudo da identidade em nossa época é tão estratégico como foi em tempos de Freud o da sexualidade.

L. Grimberg (1971).

Em "Identidade y câmbio", colocam os Grimberg várias interrogações que cercam o leitor quando vai estudar a fundo o problema da identidade: "Qual é a natureza do que chamamos de identidade? É uma estrutura, um vínculo, um símbolo?" (eles ficam com o conceito de vínculo). "É como um se vê ou é visto pelos demais?" (assim eu considero a identidade). "Qual é o limite de modificações toleráveis sem que a identidade fique lesada irremediavelmente? Qual é o resultado da pressão de estímulos provenientes de instituições, organizações e sociedades que atacam a identidade?" (torturas, por exemplo).

Segundo eles, a identidade se forma pela ação associada de três vínculos: *O vínculo de integração espacial*, que compreende a relação das distintas partes do *self*[1] entre si, mantendo coesão e

1. *Self* – representação e constituição do indivíduo total formado pelo *self* corporal e pelo *self* mental que contém o id, o ego e o superego, partes que se comunicam permanentemente.

permitindo sua diferenciação com o mundo (objetos); *o vínculo de integração temporal,* que compreende a relação entre as várias instâncias do *self* no tempo, estabelecendo o sentimento de mesmidade e, finalmente, *o vínculo de integração social,* que se vincula com a importantíssima conotação social da identidade, com a nossa relação com o mundo dos objetos, que se faz através dos mecanismos de identificação introjetiva (colocar para dentro conteúdos) e projetiva (colocar conteúdos nos outros).

Adolpho Hoirsch (1976), em seu livro *O problema da identidade médica,* assim define identidade:

Identidade é um vocábulo abstrato, de origem latina. Vem de idem, o mesmo, e tem como sinônimo as palavras mesmidade e ipseidade, além de outros imperfeitos: igualdade (como identidade absoluta) e semelhança (identidade parcial ou relativa)... O conceito de identidade se opõe dialeticamente ao de alteridade, que se origina do latim *alter*, o outro. Sua sinonímia engloba: diversidade, diferença e distinção.

Assim, através de nossa identidade, da capacidade de continuarmos sendo os mesmos através dos tempos, nos formamos como uma pessoa, um *self*. Este sentido de ipseidade, de mesmidade é fundamental para nossa saúde mental, pois permite que tenhamos coerência e previsibilidade e que possamos ser reconhecidos por outros e respeitados em nossa individualidade. Quão trágico é não sermos reconhecidos pelos nossos amigos e colegas de trabalho como o mesmo de antes porque ocorreram crises que afetaram nosso padrão de identidade, levando-nos a comportamentos esdrúxulos incompatíveis com nossa história de vida até então... Assim, nossa identidade se firma e é reconhecida pelos nossos padrões de comportamento que guardam uma tipicidade, um jeito próprio de ser, uma ideologia própria que, ligada ao *self* corporal, forma nosso selo pessoal inconfundível. A formação de nossa identidade vem sendo estudada basicamente por autores psicanalistas, desde Freud, passando por Anna Freud, Melanie Klein, Edith Jacobson, Erick Ericson, Maurício Knobel, Arminda Aberastrury, Leon e Rebeca Grinberg e outros.

Fundamental neste processo foi a contribuição de Melanie Klein ao estudar as identificações introjetivas e projetivas, através das quais assimilamos qualidade dos outros, principalmente daqueles que admiramos, respeitamos e queremos ter para nós. Também, de modo inconsciente, aspectos negativos que não gostaríamos de ter, como agressividade, por exemplo, que, todavia, pode representar força e poder.

O fato é que identificação e identidade são aspectos complementares e, se as identificações levam à identidade, esta, no seu processo de constituição, busca novos modelos de identificação, em sua necessidade de se consolidar. No processo de aquisição de nossa identidade é importante distinguir os aspectos de idealização daqueles de admiração. Desse modo, as idealizações tendem a ser menos estáveis, posto que mais baseados nas fantasias – quanto mais alto maior será a queda – enquanto a admiração é mais baseada nos aspectos reais dos objetos introjetados. Assim, um paciente que tem uma suposta boa relação com seu médico, porém baseada em idealizações de sua figura, com facilidade se decepcionará com este diante de qualquer tropeço no tratamento, enquanto que outro, que admira o seu doutor, mas não o idealiza, terá muito mais chances de tolerar as naturais evoluções de uma terapia.

No estabelecimento de uma identidade é importante distinguirmos também o que se dá através de identificações ou de imitações. O que de fato leva ao processo de crescimento psíquico é a identificação que é o processo natural, espontâneo, coerente com os nossos sentimentos, desejos e motivações. É um processo, a exemplo do que ocorre nos animais, do tipo *flash learning*, isto é, vi, gostei, aprendi – em várias etapas, naturalmente. Já a imitação é um processo mais frouxo, freqüentemente com segundas intenções de agradar, de bajular, de conquistar, embora estes sentidos sejam por vezes inconscientes. É um processo ligado muitas vezes a patologias falso-*selves*, isto é, a patologias do ser, do sentimento de identidade.

Assim, podemos dizer que o médico que simula, que mente, que imita tem, além de uma patologia em sua identidade individual, também uma patologia em sua identidade de médico. Por tudo isso, a questão da verdade em medicina é essencial. O médico não pode ser falso a si mesmo, sobre seus limites, suas possibilidades, seus reais desígnios, seus sentimentos – inclusive aqueles dirigidos a seus pacientes, sua contratransferência[2].

Desse modo, se um filho, através de um processo natural, se identifica com as qualidades de um pai, pode também se identificar com os seus traços negativos, por exemplo, desdenhar de sua mulher e, por extensão, de todas as demais mulheres. Este filho, desde a juventude, pode apresentar este comportamento, para ele egodistônico, porque em sã consciência não sente as mulheres como inferiores. Porém, em seu inconsciente está este traço, *reliquat* das introjeções que fez do pai, de todos seus aspectos. E, ademais, no fundo, inconscientemente, esse filho desdenha da própria mãe, considerando-a mesmo inferior, uma mera "dona de casa" que nunca enfrenta o pai. Porém não quer diminuí-la nem qualquer outra mulher e sofre com isso, não aceitando este aspecto de sua pessoa, de sua identidade.

Como podemos ver, o conceito de identidade guarda relação com indivíduo, pessoa, comportamento, personalidade e *self*. Para não termos de examinar todas estas relações, discutiremos apenas a ligação entre identidade e *self*, que é um conceito mais atual. Este é considerado o todo do indivíduo, a sua pessoa total. Há um *self* corporal e um mental que em condições normais funcionam juntos. Portanto, podemos dizer que a nossa identidade é um aspecto do nosso *self*, seja de nossa corporalidade, seja de nosso funcionamento mental.

O termo *self* costuma ser muito confundido com o termo ego. Este foi introduzido por Freud na sua famosa teoria estrutural, junto com o Id e o Superego, respectivamente instâncias impulsiva e censora. O ego seria uma instância moderadora, adaptativa e responsável

2. Sobre como ministrar a verdade ao paciente é esta toda uma complexa questão atualmente em elaboração pela classe médica. Evoluímos de uma primeira posição de negar sempre ao paciente as verdades dolorosas, para uma segunda de sempre dizer a verdade para evitar um processo judicial (médico americano) para uma terceira posição de considerar cada caso um caso e a questão da verdade sempre um problema crucial.

pelas defesas psicológicas. Porém, Freud ora se referia ao ego, ora ao *self*, daí o inicio da confusão entre estes termos.

Doença e crise de identidade

Adolpho Hoirisch, em sua tese de professor titular, sobre *O problema da identidade médica*, escreve:

> Certos médicos escudam-se no papel profissional, como se, assim procedendo, invalidassem a própria condição humana. A necessidade de *ser médico sempre* está relacionada ao temor de ser vulnerável às doenças e, o que é mais importante, mortal. O médico-enfermo, ao desempenhar o papel de paciente, por imposição da nova condição, enfrenta uma crise de fundamental importância (...) São os médicos que se comportam sempre como médicos quando são chamados a desempenhar outros papéis (pai ou mãe, marido ou mulher, irmão, líder ou liderado), continuam sendo, antes de mais nada, médicos. Ser médico passa a ser algo valioso, como se o papel fosse a própria vida[3].

Em sua tese, Hoirisch sustenta que o advento de uma doença no médico, principalmente se importante, desencadeia neste uma crise de identidade, ameaçando-o em sua onipotência e produzindo várias alterações de comportamento. Entre estas podemos citar atitudes de negação (não buscar ajuda médica), automedicações, reações hipomaníacas, ansiosas ou depressivas, ou mesmo comportamentos autodestrutivos, como se o médico quisesse se punir por ser vulnerável.

Em seu trabalho, Hoirisch distingue *status* de papel, conceitos desenvolvidos pelo antropólogo Ralph Linton. Assim, *status* é

3. A este propósito nossos antigos mestres nos ensinavam que devíamos ser sempre médicos aonde quer que estivéssemos: na via pública, nas conduções, em residências. Assim, deveríamos sempre atender quem passasse mal, fosse um mendigo ou um burguês. E assim fazíamos, assim eu fiz, por vezes atendendo uma crise epiléptica em via pública, uma crise asmática em residência que visitava. Éramos heróis, aplaudidos pelos nossos pacientes, pela sociedade, enfim.

a posição que o homem ocupa na sociedade enquanto o papel é o aspecto dinâmico do *status*. O *status* se recebe, o papel se aprende. Desse modo, *status* e papel são inseparáveis: não há *status* sem papel e vice-versa. "Um *status* adquirido, com base em habilidades e em opções, pode ser vivenciado como algo tão valioso, que certos indivíduos a ele se agarram, como se fosse parte de seus corpos ou fosse mesmo a própria vida".

Sobre o papel de herói do médico, escreve Hoirisch:

> O herói, depois de morrer violentamente, ressuscita sua paixão em cujo fogo se consome; está voltado à causa do homem. Outro aspecto que se agiganta é o seu extraordinário poderio aliado ao altruísmo. Outra característica herdada das culturas primitivas é o seu poder mágico, isto é, a capacidade de funcionar como intermediário entre os homens e as divindades que detêm o poder de dar e tirar a vida. Normalmente, a medicina primitiva era exercida pelos feiticeiros que, além de ter poderes religiosos, acumulavam os de curar pessoas enfermas. Com o tempo criou-se, entre estes, especialização em tratar seres humanos e assim surgiram os xamãs, os precursores dos médicos de hoje em dia. Note-se, assim, que a medicina surgiu da magia, sendo a onipotência médica um *religuat* daqueles tempos. O pensamento primitivo promove o encontro feiticeiro-paciente muitas vezes com bom êxito, pois não raro o bruxo com seu poder de empatia atua o temor de aniquilamento com seu cortejo sintomático. Entretanto há outros aspectos que devem ser citados, como a assunção do *papel mágico* e poderoso da identidade médico-sacerdotal, que promete a *submissão carismática.*

Ou o poder de suas palavras, de suas atitudes, dos seus diagnósticos, dos seus prognósticos, de sua terapêutica, acrescento.

Hoirisch cita Mircea Eliade, com seu *Síndrome da vocação mística,* isto é, um conjunto de sintomas com os quais o xamã se apresenta nos transes, necessários à comunhão divina, afigurando-se mesmo como louco. Todavia, nem todos os grupos primitivos outorgam o papel de xamã aos que enlouquecem.

É necessário uma viagem de ida e volta, porque o xamã é um *médico-sacerdotal que conseguiu curar-se.* A rigor, deseja-se que o médico não adoeça, mas se isto ocorrer, deverá ressurgir da enfermidade enriquecido de novos poderes. Assim, há a expectativa de que o médico, submetido a um verdadeiro rito de iniciação, saia da doença ainda mais forte do que antes, é a exigência de sua comunidade e de seus pacientes.

Arigó, de Mariana (Minas Gerais), era um mago feiticeiro e charlatão (podemos mesmo dizer) que apresentava todas as características xamanísticas e que alegava serem transes em que se sentia possuído pelo espírito do Dr. Fritz, um médico alemão do passado. Ele, além de sua influência mediúnica, receitava medicamentos alopáticos com muita maestria, como tive oportunidade de constatar, num caso em que ele receitou cortisona. Ele era uma personalidade paranóide, altamente carismática e dotado de forte poder sugestivo.

O elemento comum da magia e da religião é a aceitação sobrenatural; entretanto a religião (de *re-ligare*) une seus congregados enquanto a magia não possui tal tipo de vínculo. Embora os mesmos pacientes de um médico normalmente não pertençam a associações, clubes etc., é comum vermos pacientes de um mesmo médico se unirem ou mesmo organizarem associações de doentes de uma mesma especialidade.

Como vimos acontecer com pacientes com lupus eritematoso sistêmico em tratamento na Reumatologia no Hospital Universitário Pedro Ernesto, movimento este que passamos a estimular.

Os médicos, na condição de médicos, organizam-se, por vezes, como sociedades secretas, com características peculiares. São grupos humanos, que, na busca da verdade, e para preservá-la, defendem-se, discriminando irmãos (rivais) e profanos (não iniciados). Pode ocorrer, inclusive, que fiquem isolados e até enquistados no seio da sociedade total com reduzida comunicação com as pessoas de fora.

É por estas razões que é tão comum médicos pertencerem à maçonaria.

Os atributos do médico

Em 1992, Davi Zimerman, no meu livro *Psicossomática hoje*, descreveu magistralmente os *atributos saudáveis do médico*. Hoje, seguirei seu texto com alguns adendos:

- Esquema referencial – conjunto de conhecimentos, afetos e experiências com os quais se pensa, age e se comunica.

- Ação psicoterápica – incluindo todas as influências psicológicas aplicadas ao paciente (psicoterapia implícita ao ato médico, presente em todas as especialidades médicas e, explícita, do especialista, do psicoterapeuta).

- Capacidade de integração – de ver sempre o todo, o biopsicossocial, evitando as costumeiras dissociações entre o corpo, a mente e a vida em sociedade.

- Capacidade de intuição e empatia – a intuição pertence à área cognitiva, tem relação com o funcionamento inconsciente, surgindo antes do raciocínio lógico-dedutivo, permitindo reconhecer algo que vai além do concreto e do visível.
  A empatia é uma capacidade da área afetiva que significa pôr-se no lugar do outro e poder então entendê-lo[4]. Assim, tem uma significação diferente e bem mais profunda que simpatia, que é a qualidade de agregar e cativar, podendo ser um dom natural e genuíno, bem como fruto de um esforço estudado.

4. É de uma adequada capacidade de empatia que derivam os atributos essenciais de respeito e tolerância pelo outro.

- Capacidade de ser continente – de contar as angústias, fantasias e necessidades do seu paciente, principalmente suas angústias de morte e de aniquilamento (Winnicott). Do mesmo modo, conter suas próprias angústias, dúvidas e o seu "não saber". "A falta desta capacidade é responsável pela atitude médica que se caracteriza por um excesso da medicação, de encaminhamentos, de pedidos de exames, por uma devoção exagerada, ou por alguma forma de fugir do doente".

- Capacidade para se deprimir – o aprendizado do médico se faz através da prática da experiência – principalmente daquelas mais frustrantes, desde que tenha condições de se deprimir, isto é, reconhecer suas falhas, erros e limitações e a partir daí poder corrigir sua trajetória profissional, modificando fatos, detalhes e conjuntos. Tal não acontece com aqueles com predominância de traços paranóides ou narcisistas. Os paranóides atribuem sempre as responsabilidades aos outros – o paciente ou familiar que não colabora – e os narcisistas estão convictos de que os acertos e as verdades sempre lhes pertencem. "Uma boa elaboração depressiva abre os caminhos para a discriminação, individuação, autonomia, reflexão e criatividade".

- Capacidade de comunicação – no mundo atual em nossa "aldeia global" cada vez mais se pesquisa e se utiliza a comunicação não-verbal, a linguagem gestual das posturas, dos *actings* e dos sintomas corporais.

Há muitos médicos, entretanto, que presos a uma rígida visão organicista do sintoma desprezam esta rica expressividade não-verbal, empobrecendo a comunicação com o paciente. Instalam-se assim autênticos "diálogos de surdos" e a comunicação do paciente fica deste modo não traduzida, não decodificada, abrindo margem para a iatrogenia.

É mister recordar que toda comunicação se gera de um emissor para um receptor e que o seu distúrbio se localiza num destes pólos ou em ambos.

Causas mais comuns de o médico não escutar:

a) não saber escutar;
b) saturação de preconceitos;
c) erros da função apostólica (julgamentos morais e catequeses);
d) contratransferência negativa;
e) jargões técnicos (uso excessivo) que para o médico tem um significado e para o paciente outro, por vezes o oposto;
f) dificuldade de lidar com a verdade (ouvir, reconhecer e transmitir incômodas e dolorosas verdades).

Zimerman aqui toca apenas de passagem no importante problema da contratransferência negativa, aspecto muito abordado em outras publicações suas. Há duas variedades essenciais:

1) o médico transfere para o paciente uma figura importante do seu passado (identificação), por exemplo, um pai logorréico, e irá se relacionar com um paciente logorréico com bastante irritabilidade, igualmente como fazia com seu pai.
2) o médico responde à transferência negativa do paciente com igual contratransferência negativa, por exemplo, raiva com raiva, ironia com ironia. Não há preocupação de que a conduta negativa, hostil, do paciente seja a repetição de um comportamento deste para com qualquer figura de autoridade, como foi com os seus genitores.

Poderíamos acrescentar a esta lista:

- Capacidade de reparação – o médico, através de sua profissão, repara (conserta, corrige) aspectos seus problemáticos, falhas, minusvalias. Tal capacidade tem relação estreita com a posição depressiva do Melanie Klein sendo a maioria das vezes uma decorrência dela. Deste modo, sentimos culpa pela nossa agressividade para com nossos pais e reparamos isso com o nosso amor e dedicação aos mesmos. De semelhante maneira um homossexual masculino culpado pelo seu desprezo para com as mulheres pode tornar-se um ginecologista e deste modo viver para ajudá-las.

- Capacidade de elaboração – termo descrito por Freud que representa a possibilidade de trabalharmos diuturnamente nossas questões, problemas e conflitos num desenvolvimento que não tem fim. Poderíamos dar o exemplo de nossa própria identidade médica que, em condições normais é, dia-a-dia, elaborada, burilada, melhorada. É um caso clínico que nos ensina a sermos menos afoitos e mais reflexivos. É um trabalho científico que nos entusiasma e que nos traz ensinamentos numa área ainda complexa dos nossos conhecimentos. É a conduta de um colega com o qual nos identificamos que irá gerar manifestações positivas em nosso comportamento.

O MÉDICO: O NORMAL E O PATOLÓGICO

Em função de todos estes levantamentos feitos depreende-se que o médico, longe de ser um profissional acima de todas as dúvidas, é um ser humano que amiúde procura a profissão com todo seu halo de glória para vencer problemas pessoais e se transformar numa pessoa forte, imaculada e respeitada socialmente com poderes que beiram o território do divino.

Podemos falar, esquematicamente, numa identidade médica normal e numa identidade médica patológica, ou doentia. A identidade médica saudável é constituída pelos atributos que Zimerman magistralmente nos descreveu e que poderíamos aqui sintetizar como sendo: sensibilidade, empatia, firmeza, retidão, generosidade, tolerância, bom senso, inteligência, dedicação e perseverança. A estas podemos acrescentar as capacidades de elaboração e reparação. Qualidades quase impossíveis de encontrarmos numa pessoa só. Daí a importância do trabalho em equipe em que se somam as qualidades de uns com as de outros.

Quanto às patologias da identidade médica podemos levar em conta, de um lado, os exageros e deformações da prática médica e, de outro, as patologias próprias desta prática que aqui iremos considerar. Entre os exageros está aqui, por exemplo, o que Hoirisch, em sua tese, chama de *ser sempre médico*, isto é, aquele que presta atendimento a qualquer pessoa caída em via pública, que considera sua obrigação de atender a qualquer cidadão em qualquer situação. Isto é, uma conduta obsessiva típica da classe médica, embora atualmente em desuso pelos hábitos das grandes cidades em que o médico, superdesvalorizado, abandonou este comportamento de hiperdoação[5]. Aqui cabe o caso de um conhecido cirurgião que era glorificado pelos seus assistentes e pacientes em razão de sua dedicação e que foi acometido por uma cardiopatia restritiva da qual veio a falecer. Nunca deixou de operar e ia ao centro cirúrgico mesmo com edema de membros inferiores. Sua tese de doutorado era significativamente sobre ferida do coração e não deixava de ir às Emergências onde houvesse um caso deste tipo.

Ser sempre médico significa também tratar de qualquer parente que adoeça, fazendo uma confusão de papéis, confundindo o seu papel de parente com o de profissional, se tornando médico de qualquer parente (irmão, cunhado etc.) que adoeça. Diga-se, a bem da verdade, que esta prática pertencia mais à medicina de ontem, porém hoje ainda se mantém em famílias mais conservadoras.

Também podem ser considerados distúrbios da identidade médica certas iatrogenias que se perpetuam e que se tornam vícios profissionais como, por exemplo, fazer pequenas incisões cutâneas sem anestesia. Ainda podem ser considerados distúrbios de identidade as

5. Recordo-me dos meus tempos de estudante quando nossos antigos mestres nos doutrinavam para sermos sempre médicos, na via pública ou nas residências particulares, em qualquer lugar.

deformações profissionais como o sadismo e a agressividade dos cirurgiões e a atitude demasiadamente fria dos urgenticistas.

Aqui, nesta conceituação, pesam muito em conta os efeitos da conduta médica sobre o paciente, como no caso do médico sádico que, de um ou de outro modo, termina por vitimar o seu doente. Assim, se um médico é toxicômano, ele, em princípio, não lesa seu paciente – este é um problema seu, de foro íntimo. Mas as coisas não são assim tão isoladas, pois a depressão de um médico toxicômano irá fatalmente se refletir no seu doente sob a forma de apatia, desinteresse ou quebra da empatia.

É preciso também levar em conta a questão dos modelos de identificação. Assim, um médico obeso, cardiologista, por exemplo, é um péssimo modelo de identificação para seus pacientes, que precisam emagrecer. Ou a pessoa de um médico fumante contrasta com suas recomendações para com seus pacientes com DPOC. Um médico diabético rebelde irá ter dificuldades de recomendar uma dieta que ele mesmo não segue e assim por diante.

Em todas estas situações, o elemento intensidade joga um importante papel no sentido de poder atingir, ou mesmo lesar o paciente, ou não. Assim, podemos dizer que os recursos adaptativos mais comuns usados pelos médicos são a onipotência e a defesa maníaca. O uso da onipotência encerra o risco de que o paciente fique lá embaixo, pequenino, isolado do médico em sua grandeza divina e em sua arrogância. Já na defesa maníaca erigida contra as realidades mais dolorosas (a dor, a morte, a depressão) o médico usa uma conduta superficial, muitas vezes hilariante, inteiramente incompatível com as dores físicas ou mentais do paciente, optando por contatos fugazes ou superficiais, para não se deixar contaminar pelo estado de espírito deste.

A defesa maníaca é utilizada a larga *manu* e se tornou mesmo um dos cacoetes típicos da classe médica, uma certa hipomania crônica que já faz parte da identidade profissional de muitos médicos. Isso tudo foi captado pelo cinema e foi mesmo imortalizado em *Mash*, na década de 1960, com Donald Sutherland vivendo um papel magistral de um cirurgião num campo de batalhas do Vietnam, lidando com os estresses da guerra representados pelos soldados feridos e pelos incessantes bombardeios dos *vietcongs*. Todos os cirurgiões participantes no atendimento aos soldados feridos se envolviam num jogo de brincadeiras, anedotas e gozações sem fim; tão mais difíceis fossem as situações clínicas enfrentadas, maiores as defesas maníacas arquitetadas.

As mesmas táticas defensivas-hipomaníacas aparecem depois, em William Hurt vivendo um papel também inesquecível de um cirurgião com câncer de laringe, quando ele passa a ver os acontecimentos do outro lado da cerca, enfim, se humanizando. Já nos filmes do Robin Williams, ele é um médico presente e voltado para as reações dos seus pacientes, porém que não deixa de fazer também as suas iatrogenias. Sua atitude de uma brincadeira sem fim, de se vestir de palhaço – embora com a finalidade de dar alegria às crianças doentes – é bastante maníaca.

O uso de defesas hipomaníacas crônicas por parte dos médicos é um fato, podendo mesmo se tornar uma situação estabilizada. Quem já freqüentou o ambiente de uma sala de médicos de um pronto-socorro sabe disso. São as permanentes anedotas, as conversas girando apenas em torno de mulheres e de futebol, só temas superficiais e hilariantes. Diga-se, a bem da verdade, que as mulheres médicas participam muito menos desse clima. São os médicos os mais hipomaníacos. O fato é que na decorrência deste clima "terapêutico" para os médicos estes querem ficar cada vez mais longe dos atendimentos, lá fora, e cada vez mais presentes na farra deliciosa da qual estão participando. Os médicos que não se deixam envolver por este clima são vistos, defensivamente, como "bobalhões", "metidos a besta", "impotentes", ou avessos às coisas boas da vida.

Hoirisch, em sua tese, defende que o médico, quando fica doente, mormente de uma doença que o tira do seu papel de médico, entra numa rotura de sua identidade exatamente estabelecida sobre a dissociação "médico x paciente", isto é, muda de um papel para o outro e então entra em crise ou em regressão, fica rebelde, volta a ser adolescente. Ele também refere que o médico enfermo é tanto mais difícil de cuidar quanto menos se integrou e amou o seu papel anterior de médico.

Sem dúvida, em se tratando da medicina, estamos lidando com a mais nobre das profissões. Mas, podemos perguntar, possui o médico este cabedal de atributos tão negativos, onipotência, arrogância, narcisismo, obsessividade, traços maníacos? Ao que poderíamos responder, de um modo simplista, que nem todos os médicos o possuem. E o que se destaca, ao mesmo tempo, é ser a maioria das vezes o anômalo, o patológico. Assim, num hospital, por exemplo, será notado basicamente o comportamento de um cirurgião que apresenta as características acima assinaladas enquanto vários outros cirurgiões do mesmo hospital que têm personalidades mais equilibradas não serão notados.

Por outro lado, é preciso dizer que os exageros e os traços patológicos de um médico nem sempre o levam a cometer falhas terapêuticas ou desvios éticos com seus pacientes, pois a parte sadia de suas personalidades muitas vezes fala mais alto do que o seu lado neurótico ou socialmente desajustado. É o lado heróico do médico que junto com seus atributos saudáveis consegue que este, na maioria das vezes, acerte. Óbvio dizer que a sua formação técnico-humanístico-profissional tem um papel fundamental nesta situação.

É preciso também dizer que muitos dos traços de personalidade levantados em entrevistas, enquetes ou testes realizados com estudantes de medicina ou com médicos são latentes e não manifestos, podendo, todavia, aparecer quando o médico está em situação de crise, quando sofre perdas ou adoece, por exemplo.

O fato é que o médico é o profissional mais estudado, mais investigado, mais pesquisado em nossos tempos. E isso por quê? Ao meu ver, isso tem relação com a grande desidealização porque passou a figura do médico nas últimas décadas. De grande herói de muitos séculos ele começou a ser visto como fraco, pulha, vilão, a partir da segunda metade do século passado, quando outras imagos também começaram a cair: a ordem, a figura paterna, Deus até.

Assim, penso que há muito rancor do médico em nossos inconscientes coletivos, o que nos leva mesmo a pesquisar em busca de seus *locus minor* resistência, desvendarmos suas falhas, expormos os seus calcanhares de Aquiles. Mas, ao mesmo tempo, há toda uma procura de expor suas falhas, ajudarmos os médicos a poder corrigi-las, a descer do pedestal, humanizar-se.

Trabalhando em psicoterapia e em psicanálise, cada dia eu encontro mais pacientes que me vêem como uma pessoa humana e que toleram meus eventuais erros e titubeações.

Ainda sobre a personalidade do médico e do estudante de medicina

McCue (1958), num extenso trabalho sobre o tema, estudou as motivações de escolha da medicina, encontrando freqüentemente desejos de autocomando, de autocura, de segurança e de ser necessário para outrem. Tudo isso confirma a questão da baixa auto-estima detectada nos trabalhos sobre saúde mental do estudante de medicina, isto é, são reações a uma vivência de baixa estima, pretendendo se apresentar o oposto (cap. 1). Este mesmo autor considera como motivação dominante um forte desejo de obter aprovação de pessoas importantes, freqüentemente do pai ou do médico de família.

Já Alen (1984) entrevistou 640 médicos e selecionou dois grupos: os que foram bons alunos em ciências e desejavam ingressar numa profissão atraente e os que desejavam se relacionar com pessoas e ajudá-las. Como se pode perceber, este é o grupo que apresenta o que podemos chamar de uma boa vocação médica. Neste trabalho, com uma grande casuística, 60% dos alunos se decidiram antes dos quinze anos de idade e 17% das mulheres e 10% dos homens antes dos 10 anos, confirmando os achados de outros trabalhos na direção das identificações precoces com parentes médicos, médicos de família ou médicos ilustres de todos os tempos, incluindo mesmo heróis cinematográficos (Robin Williams). Também com o desejo de todos os tempos de dar saúde aos outros, vencer a doença e a morte. Meleiro chama a atenção para a possibilidade do aluno, antes de ingressar num curso médico, poder conversar com um profissional de saúde sobre o que é ser médico. Isto reforçaria, ou não, a sua escolha.

A educação médica é um longo e estressante processo, sendo uma difícil forma de se obter desenvolvimento e maturação (Meleiro, 1999). "O mero esforço de educar um indivíduo em vários campos por tantos anos freqüentemente torna impossível a própria maturação, que é um dos seus objetivos". Esta autora cita McCue (1985) que chega a dizer que *é importante que o médico tenha passado por certas dores e sofrimentos da vida* para avaliar a ação destes impactos na existência destas pessoas, possibilitando que eles se identifiquem com aqueles que vão lhes procurar por razões diversas. Aqui penso que entra em jogo o importante fenômeno da empatia, isto é, pôr-se no lugar do outro e avaliar e entender as suas dores físicas ou os seus padecimentos existenciais. É o médico que, sem ter tido experiência direta com o homossexualismo, é capaz de compreender todo o drama de um paciente homossexual desadaptado, seus sentimentos de vergonha, culpa e baixa auto-estima, enfim, pôr-se na sua pele e ajudá-lo. Sem dúvida, uma atitude preconceituosa impede todo esse processo.

Meleiro também cita Lief (1971), que entrevistou 60 alunos do primeiro ano, constatando que 32% deles estavam amadurecidos segundo seu interesse por ciências e através do desejo de trabalhar com pessoas humanas. Nos outros, 30% eram ajustados e 38% conflituosos. O autor concluiu, então, que 68% reagiam a impulsos neuróticos inconscientes e a conflitos infantis não resolvidos.

Já Paris e Frank (1983) compararam a escolha profissional em estudantes de medicina e de direito, encontrando como evento significativo uma história de doenças sérias na família em estudantes de medicina ou, entre os alunos de direito, a existência de problemas legais, também na história familiar.

Entenda-se aqui por doenças sérias a ocorrência de doenças marcantes significativamente e não apenas graves, do ponto de vista médico. Assim, em um médico que atendemos, a escolha profissional era marcada, entre um conjunto de causas, pela morte de um avô por enfarto e de uma avó pela queda de uma escada. Mortes comuns numa visão médica, porém muito traumáticas, dramáticas mesmo, para aquela família muito simbiótica que não podia suportar a perda de qualquer um dos seus membros.

Meleiro cita novamente McCue (1985) que fala nas habilidades não cognitivas dos médicos como maturidade, competência social e diminuição da competitividade agressiva. Ela refere que os estudantes de medicina e os médicos jovens não têm tempo de se dedicar às suas tarefas, consolidar suas identidades e se desligarem saudavelmente dos pais. A isto chama de *isolamento social.*

Para esta autora, a *maturidade* é a qualidade mais importante do médico, a preferida dos pacientes. Ela se relaciona com humildade, autocontrole, autoconfiança, sabedoria, experiência, integridade e com a aceitação da responsabilidade de ser adulto.

Um aspecto da personalidade médica que vi muito pouco citado nas revisões que consultei é o narcisismo. Entenda-se por narcisismo, termo criado por Freud, a direção da libido voltada para si mesmo, levando a um amor próprio exacerbado, a um interesse muito maior por si do que pelos outros, a um auto-enamoramento pela própria pessoa e por suas questões.

Kohut corrigiu os excessos negativos desta visão de Freud e postulou que todos nós temos dois cursos da libido, um narcísico, autocentrado, e outro objetal, voltado para o mundo e para as outras pessoas. E acentuou o que Freud chamou de narcisismo secundário, isto é, aquele ligado a perdas, a humilhações, a lesões da auto-estima, diminuindo a ênfase no narcisismo primário, o amor por si próprio, acima de todas as coisas. Assim, o narcisismo secundário é um narcisismo a princípio reativo, porém que se consolida através dos tempos.

Considero a narcisismo um problema central na medicina pois muitos de nós procuramos esta profissão para superar lesões de auto-estima, condições de timidez e sentimentos de inferioridade. Encontramos uma profissão ideal para se sentir destacado, herói, onipotente, com uma posição muito valorizada diante da família e da sociedade. Assim, no médico, com freqüência, vamos encontrar aspectos da órbita do narcisismo como arrogância, a pretensão descabida, o auto-enamoramento. Qualidades opostas ao que se espera normalmente encontrar como humildade, tolerância, capacidade de reconhecer erros e fazer reparações.

Uma conduta muito comum no médico narcísico é reagir com agressividade diante das frustrações impostas pelos pacientes, naquilo que Kohut chamou de fúria narcísica. É o residente, por exemplo, que diante de um paciente diabético descompensado porque não seguiu suas prescrições, humilha-o ou ameaça abandoná-lo.

O estudante de medicina e o médico têm duas chances de se "curar" do seu narcisismo e das outras qualidades negativas que possui: o curso médico e o resto da sua vida para se conscientizar deste longo processo, esforçando-se e fazendo contínuas reflexões, aprendendo a todo o momento com a experiência e se exercitando na capacidade do que Freud chamou de elaboração, trabalho lento e contínuo de conscientização, para toda uma vida. Um ponto importante da conscientização do médico é a chamada experiência emocional enriquecedora que fortalece o ego e vai se construir num marco para a vida futura. É o médico que aprende com todas as vicissitudes do ficar enfermo, levando esta experiência para todos os contextos de sua existência, como a relação com os colegas e familiares, a internação hospitalar, o medo do diagnóstico, da morte e o da cronicidade, a significação da cura.

Escreveu Helio Luz (1993) que a pessoa onipotente é justamente aquela que duvida de sua potência e que, portanto, precisa dela a todo instante.

McCue prossegue em seu importante trabalho dizendo que a imaturidade emocional pode comprometer a habilidade do médico em cumprir seus deveres para com o paciente, caindo as responsabilidades sobre si mesmo. "Médicos que não amadurecem totalmente, geralmente por problemas emocionais de deficiência profissional e crises de vida são freqüentemente desfavorecidos pelo intenso estresse que encontram na prática médica" (Meleiro).

Quanto à *competência social*, esta demanda habilidades de comunicação, boas maneiras e boa impressão geral, criando uma imagem atraente daquele que é capaz de diagnosticar e de curar, fundamental em nossa profissão. "Médicos que agem de modo distante, frio, com pressa, ou usam jargões confusos para explicar uma doença ameaçadora a pacientes, estão ignorando ou desprezando o poderoso efeito que têm as palavras e o comportamento de um médico em uma consulta médica". (Meleiro).

Assim, segundo McCue, fortes interesses científicos e excelência acadêmica geralmente se correlacionam com introversão, falta de percepção e de presença social, rigidez, estilo de aprendizado passivo e interesse preferencial por aspectos científicos e tecnológicos.

McGuire, em 1966, estudando a personalidade do estudante de medicina, encontrou aspectos muito semelhantes à personalidade tipo A, ou seja, traços obsessivos, com tendência a embrenhar-se na busca de domínio, de controle, de perfeição, de segurança e de repressão, com tendência a pôr as questões intelectuais acima de suas necessidades e a razão acima da fantasia (Meleiro, 1999). E nos alerta Meleiro que estas características não são exclusivas dos médicos, mas sim das pessoas com personalidade tipo A, sendo freqüentes entre alunos de medicina e outros profissionais.

Entre os vários traços comuns de comportamento de médicos e de estudantes de medicina avulta a questão da obsessividade, perante a *compliance* profissional, perante a vida. É uma necessidade premente de atender pessoas, acima de todas as coisas, pela ação de um superego tirânico, levando o médico a nunca dizer um não a um paciente.

Assim, um médico coronariano que atendi chegou a "internar" doentes em sua própria casa enquanto estes aguardavam vaga no hospital em que este trabalhava. Isto é, sua ansiedade e sua obsessividade (ou perfeccionismo) não permitiam um momento de trégua na relação com o paciente, necessitando que esta se desse sem interrupções.

Por tudo que vi até hoje, convivendo e tratando médicos e estudantes de medicina, como clínico e como psicanalista, considero os traços mais patológicos da pessoa do médico, falando de sua personalidade como um todo, a onipotência, o narcisismo e a obsessividade. E, como outros traços, menos típicos, a voracidade (ganância), os aspectos perversos, funcionando na relação com os pacientes.

Meleiro também cita o já clássico trabalho de Dussek (1960) sobre o efeito da pressão do trabalho na doença coronariana do médico. Ele estudou dois grupos de médicos: os clínicos gerais e os anestesistas (muito estresse) e os dermatologistas e patologistas (pouco estresse). Como seria de se esperar, os médicos do primeiro grupo tinham uma incidência consideravelmente maior de doença coronariana do que o outro grupo.

Escrevendo sobre os efeitos negativos do ensino médico tradicional, Kaufman (1988), entre nós, escreve que "... o estudante aprende a negar o lado emocional do paciente e conseqüentemente também o seu próprio. Ignora a própria dor, desconforto e exaustão".

Deste modo, o ensino médico organicista contribui para a formação de personalidades do tipo A e outros *workadictos* que não percebem o lado humano do paciente e seus conflitos, são máquinas examinando e tratando de outras máquinas, não cabendo refletir sobre as relações estabelecidas, o raciocínio sendo apenas dirigido para um diagnóstico e conseqüente planificação terapêutica.

A PERSONALIDADE TIPO A

Se há uma profissão super-investigada em seus aspectos psicológicos é esta, a medicina, a começar sobre a personalidade do médico. Assim é que ainda em 1960 um cirurgião americano chamado Friedman descreveu em pacientes coronarianos uma personalidade francamente patológica a que deu o nome de Tipo A, para contrastar com outra personalidade, o Tipo B, não patológica, também encontrada nestes pacientes, em muito menor freqüência. Curiosamente ele descreveu sua própria personalidade e veio a morrer posteriormente de doença coronariana. Depois se agregaram a estas pesquisas o psiquiatra americano Roseman e outros.

As principais características deste tipo de personalidade são: impulsividade, obsessividade, competitividade e urgência de tempo (uma luta permanente contra o tempo). Uma das profissões que mais albergam pacientes tipo A é a medicina. Por esta razão foi pesquisada, exaustivamente, a relação entre o médico coronariano e o trabalho, bem como os problemas do casamento do coronariano. Em relação ao trabalho criou-se mesmo a expressão *work-adicto* (viciado em trabalho), que atualmente tende a ser substituída por *work-aholic*, o que quer dizer a mesma coisa. São pessoas que vivem para trabalhar, substituindo sua vida doméstica e suas relações pessoais pelo trabalho. Freqüentemente o infarto é desencadeado por um rebaixamento funcional em sua escala profissional. Em trabalhos que ficaram célebres, estudou-se o perfil dos *blue colors* e dos *white colors* (colarinhos brancos e azuis). Os brancos, os chamados executivos, tinham muito mais prevalência de infartos que os azuis (os operários). Isto criou a teoria de que a doença coronariana é uma doença de estilo de vida. Todavia, Jenkins demonstrou que a coronariopatia é igualmente prevalente nas classes baixas, correlacionando-se, positivamente, com baixos salários, más condições de moradia e baixa escolaridade[6].

Em relação à vida familiar os casamentos são geralmente conflitivos, os homens (com a onipotência que os caracteriza) freqüentemente desvalorizam as esposas, porém no fundo são dependentes destas. O infarto se dá, por exemplo, no auge de um episódio conflitivo, em que o paciente teme perder a proteção da esposa forte com a qual tem uma relação de subjugo emocional.

A impulsividade leva freqüentemente a brotos de agressividade, a competitividade se manifesta assaz no trabalho, com os irmãos e amigos e a obsessividade é um traço marcante, muito desgastante, vindo acompanhada geralmente de perfeccionismo. A urgência do

6. Em uma tese de mestrado que examinei, de Egberto Turato, ele encontrou um alto índice de enfartos do miocárdio numa população basicamente de classe média baixa, muitos deles secundários à hipertensão arterial.

tempo leva a uma luta permanente com a dimensão temporal e pode ter como defesa e conseqüência paradoxal uma desvalorização permanente da importância do tempo[7]. Isto leva a um trabalho ansioso e voraz, o atender a um paciente pensando já na consulta seguinte. Deste modo, o coronariano é um paciente assaz ansioso e esta característica tem um concomitante fisiopatológico, uma hiperatividade do sistema adrenérgico (ou simpático da reação de luta ou fuga ao estresse) que se manifesta por permanente taquicardia e/ou elevação da pressão arterial.

Este é o trabalho mais famoso sobre a pessoa do médico e sobre o doente coronariano. De várias formas ele foi testado e, de um modo geral, sempre comprovado. Chegou a se pesquisar o modo do coronariano falar, caracterizado por uma fala explosiva, entrecortada, o que por si só caracterizaria a personalidade tipo A. Esta permite assim explicar por que o médico é um dos grandes grupos de risco para a doença coronariana.

Contribuições de Nogueira Martins

Entre nós, Nogueira Martins vem apresentando significativos trabalhos sobre o tema da saúde mental do médico e do estudante de medicina. Ele cita Waring (1974) ao afirmar que a morbidade psiquiátrica familiar, as experiências de vida e a personalidade eram fatores etiológicos mais importantes para os médicos que os fatores ocupacionais por si sós. Estas são conclusões muito importantes porque, ultimamente, com a degradação da vida do médico, só se apontam os fatores sociais como causa de suas dificuldades.

Em sua contribuição de 1995, Martins resume o trabalho de Vaillant, já clássico, que comparou exaustivamente 47 médicos homens com 79 outros profissionais, também do sexo masculino. "Os resultados revelaram que os médicos, especialmente aqueles que tinham prática clínica, apresentavam casamentos mais instáveis,

7. Levando a pessoa a chegar sempre atrasada, por exemplo.

usavam drogas e álcool de forma abusiva e buscavam psicoterapia em proporção maior do que os controles"[8].

Em relação aos mecanismos utilizados para lidar com as crises e com os conflitos, os médicos apresentavam duas vezes mais que os controles reações hipocondríacas, fenômenos de auto-agressão e formações reativas. Além disto, foram detectadas reações fóbicas como forma de pedir ajuda e condutas altruísticas, estas últimas típicas dos médicos, cabendo aqui uma ressalva de que se trata de um *dar* e se dedicar sem limites.

Quanto às reações hipocondríacas, estas são muito freqüentes e importantíssimas na psicologia do médico, refletindo, geralmente, o temor à doença e, em última instância, à morte. Podemos mesmo dizer que é raro um médico não apresentar qualquer fenômeno hipocondríaco. Entre nós, Eksterman, denunciando a generalização destas reações, cunhou a "hipocondria transitória do terceiranista de medicina", que surge quando este começa a ter contato direto com pacientes, se identificando com estes e temendo ser invadido por suas doenças.

Valliant e colaboladores salientam que embora as dificuldades acima citadas sejam normalmente atribuídas a vicissitudes inerentes ao exercício profissional da medicina, no trabalho em questão estavam fortemente associadas á adaptação à vida anterior à escola médica. Em suas palavras: "Somente os médicos com adaptações instáveis na infância e adolescência revelaram vulnerabilidade às solicitações da profissão".

Os autores concluem este trabalho afirmando que os médicos apresentaram características de personalidade habitualmente encontradas em usuários de drogas: dependência, pessimismo, passividade, insegurança e sentimentos de inferioridade; superproteção materna ou paterna na infância e adolescência; características de passividade e auto-agressão; insatisfação conjugal, levando a um investimento maciço no trabalho.

---

8. Para mim, só o fato de o médico procurar por conta própria psicoterapia já é uma provável maturidade deste.

Outra pesquisa resumida pelo autor é a de Modlin e Montes (1964), que estudaram médicos homens usuários de drogas. Estes apresentavam como razões para sua dependência sobrecarga de trabalho, fadiga crônica e doenças físicas. Contudo, apresentavam uma história com muita revolta em relação às figuras parentais. Mais de 50% dos pais eram aposentados como alcoólatras, sendo as mães descritas como extremamente nervosas, dominadoras, depressivas, hipocondríacas e cruéis. Esta descrição corresponde ao que tem sido observado em mulheres de alcoólatras e no relato de mães de médicos severamente enfermos. Os pacientes médicos, todavia, desenvolveram intensas relações de dependência com essas mães.

Esses médicos, com freqüência, relatavam ocorrências freqüentes de doenças na infância: cólicas intestinais, enurese, asma, infecções respiratórias recorrentes, febre reumática e obesidade. Sua vida conjugal era marcada por discórdias e infelicidades e 75% deles tinham sérias dificuldades sexuais com as esposas.

Outro trabalho clássico, de revisão, sintetizado por Martins, é o de Jonhson (1991), no qual este autor re-estuda o papel das experiências de vida na vulnerabilidade ao estresse ocupacional. Jonhson nos recorda os estudos que mostram que para uma parcela de futuros médicos um dos componentes de sua opção profissional "é uma tentativa de reparação de experiências emocionais infantis vinculadas a vivências de impotência e/ou de abandono emocional".

Assim segundo Jonhson, teríamos duas alternativas:

- dar aos outros (pacientes) aquilo que gostariam de ter dado, mas não conseguiram: reparação da impotência;
- dar aos outros aquilo que gostariam de ter recebido: reparação do abandono emocional.

A escolha da medicina, nesses casos, seria uma resposta adaptativa a uma vivência de fragilidade de baixa auto-estima, que pode levar ao desenvolvimento de algumas disfunções profissionais, tais como:

- relação simbiótica com o paciente;
- aparente frieza ou afastamento emocional do paciente;
- negação das vulnerabilidades pessoais.

Em resumo, há evidências sugestivas de que uma parcela da população médica – cerca de 8% a 10% – seja um grupo de risco em relação a distúrbios emocionais. Vemos nesse trabalho uma pequena proporção de médicos e estudantes de medicina vulneráveis (9%) em relação a outros trabalhos apresentados com vulnerabilidade bem maior.

Nogueira Martins também realizou, além de vários trabalhos sobre a saúde mental de médicos e residentes, uma pesquisa sobre o uso de drogas em médicos, investigando 198 profissionais, sendo 87% do sexo masculino. Ele cita os fatores de risco apontados pela literatura em geral: acesso fácil aos medicamentos; história familiar de dependência; problemas emocionais; estresse no trabalho e em casa; busca de emoções fortes; auto-administração no tratamento da dor e do humor; fadiga crônica; onipotência e prescrição exagerada; especialidades de alto risco: anestesia, emergência e psiquiatria. O prognóstico desses médicos, se tratados, é melhor que o da população em geral. As especialidades médicas mais envolvidas foram clínica médica, anestesia e cirurgia (e não as acima previstas na literatura especializada).

"Providenciar tratamento para estes médicos não é tarefa fácil, dada a dificuldade em aceitar o papel de pacientes. Quando em tratamento, no entanto, o prognóstico é melhor que o da população em geral".

Comenta ainda Martins que, em geral, os médicos trabalham de forma independente, com postura controladora e com a falsa sensação de que podem cuidar de si mesmos, que sabem o que estão fazendo. Vemos aí funcionando as negações onipotentes que tanto facilitam o encontro da droga, o seu abuso e as conseqüências. Assim, McGovern encontrou 70% de prevalência de uso de substâncias entre médicos autuados por má prática médica.

O padrão mais freqüente foi o uso de álcool e outras drogas (36%), seguido do uso somente de álcool (34%). As drogas mais consumidas, decrescentemente, foram: álcool, cocaína, diazepínicos, maconha, opiáceos, anfetamina e solventes. Martins observa que na sua casuística o uso de álcool, cocaína e opióides foi suficientemente grave para fazer o diagnóstico de dependência, ao contrário da maconha e anfetamina (apenas nocivos).

É fato sabido que os médicos fazem um uso abusivo de psicotrópicos, mormente de benzodiazepínicos. Nesse sentido, tem-se visto cada vez mais quadros de intoxicação por diazepan, acompanhados por fenômenos de ataxia.

Quanto à especialidade dos médicos envolvidos, temos 25% de casos de clínica médica, 12% de anestesiologia, 8% de pediatria, 6% de ginecologia e obstetrícia e 4% de psiquiatria, saúde pública e radiologia. Vemos que esta casuística confirma a alta incidência de anestesistas, porém apresenta um número menor de psiquiatras ao contrário dos dados habituais.

Esses médicos pesquisados usavam as substãncias psicoativas já há 3,7 anos em média e relatavam como conseqüência do uso abusivo: desemprego (30%), problemas conjugais (52%), acidentes automobilísticos (42%), problemas judiciais (19%), problemas com o CRM (8%).

Desse total de médicos, 65% relataram automedicação para a abordagem de situações clínicas, psíquicas, ou para o próprio tratamento da condição de dependente químico.

A pressão familiar desses médicos foi o fator mais importante na decisão de se tratarem, pesando ainda significativamente a atuação dos colegas, responsável por 15% das demandas.

Martins conclui seu trabalho hipotetisando que essa amostra tenha se constituído de indivíduos com graves problemas quando à dependência química. Por outro lado, o alto índice de automedicação fala a favor do uso de álcool e drogas para aliviar sofrimento físico, psíquico ou sobrecarga de trabalho.

O MÉDICO FALSO-*SELF*

Embora criado por Winnicott em 1960, esse termo ainda está restrito às esferas psicanalíticas, tendo penetrado pouco na psicologia e na psiquiatria. É, todavia, um conceito eminentemente clínico de enorme utilidade para a compreensão do comportamento humano normal ou patológico.

Winnicott postulou que todos nós temos duas estruturas relacionadas com a questão da verdade, com o nosso desenvolvimento e com nossas técnicas adaptativas: o verdadeiro e o falso *self*.[9] O verdadeiro *self* é relacionado com o poder ser verdadeiro, ser autêntico, espontâneo e criativo. Já o falso *self* se relaciona com a falsidade, com o viver adaptativo, com a conciliação, com a falta de autenticidade e de criatividade. Este surge, segundo Winnicott, quando a mãe não reconhece a necessidade, o gesto espontâneo do filho e o reprime, ensinando-o com a repetição da experiência a ceder, a conciliar com esta mãe que Winnicott chamou de não suficientemente boa.

Além desse tipo de falso *self* que eu chamo de benigno (ou retraído), descrevo um outro: maligno, ostensivo ou narcísico, que representa uma transformação de ceder / conciliar, para enganar / iludir, levar vantagens. É um falso *self* muito comum no mundo atual (Hanna Arendt, Freire Costa), da cultura narcísica, da esperteza ("Lei de Gerson"), da delinqüência, da competição a que somos todos jogados neste mundo globalizado.

Em um excelente trabalho, Alice Miller descreveu um tipo de falso *self* infantil que depois se transforma na pessoa de um psicoterapeuta. Essas crianças, diz ela, têm uma relação de muita intensidade com suas mães, simbiótica mesmo. Miller nos aponta as seguintes características destas crianças:

- Sempre havia uma mãe profundamente insegura cujo equilíbrio emocional dependia do modo de ser específico do filho;

9. *Self*, em inglês, se refere ao Eu, o ser, o todo.

- Havia uma incrível capacidade do filho em responder intuitivamente a estas necessidades da mãe ou de ambos os pais;
- Ele sentia que necessitavam dele e isso lhe trazia segurança emocional;
- Essas crianças mais tarde se tornarão mais do que mães de suas próprias mães (confidentes, consoladoras, apoiadoras, orientadoras) e passarão a cuidar também dos irmãos.

Comenta Miller sobre a história destas crianças: "Não é de estranhar que no futuro, com certa freqüência, escolham a carreira de psicoterapeutas. Quem mais sentindo esta história prévia se interessaria em passar o dia tentando descobrir o que se passa no inconsciente dos outros?".

Vemos nesta concepção de Miller a referência a um falso *self* retraído, "bonzinho", conciliador, adaptativo, não grandiloqüente. A megalomania pode estar na ambição de se tornar um grande psicoterapeuta, conhecido nacionalmente etc.

A meu ver, o fenômeno falso *self* está na gênese da própria escolha da medicina como profissão. Assim, o médico "faz de conta" e ao mesmo tempo acredita que é onipotente, que tem poderes de evitar toda e qualquer enfermidade ou, no seu surgimento, de curar a todas. Quão mais onipotente for o médico mais tentará impor esse raciocínio, essas crenças, ao paciente. Quanto mais ele se aproxima daquilo que Winnicott chamou de um "*true* falso *self*" (autêntico falso *self*), ou do que eu chamo de um falso *self* ostensivo, mais ele acreditará nessas fantasias e tentará impô-las ao seu paciente. Já um médico mais verdadeiro *self* tenderá a se nortear mais pela realidade, pela autenticidade, com menores tendências narcísicas e exibicionistas em seu funcionamento.

Porém, esta contradição existe na base de nosso comportamento, sendo mais acirrada para alguns. Prometemos coisas que não podemos cumprir, de um modo geral, para aplacar a dor e o sofrimento do paciente. E com isso afirmamos nossa personalidade falso *self*, nossa onipotência e nosso narcisismo, pretendendo com isso tratarmos a baixa auto-estima do paciente, suas fantasias negativas, sua ansiedade, sua depressão.

Todos nós temos estes dois aspectos dentro de nós, e o que vale, em última instância, é o predomínio de um ou de outro em nossa personalidade.

E assim caminha o médico, com o seu lado Dom Quixote, narcísico, megalomaníaco, falso *self*, pois, sem uma dose desses atributos, é muito difícil enfrentar a doença aguda, a crônica e invalidante e, mais ainda, o fantasma da morte. Pelo seu lado verdadeiro, a crença se faz mais através da fé e da esperança na profissão, no poder de reparação dos tecidos do paciente ou da resolução dos seus conflitos mentais.

O fato é que a aura de poder e de sucesso ostentada pela profissão vem a calhar como cura da baixa auto-estima comum da personalidade daqueles que escolheram ser médicos, conforme outros trabalhos aqui resumidos. E cabe a uma estrutura falso *self*, com seu funcionamento hipomaníaco, reabilitar a baixa auto-estima do futuro médico, substituindo-a por uma visão cor-de-rosa, alegre e otimista do mundo e da profissão. Assim são os médicos jovens, de modo geral.

Quando o médico, entretanto, se depara com a realidade do funcionamento da profissão, com os baixíssimos salários, com a necessidade de manter vários empregos para poder viver com um mínimo de dignidade, com as péssimas condições institucionais onde se pratica a medicina, caem as defesas maníacas e se instala um clima de desânimo, ansiedade, fantasias de desistência e depressão. A estrutura maníaco-falso *self* já não dá mais conta da situação. Nem a sua personalidade tipo A, *work adicta*, resolve o problema. Não adianta trabalhar desordenadamente; o problema é o volume de trabalho, são as condições reais deste, a baixa remuneração. Com a manutenção desse estado de coisas, instala-se o quadro que Cristina Maslach chamou de *Burnout*, que eu descrevi assim, em *Vivendo num país de falsos selves* (2003):

> Há uma apatia quase total e um desinteresse para tudo, principalmente para o trabalho. Há estafa, irritabilidade. O médico, então, trabalha como se fosse um *robot* ou deixa de trabalhar. Ele vai se desinteressando por tudo, pela família, pelo sexo, pelo lazer e seu rendimento no trabalho cai cada vez mais.

Temos aqui o que o neoliberalismo e a globalização fizeram em nosso país com o médico.

Ele deu sua parte com sua personalidade *work-adicto*, que o levou, com sua idealização e com sua ambição, a apenas trabalhar. Com sua mania de ser Deus, não conseguiu dar limites (o possível) ao seu trabalho[10].

E continuo:

> A medicina é de base ligada às realizações humanas mais grandiosas e, se existem médicos falsos-*selves* e narcísicos, distantes do paciente ou mesmo arrogantes e donos do poder, acredito que a maioria é de pessoas dedicadas, capazes de transmitir afeto e de ouvir, com generosidade, o paciente... E onde estariam os aspectos falso-*selves* mais patológicos da prática médica? Estes invadiriam as questões de caráter e iriam desde a exploração, a cobrança de proventos altos e indevidos, passando pela mentira na relação (falar de experiências que não se possui) até a realização de práticas para as quais o médico não está preparado (cirurgias de risco) podendo levar até a morte do paciente[11].

Além dessas influências em que avulta a crise do estado brasileiro, o desemprego, o subemprego, entra em jogo todo o poder da

10. Diga-se, a bem da verdade, que estas questões aparecem por ter sido muito mais pesquisadas na medicina do que em outras profissões e pela própria natureza desta de lidar com a saúde humana.

11. Aqui se incluem os hospitais com precários centros cirúrgicos e as cirurgias feitas apressadamente, gerando o "esquecimento" de material cirúrgico no corpo do paciente, por exemplo.

mídia com o seu chamamento para as profissões da moda ligadas à ganância, à vaidade e ao narcisismo. Assim, predominam, atualmente, as especialidades ligadas à estética, à beleza, ao narcisismo, como a cirurgia estética e a dermatológica, notadamente a dermatologia cosmetológica. Se tiver acesso a essas especialidades, o médico tem uma chance de sucesso profissional atualmente; porém, se for um clínico geral, com toda a importância para a sociedade que esse trabalho possa ter, está mais propenso aos subempregos e ao *burnout* que ronda sobremaneira a medicina institucionalizada.

Outros aspectos do comportamento falso *self* do médico se referem a desempenhar papéis, aquilo que não se é, que não se sabe ou que não se sente. É o médico, por exemplo, que quer demonstrar uma cultura ou um conhecimento que de fato não tem, fazendo como que um *marketing* para seu paciente, pronunciando termos técnicos, citando viagens que nunca fez, espetáculos que nunca viu, livros que nunca leu, citando técnicas que nunca experimentou. Aqui estamos no terreno de um falso *self* francamente patológico. Aqui, a mentira, terreno no qual o falso *self* reina absoluto, campeia desbragadamente.

Porém não se precisa ter um comportamento francamente mentiroso para ser um falso *self*. As dissimulações, o fingimento de um estado de espírito, a técnica de simular uma emoção que realmente não vivemos, tudo isto são manobras falso *self* usadas à larga *manu* nessas representações teatrais-emocionais. E tudo isso tem um sentido deplorável, impressionar o paciente para que valorize mais nosso ser profissional e, quem sabe, possa pagar ainda mais pelos nossos honorários.

Se falha com a ética[12] o médico falso *self*, falha ainda mais o médico com um distúrbio de caráter. Aqui o desrespeito ao paciente, a iatrogenia, é ainda mais evidente. É o médico que se arvora possuidor de uma técnica cirúrgica que de todo não conhece "*au grand complet*". E, aplicando-a de forma parcial, arrisca fazer uma complicação iatrogênica no seu paciente, num *per* ou num *post operatorium*.

12. Como diz Garcia Rosa, a ética é o respeito, a consideração ao outro. Se não há mais respeito ao outro, não há mais ética, findou-se a ética.

É este o caso, geralmente, dos vários cirurgiões plásticos que há por aí com dezenas de processos nos conselhos regionais de medicina e que enlameiam a dignidade de uma classe prenhe de talentos e de valores, como os cirurgiões esteticistas.

Tive um paciente médico em análise, por muitos anos, que era ao mesmo tempo pediatra e empresário, diretor de uma casa de saúde em uma cidade do interior. O seu falso *self* era ostensivo e tinha mesmo um ar de falsidade dado por um cabelo "glostorizado" que usava e por uma mímica exagerada. Era exímio jogador de cartas e se gabava muito de sua habilidade em blefar. Seus lucros vinham quase todos da casa de saúde.

Como nessa época eu trabalhava no serviço médico de uma repartição que tinha convênio com a sua clínica, estava a par de uma série de irregularidades entre alguns médicos do serviço e a clínica, como, por exemplo, percentagens pagas sobre internações e cirurgias desnecessárias. Quando eu lhe levantei esses aspectos, ele os negou peremptoriamente, isto é, mentiu, pois as provas que eu possuía eram cabais.

A certa altura do tratamento, Mário apresentou um encarnecimento geral dos cabelos e iniciou um quadro de prostatismo o que o levou a entrar em crise e a revoltar-se de todo com a análise. Ele tinha me procurado para ser um eterno Dom Juan e eu o estava fazendo um velho... Aqui podemos ver a enfermidade (ou a velhice) do médico desencadeando crises psicológicas, atingindo em cheio sua personalidade narcísica.

O que trouxe esse paciente ao tratamento foi uma situação de fobia ao casamento que o levou a desmarcar várias relações pré-matrimoniais diante do medo de se prender a alguém. Na realidade, foi-lhe mostrado que ele estava preso a sua mãe, uma mulher francamente controladora e invasiva, porém ele desconhecia defensivamente este fato. Além disto, casar-se era entrar no curso da vida, envelhecer, deixar de ser um *play-boy* namorador, um eterno adolescente.

Depois de muitas idas e vindas no terreno afetivo, Mário conseguiu fazer uma ligação de estabilidade, ao tempo que reconhecia que há muitos anos não mais vinha investindo na sua profissão, estudando, fazendo cursos etc. Daí, pôde novamente se dedicar à pediatria, opção profissional que o levou mesmo a estudar medicina, onde estava o pólo dos seus ideais (Kohut) e, na vida empresarial, o das ambições. Afastou-se da direção da clínica depois que seus colegas de diretoria não quiseram tomar conhecimento das denúncias que fez.

A medicina, na sua vertente mais verdadeira, é ligada, junto com o sacerdócio, ao que há de mais nobre e puro no homem: a fé e a esperança de ajudar o próximo, com uma dose de onipotência adequada ao senso da realidade e o conhecimento das limitações de cada um. No seu pólo mais falso é decorrente diretamente da onipotência delirante e do narcisismo, com fantasias de triunfalismo e na projeção sobre o paciente de todos os insucessos e fracassos. Daí ser fonte de várias iatrogenias e outros mecanismos de pôr a culpa no outro.

Hoirisch, citando Gerth e Miller, refere-se ao médico conformista e oportunista que externamente se ajusta ao código de ética, mas internamente não o aceita. Ajusta-se superficialmente, por motivo de comodidade ou de conveniência. Por mais correta que seja sua conduta, faltam-lhe convicção e integridade.

O MÉDICO ENFERMO

Em *O médico como paciente*, Alexandrina Meleiro (1994) traça um minucioso quadro da doença do médico. Ela escreve:

> Freqüentemente, os médicos são mestres em negar doenças neles mesmos e em ignorar os avisos que dão aos seus próprios pacientes (bem como aos amigos e familiares) sobre sinais e sintomas. Como visto, eles vão procurar tratamento mais tardiamente que a população não médica... O impacto de adoecer na pessoa do médico tem merecido pouca atenção. O médico, com um referencial diferente da maioria das pessoas, isto é, por ter (ou pensar ter) conhecimentos sobre fisiologia, patologia, etiologia,

terapêutica e prognóstico, enfrenta o processo de adoecer em si mesmo com características diversas em relação à população em geral, sendo assim um paciente especial.

Por tudo isto, necessita de cuidados muito especiais, que não estimulem regressões, de uma relação médico-paciente muito próxima, de uma conduta *holding* muito presente, de uma internação hospitalar com cuidados especiais por parte da equipe assistencial. Continua Meleiro: "O que devo fazer, a quem devo recorrer para pedir auxílio? Surge o medo do estranho, de colocar-se em mãos de pessoas estranhas (a equipe hospitalar) – ele não sabe se terão habilidades suficientes para os cuidados que se fizerem necessários".

É este um dos motivos pelos quais o paciente médico trata com tanto desprezo os profissionais não médicos de um hospital, segundo tenho tido oportunidades de constatar[13]. Aqui também entra em jogo o fenômeno do corporativismo, isto é, o médico só dá valor aos que forem de sua classe.

Geralmente, o médico dedicado trata de seus pacientes valorosamente, mas *ignora sua própria dor*, desconforto, exaustão. Opta por se automedicar em casa com remédios para doenças autodiagnosticadas e pode ser difícil de revelar este fato posteriormente, quando procurar um colega. Quando admite sua doença e vai procurar um profissional, fica geralmente envergonhado, como se tivesse falhado. De outro lado, sente-se culpado por ter de deixar sua tarefa para outro colega sem aviso prévio (ambulatório, leitos de hospitais). O mito e a crença que médicos são imunes a doenças está por toda parte.

Shelton (1993) nos dá o seguinte depoimento quando se deparou com uma cirurgia cardíaca:

> Todos os problemas da vida tornam-se insignificantes quando se depara com uma doença terminal... Eu era um participante, mas

13. Isto é, tolera a presença dos colegas e joga toda sua raiva nos demais profissionais de saúde.

> não estava lá, parecia um sonho ruim, cena cruel numa peça que eu assistia de fora... Encarar a morte produziu uma consciência de minha própria mortalidade que eu jamais esquecerei.

Aqui vemos as defesas esquizóides trabalhando a larga *manu*, para tentar evitar a percepção da doença, o sofrimento, a conscientização da ameaça de morte. No médico, vemos com freqüência as defesas esquizóides em funcionamento e, mais ainda, no processo de adoecer.

Continua Meleiro: "O ato de tratar, internar ou conceder alta a um paciente médico é cercado *de temores, de decisões erradas*, além do receio de críticas". O médico enfermo pode se revelar competidor e manipulador de quem o examina e trata, segundo Hoirisch (1976). Pacientes internados no InCor mencionaram que ao serem internados em outros hospitais, permaneceram um tempo maior, muitas vezes com dias ociosos, apenas à espera da realização de exames ou porque os médicos demoravam a dar alta[14]. (Meleiro)

Sobre o problema da depressão no médico, Meleiro faz várias considerações, começando sobre a depressão em geral. Ela comenta que nem sempre é possível saber quando uma tristeza como reação comum evolui para um estado depressivo que necessita de tratamento psiquiátrico.

Ela também se refere ao impacto da morte de um colega de quarto no ânimo e na fisiologia de um paciente, relatando um caso que acompanhou em que dois advogados ocupavam o mesmo quarto e um deles veio a falecer. O outro, que estava bem, apresentou a seguir crises hipertensivas, no que ela chamou de somatização da emoção. Trata-se de um luto difícil de superar pelas circunstâncias de proximidade, muitas vezes de companheirismo no infortúnio. Passa a funcionar o pensamento mágico, onipotente. "Ele se foi, eu também irei".

E, em continuação, escreve Meleiro:

14. Normalmente, o número de pacientes-médicos internados no InCor é alto e os médicos deste hospital já se adaptaram a atender esses pacientes especiais.

A tristeza é uma emoção universal vivenciada por todas as pessoas em alguns períodos de suas vidas. A distinção entre uma emoção normal de tristeza e uma depressão que demanda tratamento médico, muitas vezes, é problemática em função da desinformação e dos estigmas. Geralmente, é considerada uma *fraqueza de caráter* que pode ser superada através do esforço ou da vontade de se ajudar ou de melhorar.

Isto é particularmente válido para o médico, para quem a última coisa que pode admitir na vida é uma depressão (motivo de fraqueza, vergonha, desonra). E ainda mais para o psiquiatra, que tem o dever (para si e para os outros) de estar do outro lado do *front,* combatendo e aniquilando a depressão.

Infelizmente, estes *estigmas* e *desinformações* atingem também a própria classe médica, que, por sua vez, como a população geral, pode apresentar quadros depressivos e não receber o tratamento adequado, evoluindo para a somatização (cardiopatias, hipertensão, diabete etc.) e/ou cronicidade, para o abuso de drogas psicoativas e para o suicídio (...). Existe grande resistência por parte da população em aceitar que as mesmas pessoas nas quais confiam sua saúde podem vir a ter doenças mentais. (...) Talvez o que mais *estigmatize a doença mental é a capacidade de prejudicar a crítica do indivíduo em alguns momentos* (ou em muitos, digo eu). Os próprios médicos relutam muito em procurar ajuda psiquiátrica temendo ser estigmatizados. Geralmente, tentam se automedicar ou fazer uma consulta de corredor com algum colega amigo, procurando ajuda profissional somente quando a situação torna-se insustentável.

Valco e Clayton (1975) constataram que de 53 médicos no primeiro ano de formados, 30% apresentavam depressão clínica. Reubem (1985) confirmou essa cifra ao encontrar 25% no primeiro ano de residência, 22% no segundo e 10% no terceiro, em conformidade com os dados sobre a residência médica aqui apresentados neste livro.

Meleiro também cita Rucinsck e Cybulska (1985), que afirmam que o diagnóstico psiquiátrico do médico freqüentemente é o de alcoolismo e drogadição (51 a 57% das internações psiquiátricas) e depressão, de 21 a 64%, conforme o estudo.

> *É difícil estimar as conseqüências da depressão no trabalho sobre seus pacientes.* A freqüência, a intensidade e o potencial dano desta interferência não são possíveis de serem mensuradas... Queria salientar que *não se deve punir o profissional deprimido,* mas que se deve reconhecer a depressão nas pessoas com quem trabalhamos ou em nós mesmos... É freqüente a notificação de um enfermeiro ou de outro paramédico quando o seu desempenho está comprometido; o mesmo não ocorre, entretanto, quando é um médico. O pacto de silêncio ou de cumplicidade não é favorável ao colega doente ou a seus clientes (...). Sabemos que no curso da depressão não diagnosticada ou mal tratada, o prognóstico é pior. *Pode acontecer recaída, recorrência ou cronicidade.* A noção atual enfatiza o tratamento não apenas para seu episódio agudo, mas para prevenir futuros episódios da doença.

E continua Meleiro com seu lúcido e pormenorizado depoimento:

> Uma vez procurada a ajuda, o paciente médico deve ter atendimento o quanto antes. É importante de sentir com ele todas as questões relacionadas à estigmatização da doença mental, ansiedade e perda de controle (sobre a sua própria pessoa e sobre o ambiente). Quando existe a indicação de internação, esta não deve ser adiada por pedido do paciente médico, uma vez que *esta atitude pode resultar em suicídio. Deve-se evitar internar o médico no próprio hospital em que ele trabalha e o tratamento não deve ser diferenciado pelo fato de ele ser*

> *médico.* É importante o médico responsável pelo caso manter-se sempre disponível a conversar e orientar não só o paciente, mas também a família, colegas e o restante da equipe.

Em suma, Meleiro está nos dizendo que o médico é, de fato, quando internado, mormente com depressão, um paciente especial, mas não deve por isso ser tratado com regalias.

Freqüentemente, tão logo tenham as primeiras melhoras, os médicos, com suas personalidades *work-adictas* (e para negar a importância da sua crise psíquica) querem ter alta, o que não deve ser feito antes de uma avaliação criteriosa de sua capacidade de julgamento e enfrentamento dos seus estresses vitais.

Sabemos que em todas as partes do mundo as estatísticas de suicídio são maiores entre médicos do que na população em geral; naturalmente, o fato de os médicos terem acesso a drogas que podem ser letais, exerce um papel misto.

> Colegas próximos aos médicos que cometeram suicídio têm referido mudanças nos comportamentos destes: *aumento de indecisão; desorganização e depressão, por dois a quatro meses precedendo o suicídio, como na população em geral.* O suicídio se correlaciona positivamente para a população médica com alcoolismo (confirmado pela alta incidência de cirrose), drogadição e doença mental, notadamente com depressão.

Segundo Ross (1973), *a incidência de suicídio entre médicas é maior do que nas mulheres da população em geral.* Este autor atribui este fato à personalidade das médicas, por serem *competitivas, ambiciosas, compulsivas, individualistas e inteligentes.* Provavelmente, tal tipo de personalidade as torna altamente susceptíveis às frustrações vitais, provocando reações depressivas. Rose e Rosow (1973) encontraram três tipos de profissionais com *alto índice de suicídio: médicos; dentistas e farmacêuticos.* Segundo este estudo, os médicos têm índices de suicídio maiores do que advogados e arquitetos.

Vários estudos têm confirmado uma maior incidência de suicídio entre *anestesistas, psiquiatras, oftalmologistas e patologistas.* Rich e Pitts (1980), autores deste trabalho, constataram que, de cada três psiquiatras que se suicidaram, um tinha distúrbio afetivo, explicando assim o aumento da incidência.

A taxa de suicídio entre anestesistas também é significativamente alta e atribuível em vários trabalhos à facilidade de acesso a drogas letais. Comenta Meleiro sobre esse problema em geral: "Merecem atenção as tendências materialistas que acreditamos existir entre os médicos, pois a morte lhes é familiar, em todas as suas formas, além de terem o meio do suicídio ao alcance das mãos".

A *American Medical Association* (1987) apresentou algumas hipóteses para explicar o suicídio das médicas:

1. especial vulnerabilidade para eventos (perda pessoal ou profissional, problemas financeiros) em relação a outros médicos, isto é, uma personalidade que se pode chamar de depressiva;
2. tendem a trabalhar mais que os colegas;
3. abuso do álcool e outras drogas;
4. insatisfação com a carreira médica, maior do que os outros médicos;
5. dão sinais de aviso da intenção de se suicidar;
6. têm desordem emocional e mental com mais freqüência;
7. tiveram dificuldades na infância e seus problemas familiares são mais comuns;
8. automedicam-se com mais freqüência que os seus colegas.

Continua Meleiro o seu trabalho de revisão:

> O uso de um método para o suicídio está intimamente relacionado com a sua disponibilidade, aceitação cultural e letalidade. A ingestão excessiva de drogas é uma forma de suicídio muito

aceita culturalmente, *sendo os medicamentos, principalmente os psicofármacos, utilizados na maioria dos suicídios de médicos.*

E cita os médicos, farmacêuticos, químicos e enfermeiros como aqueles que conhecem estes efeitos letais.

A seguir Meleiro discute com detalhes os resultados de uma pesquisa que realizou no InCor, entre novembro de 1994 a junho de 1995, com médicos, advogados e engenheiros internados nesse hospital por problemas cardiovasculares. Para tanto se utilizou, além de entrevistas psicológicas, de um questionário semi-estruturado de 20 itens. Foram examinados 53 médicos (29%), 72 advogados (39%) e 58 engenheiros (31%).

Um dado interessante é que enquanto com advogados e engenheiros ela nunca tinha dificuldades em realizar a entrevista, quando se tratava de médicos freqüentemente era "barrada" pela chefia de enfermagem ou pelo médico da ala, precisando apresentar credenciais e dar longas justificativas para poder ter contato direto com o médico enfermo, como se este tivesse que ser protegido, "evidenciando que nos meios do setor de saúde há dificuldade de aceitar o médico como pessoa que pode adoecer e necessitar ser hospitalizado".

Durante o relato deste estudo, Meleiro cita uma comunicação da psicóloga Belkiss Romano de que existem mais de 95% de chances de que nada de anormal aconteça durante o ato sexual de pacientes cardiopatas. E que nos pouquíssimos casos de morte em relação sexual, estes se devem, sobretudo, a relações extraconjugais relacionadas ao medo de ser descobertos, ao grau de ansiedade e ao esforço físico.

Em relação à percepção do seu estado depressivo, esta foi significativamente menor nos engenheiros, fato provavelmente decorrente de um funcionamento mental mais alexitímico, na decorrência de uma visão mais racional das coisas.

Em contraste, um estar mais ansioso foi relatado pelos médicos. "Houve um consenso dos médicos que assinalaram estar mais irritados, a sentirem-se impotentes, à mercê de outros, para decidir sobre suas vidas."

Sobre o medo de que a doença atual o fizesse sofrer, um paciente médico, evidenciando um comportamento falso-*self,* mencionou ter dificuldade em procurar ajuda na família e disse estar cansado da farsa do "tudo OK". "Parece que eu falo com os colegas como se fosse outra pessoa".

E, cita Meleiro, o paradoxo do mistério da cura, da sentença de Esculápio: "Aquele que está sempre curando permanece eternamente doente ou ferido".

A pergunta sobre o medo da morte suscitou respostas várias dos pacientes, a maioria admitindo o horror da morte e o medo da cardiopatia. Disse um médico: "Eu sei que estou no melhor centro hospitalar do Brasil, com colegas de gabarito, mas penso que vou morrer".

Aqui está a crença de que a doença e a morte vão vencer sempre, ainda mais quando as lesões se instalam no órgão que é o protótipo da sobrevivência, a própria sede da vida. Assim, é difícil encontrar um cardiopata que não tenha um quê importante de hipocondria, uma hipocondria secundária, poderíamos dizer. Todavia, geralmente menos grave psicopatologicamente que a hipocondria primária, sem lesões.

A pergunta "Você procura comportar-se como bom paciente?" foi a mais comentada de todo o trabalho. Essa preocupação foi maior no grupo dos advogados e menor no grupo dos médicos. Meleiro relaciona essa questão ao que Balint chamou de "função apostólica do médico", isto é, doutrinar o paciente para seguir certas normas e procedimentos. "É como se o médico se sentisse no dever de converter e educar seus pacientes, as suas próprias normas do estar doente".

E Meleiro, abandonando temporariamente o tom geral do seu trabalho, volta à frase chavão "O médico é o pior paciente" e questiona... "Como pode o colega que atende a um paciente médico ter julgamento tão severo como este?... Muitas vezes estes comentários são extensivos a familiares dos médicos: esposa (o), filha (o) e pais.

É comum, quando há uma intercorrência não favorável mas, às vezes, inevitável, escutar frases como: 'Tinha que ser em mulher de médico'; 'Filho de médico sempre complica'".

E conclui Meleiro: será que as pessoas, independentemente de serem médicos ou familiares de médicos, ao adoecer, deveriam receber uma cartilha com as orientações de bom paciente?

Sobre a questão da confiança na equipe médica, esta foi menor nos médicos do que nos advogados e engenheiros. Disse um dos médicos: "Fico com receio que haja descuido na prescrição, são muitos médicos. Meu pai morreu por falta de prescrição". Este paciente mandava a esposa fiscalizar a medicação nos três turnos, manhã, tarde e noite. Era desconfiado, paranóide mesmo, como um hipocondríaco. Apenas deslocava seus temores da doença para o tratamento. Ela ressalta também outro aspecto: "muitos médicos criticam a diluição de responsabilidades ao invés de ver nisto um fator de proteção à sua saúde".

E cita Meleiro outro depoimento, oposto ao anterior: "Eu tive acesso ao prontuário, discuti com os colegas. A estrutura do InCor é de primeiro mundo, e isso dá segurança". "Os dois necessitavam de um controle sobre a prescrição, só que o segundo se tranqüiliza, o primeiro não". (Meleiro)

Sobre estes temas, Meleiro revela o comentário muito lúcido de um cirurgião torácico, Etzel, do livro *Um médico do século XX vivendo transformações:* "Eu era do tempo de o cirurgião e seu paciente terem uma relação direta até a retirada dos pontos e a alta. O médico inteiro diante de um paciente também inteiro".

E, conclui Meleiro: "Seu comentário revela o anonimato, hoje presente na maioria dos hospitais, em que o paciente desconhece quem, onde e quando foi tratado. Fragmentam-se as responsabilidades pela complexidade da era moderna e a crescente especialização".

No item referente a se procurar seguir à risca as prescrições médicas, os advogados e engenheiros disseram seguir muito à risca as recomendações, e, os médicos, de pouco a moderado. Isto reforça o consenso de que os médicos são maus praticantes das recomendações médicas.

Sobre a questão das prescrições medicamentosas, Meleiro coloca que algumas vezes os dados parecem tão básicos que o médico assistente não dá maiores explicações ao colega enfermo – desconhecendo um possível estado regressivo em que este se encontra. Sobre a prescrição de um antibiótico, este deverá escolher e deverá determinar a dose, horário e tempo de duração. Se necessário, dialogará com o colega, mas deve ser firme em suas decisões. Muitos médicos enfermos abandonam o uso de um antibiótico ao melhorarem, aos dois ou três dias, como o fazem os leigos, por desconhecimento.

Quanto à automedicação, esta foi negada pelos advogados e engenheiros e admitida pelos médicos – "eu sei me medicar". Meleiro relaciona tal fato com o sentimento de onipotência próprio dos médicos. Sobre a avaliação da ação da enfermagem, esta foi considerada muito satisfatória pelos médicos e foi avaliada entre boa e moderada pelos advogados e engenheiros, provavelmente pelo fato da enfermagem dar um tratamento especial aos médicos, que não seja inconscientemente. Afinal de contas, a antiga idealização deve, em parte, permanecer, no inconsciente da enfermeira.

Sobre se a equipe de saúde poderia estar mentindo acerca da situação atual, a frase mais citada pelos médicos foi: "Eles não mentiriam para um médico", demonstrando uma atitude arrogante e de negação.

Sobre a questão das atitudes do médico assistente, verbais e extraverbais, estas foram bem aceitas pelos advogados e, quanto aos médicos e engenheiros, estes priorizaram a técnica, dando menor importância à relação médico – paciente. A este respeito, Meleiro cita Perestrelo, que cita Augusto Conte: "... O homem é o mais indivisível dos seres vivos, quem não estudar nele a mente e o corpo simultaneamente só obterá a seu respeito noções falsas ou superficiais".

MAIS AINDA SOBRE A DOENÇA E A MORTE DO MÉDICO

Se o médico escolheu sua profissão para vencer a doença e a morte (do outro, o paciente) e se é difícil para ele não realizar sempre estes desígnios, mais ainda o é diante de uma enfermidade e de sua própria morte. Para ele, a possibilidade de uma enfermidade e morte são coisas tão distantes que não é necessário nem cogitar. Os testemunhos que aqui trago, pessoais, referem-se somente a fatos bastante longínquos no tempo, para evitar que possam revelar a identidade dos envolvidos.

Quando ainda trabalhava no Pronto Socorro, fui atender a um médico, idoso, com um quadro de hemoptise. Ele, depois de melhorar, me disse que era tisiologista e que infelizmente estava com um quadro de tuberculose pulmonar. E me mostrou seus pulmões radiografados. Apresentava uma brutal condensação do lobo superior do pulmão direito, lesão que afastava uma tuberculose e que praticamente selava um quadro de câncer de pulmão, devido à sua idade e por ele ser fumante. Eu fiquei chocado, porém reforcei tal negação – como se fazia naquela época – dizendo: "É mesmo, doutor, o seu caso é de tuberculose e, em pouco tempo, finalmente, o senhor estará curado". E ele disse assim o acreditar. Não o vi mais.

Esse caso revela o quão brutal pode ser o uso do mecanismo da negação, principalmente por parte de um médico, pessoa aparentemente talhada para lidar com esta situação, fazendo uma escoptomização tão poderosa dentro da sua própria especialidade!

Mais chocante ainda (e dramático) é o que se seguirá, o que se passou com um médico que eu conheci, que eu admirei, grande especialista, exímio diagnosticador. Conta a lenda – pois tratava-se de um caso destes que fica no fio da navalha, entre a fantasia e a realidade – que ele, ainda na meia idade, um dia acordou e percebeu no espelho que estava com uma ptose (queda) de uma das pálpebras superiores e logo diagnosticou: "Pode ser um tumor de Pancoast, vou fazer um raio X". Esse tumor do ápice pulmonar, maligno, invade o simpático cervical e se reflete no globo ocular, ocasionando alterações no equilíbrio simpático-parassimpático do qual decorrem ptose (queda palpebral), enoftalmia (diminuição da fenda palpebral) e miose (contração pupilar), a chamada Síndrome de Claude-Bernard Horner, conferindo um brilhante diagnóstico clínico que pode levar a erradicação cirúrgica do tumor se em fase ainda inicial – daí a importância deste reconhecimento.

O colega levou seu caso aos médicos do hospital em que trabalhava, entusiasmado pelo seu próprio diagnóstico, deixando os amigos bastante apreensivos pelo seu estado somático e também pela sua exaltação.

Na fase inicial de sua enfermidade, ele continuou trabalhando – era muito querido entre os colegas – mas foi aos poucos definhando até que não conseguiu mais sair de casa. Já caquético, ele recebia os amigos e dizia que seu caso era psicossomático, que era uma anorexia nervosa, daí estar tão esquálido. Dizem os colegas que iam visitá-lo que no final ele fez até psicanálise. Eu não consegui vê-lo nesse estado, não tive forças para tal, o admirava muito e aprendi muito com ele, graças ao seu brilhante tirocínio diagnóstico, como modelo de aprendizado.

Aqui, nesse caso, temos um modo de viver intelectual e narcísico, taquipsíquico, algo euforizante e o uso de racionalizações e negações explicando o sucesso das defesas iniciais, mantendo o tônus psíquico. Depois, com a progressão da doença, a angústia aumentando em muito, passou-se para o território das negações pura e simples, até o diagnóstico real da enfermidade, beirando-se quase o terreno do misticismo. É o ser humano diante da morte, de toda sua brutalidade, não conseguindo, por vezes, sequer manter sua própria dignidade. Alguns, todavia, conseguem se manter incólumes até os instantes finais, como veremos a seguir.

Dois médicos, de grande renome, trabalhavam juntos como grandes especialistas. Já idosos, mantinham-se à frente de uma grande equipe médica, com intensos contatos com o exterior. Um dia um deles – reza a lenda contada pelos assistentes – estava com uma intensa anorexia e um certo grau de emagrecimento, pelo que fez por conta própria vários exames e entre estes um raio X do arco-duodenal[15]. O exame foi positivo para tumor de cabeça do pâncreas[16] e ele levou a chapa para seu colega examinar. Colocou na tela e perguntou: "O que você acha desta chapa, colega?". "É um tumor de cabeça de pâncreas, já inoperável, colega". "Então colega, cuide bem de mim e do nosso hospital, que o doente sou eu".

Poucas semanas depois houve um simpósio sobre doenças do pâncreas no hospital que eles dirigiam. Eu assisti a essa reunião e me recordo de como vi esse médico tranqüilo, sereno, dirigindo os trabalhos com precisão e desenvoltura. Como o admirei! Colegas que conviviam consigo me disseram que ele assim se comportou, até o final, com dignidade, poupando a todos de dramatizações e mesmo de recordações traumáticas.

Sim, um *self* bem constituído, com um grau de narcisismo normal, funcionando à base de adaptações saudáveis e de defesas harmônicas e realistas, pode permitir ao homem enfrentar as angústias vitais e a própria morte. Isto é, se ele teve um passado e um presente que justificaram sua passagem pela vida.

Em contraste, seu colega, grande médico e grande professor, mais até que o próprio irmão, teve um fim trágico, por suicídio. Foi sua segunda tentativa em vida. Ele era uma personalidade marcante, um grande líder, com uma cultura médica vasta e preciosa. Formou duas grandes equipes médicas que se dissolveram, entretanto, por dificuldades de relacionamento consigo, diz-se. Ele já estava à frente de uma terceira equipe quando faleceu.

Constava no meio médico daquela época que ele tinha doença depressiva. Diz-se em psiquiatria que a dor e a angústia da depressão endógena são as piores das que um ser humano pode suportar, daí o suicídio. E, naquela época, a psiquiatria não dispunha ainda dos recursos medicamentosos com que conta hoje em dia. Porém, o médico enfermo se automedica – e mal – e se nega a se internar, como afirma, com toda sua grande experiência, Meleiro.

15. Forma de se examinar, indiretamente, a morfologia do pâncreas.

16. Ele era especialista exatamente em pâncreas.

Esse caso também nos ilustra sobre o problema do funcionamento das equipes médicas, aspecto tão importante na medicina atual. Aqui a dificuldade jaz na relação do líder com os liderados e vice-versa. Problemas narcísicos e de rivalidade por parte deste, uma postura arrogante e dificuldades de tolerar a ascensão dos hierarquicamente inferiores, explicam os problemas do *boss* com seus subordinados, geralmente provocando a solidariedade da equipe com o colega que está sendo boicotado ou desafiado. Assim, por rivalidade, irmãos se unem contra o pai num processo que repete a horda primitiva descrita por Freud e a equipe acaba se dissolvendo ou eliminando o que está no papel de genitor.

Presenciei esse tipo de situação numa equipe na qual tinha vários amigos e que foi, por pouco tempo, uma das melhores do Estado. O chefe era uma pessoa encantadora, porém dono de uma personalidade narcísica e intensamente competitiva que lhe valeu grandes dificuldades com os seus assistentes que se sobressaíam anteriormente. No grupo havia um assistente em franca ascensão e numa oportunidade o chefe lhe disse: "Você está querendo ser estrela, mas aqui só há lugar para uma estrela e esta sou eu". Este primeiro assistente incontinente levou esta situação para os outros colegas que em sua quase totalidade logo se solidarizaram consigo e ele passou a liderar uma rebelião dentro da equipe. O chefe, com o prolongamento da situação, o demitiu, mas em solidariedade a ele 90% da equipe se demitiu também e o serviço nunca mais foi o mesmo.

Outra morte de que tomei conhecimento foi a de um colega igualmente brilhante, líder em sua especialidade, professor insuperável. Depois dos 60 anos começou a apresentar crises depressivas, porém continuou a trabalhar, com muita verve, através de sua personalidade encantadora. De um modo muito chocante se foi, atirando-se do alto de um edifício. Sem dúvida, aqui também deve ter tido um importante papel o problema da idade, o horror ao envelhecimento, a senectude, a proximidade com a morte, pois ele também era uma personalidade francamente narcísica e um grande sedutor em termos das relações humanas. No hospital em que trabalhava sempre caminhava pelos corredores com um séqüito de assistentes e admiradores atrás de si. É muito chocante para os que ficam verem pessoas tão marcantes se destruírem. "Não é que a vida valha grande coisa, mas é afinal de contas o único bem que de fato possuímos", disse um dia Freud, num misto de genialidade e pessimismo.

Outro médico, também professor, era igualmente uma personalidade narcísica e exibicionista. Grande especialista, adorava dar aulas práticas à beira do leito, onde demonstrava seus notáveis conhecimentos diante dos seus vários alunos. Dono de um narcisismo que poderia se chamar de maligno, era pessoa muito irritável e se tornava francamente agressivo com seus assistentes se estes não absorviam *tout court* os seus ensinamentos, tornando-se irônico e antipático.

Já idoso, foi acometido de uma doença neurológica, e mesmo numa fase inicial, praticamente assintomática, foi residir numa cidade do interior para que os colegas e amigos não o vissem enfermo. Depois voltou para o Rio, mas permaneceu recluso até sua morte, por complicações da enfermidade.

Praticamente em todos os casos aqui relatados, de professores, predominaram as personalidades narcísicas e o culto de si mesmo inclui o perfeccionismo e exclui a doença, o advento da velhice e, muito mais, a morte. Hoje, todavia, com o declínio das aulas magistrais, com as críticas que se fazem atualmente aos *rounds*[17], com uma maior participação dos alunos nas aulas – e com uma conseqüente diminuição da participação dos professores, as gratificações narcísicas destes são menores, muito embora eles não deixem de ser personalidades narcísicas, porém mais brandas, menos malignas.

Se há médicos com horror ao envelhecimento e à doença e que até se matam como que para iludirem a própria morte, escolhendo-a, controlando-a, ao invés de serem escolhidos, pegos e controlados por ela, outros há que enfrentam com dignidade graves enfermidades e

17. Visitas médicas realizadas por uma grande equipe onde os casos são discutidos na presença dos doentes numa atitude de negação dos efeitos iatrogênicos resultantes destes procedimentos.

até a proximidade da morte, com sapiência, reflexão e até serenidade – como o caso do médico com neoplasia de pâncreas que relatei.

Sem dúvida, um dos homens que souberam enfrentar a morte foi Freud. Já idoso, mas em franca atividade, foi acometido por um tumor de palato superior. Este foi acreditado a princípio ser maligno, pelos médicos e dentistas que o assistiram. Até sua morte, por complicações causadas pelo tratamento radioativo do tumor, ele fez 32 cirurgias orais e o dobro deste número de próteses dentárias em sua luta insana contra a morte. Afinal de contas, ele foi uma das grandes figuras dos séculos XIX e XX (e da história da humanidade) e tinha uma obra fundamental sobre a espécie humana em andamento. A vida lhe era, portanto, muito cara.

José Schavelzon, eminente cancerólogo argentino, transformado depois em psicanalista, intrigado porque o tumor maligno de Freud tinha durado tanto tempo, resolveu estudar este aspecto da vida do mestre e, tendo obtido de Anna Freud as lâminas da biópsia do pai, mandou reexaminá-las, obtendo um diagnóstico surpreendente: o tumor que vitimou Freud era benigno, não maligno. E, escreve Schavelzon no seu livro *Freud, um homem com câncer,* ele foi um dos homens mais irradiados até hoje em todos os tempos. Se sua doença provocou-lhe muita angústia e depressão, imensa dor provocou em sua enorme família, amigos, médicos e discípulos. E a reação geral foi: “Vamos irradiá-lo para conter o crescimento do tumor”. E, paradoxo, Freud vem a morrer vitimado pelo tratamento (iatrogenia). A radiação lhe provocou necrose da bochecha direita, seguida de aspiração e conseqüente pneumonia fatal. Isto é, Freud morreu por excesso de zelo dele mesmo, dos médicos, da família, dos amigos e da comunidade analítica, do mundo, enfim, que o admirava e em certos círculos já o venerava.

Durante toda sua enfermidade, Freud levou vida normal, apenas interrompida pelas complicações da doença e do tratamento. Continuou até os últimos dias a escrever e a trabalhar, produzindo os seus lúcidos e profundos textos de psicanálise (são tantos...). Todavia, por muitas vezes se apresentava deprimido, fato também relatado em sua fértil correspondência.

Como todo médico – como todo ser humano – ele tinha, entretanto, o seu lado hipocondríaco. Acreditava, por exemplo, que ao visitar Roma, ao ver o Coliseu, iria morrer. Não deixou de viajar por isso, todavia.

Relata Schavelzon que, quando ele precisou fazer uma de suas primeiras cirurgias, fez questão de chamar um cirurgião casado com uma ex-paciente, mulher que havia tido uma forte paixão transferencial consigo, Freud. Negando a contra-indicação daquela escolha, Freud foi operado por este que se mostrou frio e desapiedado consigo. Ao terminar o ato, o cirurgião o deixou a sós com um único paciente na mesma enfermaria: um anão hipotireóideo. Horas depois, Freud teve uma brutal hemorragia oral e só foi atendido porque o anão botou a boca no mundo...

Esse episódio relata como um homem sábio como Freud, o pai da psicanálise, é passível de fazer uma catatimia, negar uma coisa óbvia, os ciúmes daquele cirurgião, e pôr em risco até sua própria vida. Porém, naquele momento, só aquele cirurgião idealizado, da "família", poderia salvar... operar sua boca...

Todavia, Freud nos apresenta o exemplo do homem que soube viver e que soube morrer, à frente de uma enorme família e dos seus inúmeros discípulos. E que foi extremamente produtivo até a morte. Teve momentos de depressão, diante da vida e, sobretudo, diante da morte, demonstrando que estava bem vivo e por isso podia se mostrar triste e sofrer com as dores da vida.

A HISTÓRIA DE MINHA CARDIOPATIA: UM DEPOIMENTO PESSOAL

Expor-se é uma das atitudes mais verdadeiras e mais difíceis que conheço, principalmente num meio em que grassam a "fofoca" e o "disse-me-disse", aspectos lamentáveis incrustados na identidade médica. Assim, é preciso coragem e despojamento para expor tragédias pessoais, fragilidades e lesões do *self* corporal e mental. Penso que só um amor muito grande pela verdade, aliado ao prazer em ensinar, pode justificar tal exposição.

Sou filho de uma família pernambucana, natural de Recife, pela linhagem materna Gomes de Mattos e pela paterna Mello. Nasci como primogênito de uma família de cinco irmãos. Meu pai era político e minha mãe do lar.

Na infância e juventude convivi intensamente com meu avô materno e padrinho, Manuel, que era uma pessoa muito afetuosa e cheia de vida, dado, porém, a depressões, principalmente porque já tinha apresentado um episódio de enfarto do miocárdio. Sua maior depressão se deu, todavia, em decorrência de severas dificuldades financeiras – era corretor de imóveis. Com o advento de mais dois enfartos, começou a apresentar episódios de insuficiência cardíaca que eu assistia; via-o dispnéico e isso muito me impressionava. Como também os episódios de *angina pectoris*: ele estava andando comigo e de súbito parava com uma dor no peito e eu assistia a tudo aquilo, púbere ainda, sem nada poder fazer para ajudá-lo. Com o advento de mais um enfarto, meu avô morreu e eu usei luto, por um ano, orgulhoso com o bracelete negro que usava, como última forma de homenageá-lo.

Já era médico quando, em torno dos meus 35 anos, comecei a apresentar os primeiros episódios de angina. Esta era atípica, só surgia às emoções, o que fazia os médicos que procurava alegar que era "psicossomática", "histérica": mas eu sentia que estava diante de uma real enfermidade, embora com eletros normais. O cardiologista que me acompanhava, admitindo que eu pudesse ter uma *angina vera*, me disse: "Sua doença tem três formas de apresentação: morte súbita, angina e enfarto. Até o momento você escapou da morte súbita; vamos aguardar o seu infarto". Esse médico, apesar da crueza de suas palavras, era uma pessoa muito humanitária e meu professor. Éramos amigos e eu percebia que a minha doença o mobilizava muito, pelo que mudei de médico e escolhi aquele que considerava mais tranqüilo na academia em que fazia ginástica especializada em problemas cardiovasculares. Estou com ele até hoje, Augusto Bozza, atualmente um nome de destaque na cardiologia brasileira. Suas consultas têm uma hora de duração e se dirigem ao Júlio pessoa e não apenas ao Júlio paciente.

Meu enfarto foi muito aguardado por mim, pelo Bozza e pelo técnico em reabilitação – numa coronariografia apresentava 90% de obstrução da coronária direita, dominante. Em abril de 1980 meu irmão Geraldo infartou. Ele era o menos bem sucedido financeiramente da família e isso me preocupou muito: ele tinha uma lesão importante de tronco coronariano e não quis se operar.

Quinze dias depois eu estava no consultório aguardando um paciente – o mais difícil que eu já havia tratado até então – conversando e brigando internamente com ele, porque não havia vindo à consulta, quando comecei a apresentar uma intensa dor anginóide, que me fez tomar um táxi e ir a um pronto socorro cardiológico onde me deixaram esperando num banco, o que me fez procurar o médico que me atendeu e dizer a ele que eu estava tendo um enfarto e necessitando de atendimento médico imediato. O enfarto se confirmou e eu permaneci na emergência, monitorado, até ser internado.

A primeira visita que recebi foi de uma colega, esposa de um grande amigo meu. Ela começou a me afagar e a dor foi cedendo – isto me impressionou muito. Fui então para um quarto particular onde fiquei recebendo visitas e me recuperando. Um momento inesquecível durante a estadia no hospital foi o primeiro banho que tomei: era uma enfermeira loura, muito bonita, que me deu um banho com muito prazer e dedicação. A água jorrando no meu corpo era como a vida que recomeçava. Outro momento marcante foi quando Bozza deu o resultado do meu enfarto: "diafragmático, *muy* amigo". O mais benigno dos enfartos... Finalmente comecei a acreditar que a minha doença pudesse ser de bom prognóstico.

Entrementes, meu outro irmão, Paulo, começou a apresentar dores de angina e fez uma coronariografia – também tinha lesões, não muito graves. Isto eram panos para manga para minha hipocondria: os três irmãos eram coronarianos, iriam todos morrer jovens. De fato,

Geraldo faleceu poucos anos após seu enfarto, mas Paulo começou a fazer exercícios e está bem.

Em 1985, já recuperado do trauma do enfarto, fiz uma cirurgia de revascularização. Esta cirurgia foi praticamente induzida por mim, que cismei que tinha que me revascularizar, corrigir as obstruções; continuava com a angina, com aquele gosto de morte na boca.

Bozza e todos os demais amigos cardiologistas que procurei me disseram: "Você pode operar ou não. Escolha". Entrei então em contato com uma famosa equipe de São Paulo e parti para me operar. Até o dia da cirurgia tudo correu bem. Aliás, até a hora da cirurgia, quando fui deixado pela enfermagem entre os leitos de outros pacientes que também iam se operar e comecei a sentir um medo terrível – ninguém se comunicava – e a fantasiar que todos estavam mortos. Não quis comunicar esta vivência macabra à equipe cirúrgica e fui ao ato muito alarmado – haviam-se quebrado minhas defesas.

No pós-operatório imediato acordei sem sentir o lado direito do meu corpo e já estava certo de apresentar uma hemiparesia quando a equipe de enfermagem conseguiu que eu movimentasse aquele dimidio. Sabia que não podia falar, pois estava entubado. Tentei então escrever, mas não consegui, pois as mãos "escorriam" pelo papel, sem qualquer firmeza[18]. Entrei então em pânico, eu com tantas sensações angustiantes e sem conseguir me comunicar... Entrou então em jogo uma enfermeirazinha japonesa que, captando toda minha angústia, literalmente se abraçou comigo naquele momento e todas as vezes que isto foi necessário. Estava eu ali experimentando *in natura* a força e a significação de um *holding*, de um colo, de um abraço descrito por Winnicott, o psicanalista inglês que eu tanto ajudei a divulgar no Brasil.

Outro momento de grande aflição foi vivido quando já estava na enfermaria e percebi que apresentava uma severa arritmia. Acompanhava o meu ritmo cardíaco pelo monitor quando percebi sobre o traçado surgir episódios de taquicardia ventricular, arritmia muito grave

18. A equipe que me preparou para a cirurgia havia me convencido de que traqueotomia não era um problema maior: era só escrever as minhas mensagens...

que pode anteceder uma parada cardíaca. Aflitíssimo, chamei a enfermeira, mas esta demorou uns 20 minutos para aparecer. Porém, quando chegou, esclareceu-se a situação: ela havia trocado a posição dos monitores. O que estava sobre o meu leito era o de um vizinho ao lado, pessoa bem mais idosa do que eu, mais sujeito a apresentar arritmias, porém que foi atendido a tempo.

Este episódio ilustra com clareza o quanto os conhecimentos técnicos de um médico podem fazer por onde atrapalhar a sua evolução como paciente. O médico internado, principalmente se culto – e hipocondríaco – a todo momento quer informações sobre seu estado, quer saber sobre o resultado de exames, quer opinar sobre suas medicações. Torna-se assim incômodo, reivindicador, "chato", enfim. E o que consegue com isto, a maioria das vezes, é ser rejeitado pela própria equipe médica.

Ainda jovem tive uma experiência *sui generis*: por apresentar uma severa hepatite viral, fui internado num quarto ao lado da enfermaria de clínica médica da qual era chefe. Uma primeira experiência que vivi foi relacionada à impressão de que a enfermaria não agüentaria a minha ausência. Ledo engano, ela continuou a funcionar regularmente. Era esta uma vivência narcísica minha. Como fiquei muito ictérico e muito asteniado, comecei a fantasiar que poderia estar tendo uma forma grave de hepatite viral. A equipe que me assistia dizia-me que meu caso era benigno, mas não me mostrava o resultado dos exames, sem dúvida um erro de procedimento comum naquela época em que ainda se infantilizava o paciente, mesmo ele sendo médico.

Em determinado dia vieram me examinar, como num *round*, todos os catedráticos de clínica médica do Hospital Pedro Ernesto e seus principais assistentes, em clima de muita cordialidade, o que, todavia, me deixou bastante apreensivo, pois não dialogaram comigo sobre minha enfermidade, como eu tanto quis. Minha impressão, então, é que eu estava estacionário em minha evolução, o que me deixou bastante preocupado, não podendo usufruir daquela visita como um instante, também, de consideração à minha pessoa.

De todos que cuidaram de mim com muita dedicação guardo uma recordação especial da pessoa de uma paciente, Neuza, portadora de *Lupus*, mulher que eu atendia como médico assistente e que havia melhorado muito de um avançado quadro daquela enfermidade: febre, artrite, lesão cutânea, pleurite e acometimento neurológico. Neuza transformou-se numa espécie de secretária minha e me dava assistência nos meus momentos de solidão, que eram muitos, dando-me uma vivência maior do que é estar internado só, num quarto sem acompanhantes. Neuza, assim, demonstrou em toda sua plenitude a importância de um dos mais nobres sentimentos humanos, a gratidão.

Hoje evoluo bem da minha coronariopatia. Há alguns anos já não tenho mais angina e até o meu eletro se normalizou. Os fatores bioquímicos de risco estão sobre controle. Neste ínterim, meu pai faleceu de enfarto, mas isso não se constituiu num drama maior para mim. Pude permanecer uma semana junto a ele e isso já me deu muito consolo e alívio. Ele teve um enfarto e entrou em um quadro de insuficiência cardíaca irreversível e eu fiquei à beira do seu leito por uma semana, numa experiência altamente emotiva para os dois. Precisava reparar, de todo, as vivências de uma má relação na adolescência, ele entrando com o seu autoritarismo e eu com a minha rebelião juvenil. Nunca imaginara antes que uma vivência de morte pudesse aproximar tanto duas pessoas.

Minha mãe também apresentou um quadro anginoso na velhice, mas veio a morrer de um câncer de colo. Sua morte foi tranqüila para nós dois: já havíamos saldado todas nossas dívidas antes.

Este relato conta os dramas de um médico vitimado por uma doença de sua especialidade. Logo que recém-formado, fiz uma especialização em cardiologia e durante alguns anos exerci a especialidade. Fiquei sempre ligado à cardiologia por ter muitos casos de doença coronariana em minha família, por sempre ter me interessado pelos seus aspectos psicossomáticos e por admirar muito os seus progressos[19].

19. Concomitantemente fiz clínica médica e depois psicanálise e psicoterapia de grupo.

Mas, além dos momentos dramáticos que vivi – entre eles ter episódios de angina em momentos de solidão ou de falta de recursos médicos e a angina severa faz você sempre se remeter à hora da morte – pude vencer em muito a minha hipocondria e fazer crescer os aspectos positivos do meu *self*. Afinal de contas, a enfermidade pode representar uma experiência emocional enriquecedora, um espaço de reflexão sobre a vida e a morte, um campo de elaboração sobre as grandezas e pequenezas da vida. Escrever foi um dos recursos que venho utilizando na luta contra a doença e a morte, uma tentativa de buscar uma forma de imortalidade. Afinal de contas, eu continuo sendo médico...

Referências bibliográficas

ALLEN, I. (1988). *Doctors and their carrees.* London, Policy Studies Institute.

ALVES, H. N. P. et al. (2005). Perfil clínico e demográfico de médicos com dependência química. *Revista da Associação Médica Brasileira,* 51:139.

ARENDT, H. Citada em Costa, J. F.

BALINT, M. (1988). *O médico, seu paciente e a doença.* Rio de Janeiro, Atheneu.

COSTA, J. F. (1986). *Violência e psicanálise.* Rio de Janeiro, Graal.

ERIKSON, E. H. (1970). *Infancia y sociedad.* Buenos Aires, Hormê.

__________. (1969). *La juventud en el mundo moderno.* Buenos Aires, Hormê.

FABBARD, G. O. (1985). The role of compulsiveness in the normal physician. J. A. M. P., 224:2926.

FRIEDMAN, M. et al. (1960). Excretion of catecholaminess, 17 cetosteroids, 17 hidroxi corticoids in man exhibiting a particular behaviour pattern asociated with high incidence of clinical coronary heart disease. *J. Clin. Investig.,* 39:758.

GRIMBERG, L. & GRIMBERG, R. (1971). *Identidad y cambio.* Buenos Aires, Ed. Kargierman.

HOIRISCH, A. (1970). *Crises de identidade.* Tese de Livre Docência, edição do autor, Rio de Janeiro.

___________. (1976). *O problema da identidade médica.* Tese para provimento de Cátedra de Psicologia Médica, Faculdade de Medicina da UFRJ, Rio de Janeiro.

JONHSON, W. D. K. (1991). Predisposition to emotional distress and psychiatric ilness among doctors: the role of unconscious and experimental factors. *Brit. J. Med Psychol.* 64:317.

KAUFMAN, A. (1988). *Reflexões sobre educação médica: uma abordagem socioeconômica.* Tese de Doutorado, USP, São Paulo.

KLEIN, M. (1952). *Os progressos da psicanálise.* Rio de Janeiro, Zahar.

LUZ, H. (1993). *O médico, esta droga desconhecida.* Rio de Janeiro, Atheneu.

McCUE, J. D. (1985). Influence of medical and premedical educations on important qualities of physicians. *Am. J. Méd.* 78:958.

McGUIRE, F. L. (1966). Psychosocial studies of medical students: a critical review. *J. Méd. Educ.* 151:2273.

MELEIRO, A. M. A. S. (1999). *O médico como paciente.* São Paulo, Lemos.

MELLO FILHO, J. (2003). *Vivendo num país de falsos* selves. São Paulo, Casa do Psicólogo.

MILLER, A. (1997). *O drama da criança bem dotada: como os pais podem formar (e deformar) a vida emocional dos filhos.* São Paulo, Summus.

MODLIN, H. C. & MONTES, A. (1964). Narcotic additions in physicians. *AM. J. Psychiatry,* 121:358.

NOGUEIRA MARTINS, L. A. (1991). Atividade médica: fatores de risco para a saúde mental do médico. *Rev. Bras. Clin. Terap.* 20:362.

___________. (1989). Morbidade psicológica e psiquiátrica na população médica. *Boletim de Psiquiatria,* 22:9.

___________. (2005). *Residência Médica: estresse e crescimento.* São Paulo, Casa do Psicólogo.

___________. (1994). *Residência Médica: um estudo prospectivo sobre dificuldades na tarefa assistencial e fontes de estresse.* Tese de Doutorado, Escola Paulista de Medicina, São Paulo.

ROSENMAN, R. H.; FRIEDMAN, M. & STRAUSS, R. (1990). Coronary heart disease in the Western collaborative group study. A follow-up experience of 45 years. *J. Cron. Dis.* 23:173.

ROSS, M. (1973). Suicide among physicians: a psychological study. *Dis. Nerv. Syst.* 34:145.

RUSSEK, H. J. (1960). Emotional stress and coronary heart disease. *Am. J. Med. Sei.* 80:711.

SCHAVELZON, J. (1983). *Freud, um paciente com câncer.* Buenos Aires, Paidós.

SIMON, W. & LUMR, G. K. (1968). Suicide among physician-patients. *J. Nerv. Ment. Dis.* 147:105.

VAILANT, G. E.; SOBOWALE, N. C. & McARTHUR, C. (1972). Some psychologic vulnerabilities of psysicians. *N. England J. Med* 287(8):372.

VOLICH, R. M. (2002). *Hipocondria: impasses da alma, desafios do corpo.* São Paulo, Casa do Psicólogo.

WINNICOTT, D. W. (1960). Distorções do ego em termos de verdadeiro e de falso *self.* In: *O ambiente e os processos de maturação.* Porto Alegre, Artmed.

ZIMERMAN, D. E. (1992). A formação psicológica do médico. In: MELLO FILHO et al. *Psicossomática hoje.* Porto Alegre, Artmed.

7 – A Importância do Sentimento de Identidade dos Profissionais de Saúde Mental

Davi Zimerman

Introdução

O principal propósito deste capítulo consiste em destacar a relevância que adquire o fato de o profissional de saúde mental – desde o mais humilde dos servidores até o mais graduado, experimentado e responsável, tanto do ponto de vista de individualidades quanto da integração de cada um deles numa equipe de saúde mental –lidar adequadamente com pacientes separadamente ou em grupos, com familiares ou comunidades, tanto na saúde como na doença.

Para tanto, iniciaremos o presente artigo tecendo algumas considerações sobre o conceito de *sentimento de identidade,* com os principais *tipos* e *modelos* resultantes das *identificações,* predominantemente sadias ou patológicas. A seguir, o capítulo abordará como o "sentimento de identidade" de cada um dos técnicos de uma equipe de saúde mental influencia e é influenciado pelos demais, de sorte a interferir diretamente no êxito ou no fracasso de seu objetivo maior, que é justamente o crescimento mental do público-alvo que pretende atingir. Por fim, a ênfase deste trabalho incidirá nas condições de atributos mínimos necessários a cada um dos técnicos que assumem a responsabilidade de lidar com algo abstrato, que é a saúde e/ou, a doença mental, emocional e espiritual.

Conceituação de "sentimento de identidade"

Assim como a carteira de identidade de qualquer cidadão se caracteriza por uma série de sinais exteriores (nome, local e data de nascimento, filiação com dados de pai e mãe, cor dos olhos, uma foto que permite visualizar formato de nariz, queixo etc.), também todo e qualquer sujeito, em condições normais, se caracteriza por um conjunto de sinais e características interiores. Estas últimas o identificam como sendo "alguém" que existe, possui tais e quais traços de caráter e de valores, ocupa determinados lugares, é reconhecido pelas idéias e posições que assume de forma genuína e que, sobretudo, não obstante possa diversificar em suas maneiras de sentir, pensar e agir, de acordo com as distintas circunstâncias da vida, ele, essencialmente, *existe* como uma pessoa própria (um ente que adquire a condição de *entidade,* e sempre se mantém o *mesmo*, e daí, possivelmente, se derive o vocábulo "identidade").

A aquisição de um sentimento de identidade, coeso e harmônico, resulta do reconhecimento e da elaboração das distintas *identificações* parciais que, desde os primórdios do seu desenvolvimento, foram se incorporando ao sujeito pela *introjeção* do código de valores dos pais, dos educadores e da sociedade em que ele está inserido. Esse processo complica-se na medida em que cada um dos pais modeladores das identificações do filho, por sua vez, também está identificado com os aspectos parciais ou totais dos seus respectivos pais, num importante movimento *transgeracional* que, muitas vezes, atravessa sucessivas gerações na transmissão dos mesmos valores formadores da *identidade,* nos seus três níveis inseparáveis: a identidade *individual,* a *grupal* e a *social.*

Assim, desde a condição de bebê, por meio de sucessivas experiências suficientemente boas com os pais, se estabelece na criança a crença de que, se é vista como um objeto de amor, então ela começa a instalar no seu interior o fundamental sentimento de *confiança básica* em relação a si e aos seus pais, o que vai permitir uma progressiva *dessimbiotização,* seguida de uma *constância objetal* e de *coesão do self.*

Nos casos em que os modelos de identificação não foram suficientemente bons –isto é: verdadeiros, estáveis, coerentes, consistentes e com capacidade de empatia e continência – a criança, futuro adulto, terá dificuldade de formar um sentimento de identidade estável, tal como acontece, por exemplo, com as pessoas portadoras de um *falso self*, ou com pacientes *borderline*. Neste último caso, esses pacientes apresentam uma "síndrome da dispersão da identidade", termo que expressa o fato de que este tipo de paciente – com uma complexidade de identificações confusas e contraditórias entre si – tem uma dificuldade de transmitir uma imagem integrada e coerente de si próprio e, por isso, deixa os outros confusos em relação a ele. Um outro tipo de patologia que pode servir como exemplo de uma dissociação do sentimento de identidade consiste nos casos de *perversão*, como é o caso retratado nos filmes *As três faces de Eva*, ou *O médico e o monstro*, ou ainda *La belle de jour* (a atriz Catherine Deneuve interpreta a bela personagem que durante a noite era uma santa esposa e mãe, enquanto, nas tardes, assumia sua outra identidade, que freqüentava bordéis como uma prostituta), ou ainda pode servir de exemplo a situação – real – bastante freqüente, de pessoas de atividade normal durante o dia (um médico reconhecido como competente e respeitável, por exemplo) que, à noite, saia para caçar travestis.

Um ponto que define o conceito de sentimento de identidade consiste num constante questionamento, de qualquer sujeito, relativamente a *quem* ele realmente é, como se *auto-repre*senta, quais são os *lugares* que ele ocupa e os *papéis* que desempenha nos vínculos grupais e sociais, o *que* e *quem* ele *quer vir a ser* e de como se sente *visto pelos demais.*

Um outro aspecto que merece ser enfatizado refere-se ao o fato de que o sentimento de identidade não designa uma totalidade única; antes, ele tem um significado mais abrangente, pluridimensional, de sorte que abarca tanto a identidade de gênero sexual, como a grupal, a familiar, a religiosa, a de ideologia política, dos valores morais e éticos, a profissional (a qual, no presente artigo, vai nos interessar mais diretamente) etc. Sempre devemos levar em conta o fato de que o mapa do psiquismo interior de toda e qualquer pessoa sempre é composto por múltiplos aspectos que, às vezes, são contraditórios e opostos entre si, como são, por exemplo, a coexistência da "parte psicótica da personalidade" com a "parte não-psicótica", a "parte infantil", ou estados regressivos, convivendo com a "parte adulta e madura", e assim por diante. Destarte, também devemos ter em mente a "capacidade de adaptação" do sujeito diante das intensas e vertiginosas transformações reais que o mundo vem sofrendo, sob todos os pontos de vista.

De forma resumida, cabe dizer que as múltiplas identificações que habitam o interior de cada pessoa constituem o principal fator da construção do sentimento de identidade, que pode se configurar como predominantemente sadio ou patológico. Existem diversas modalidades de como os *modelos de identificação* são internalizados pelo indivíduo, tal como pode ser realizada através unicamente de uma mera *imitação* de algum ídolo (fato que na infância inicial é perfeitamente normal, porém na condição de adulto deixa o sujeito esvaziado e amorfo), ou pode se mirar em alguma figura *idealizada* (a identidade resultante costuma ser instável, pelo risco de passar da idealização para o denegrimento), ou pode ser com a figura odiada de um *perseguidor* (acaba fazendo ativamente tudo aquilo que reprovava e odiava num educador seu), ou com uma pessoa importante que foi *perdida,* ou ainda a identificação pode ter sido com uma pretensa *vítima* (por exemplo, o sujeito se identifica com uma pessoa íntima que sofre muito, ou já morreu, e ele imagina que contribuiu para este drama, de sorte que, inconscientemente, sente-se na obrigação de seguir o mesmo destino que a sua "vítima"). Fora de qualquer dúvida, o melhor modelo de identificação é aquele que foi realizado tomando como modelo uma figura *admirada* (mãe, pai, avô, professor etc.).

O SENTIMENTO DE IDENTIDADE NUMA EQUIPE DE SAÚDE MENTAL

De modo geral, a noção de "equipe" implica no fato de que ela é composta por um conjunto de pessoas que, embora todas estejam voltadas para uma mesma meta final, são bastante diferentes entre si, tanto no que diz respeito ao tipo e grau social, cultural, econômico, intelectual, posições que ocupam na equipe, como também na estruturação do psiquismo de cada um, no que se refere à normalidade e patologia.

Desta forma, o primeiro aspecto que merece ser enfatizado alude ao fato de que a formação de uma equipe de trabalho – aqui, vamos enfocar a que fundamentalmente objetiva a saúde mental de uma comunidade – se estrutura com as mesmas leis e fenômenos psicodinâmicos que presidem os distintos tipos de *Grupos*, como podem ser os grupos familiares, de ensino-aprendizagem, operativos, de empresas, grupoterapias em geral, inclusive as psicanalíticas etc. O que deve ficar claro é que uma equipe – tal como qualquer grupo dinâmico – não é o mesmo que um mero somatório de indivíduos; antes, ela se estrutura como uma nova entidade na qual vão ocorrer inúmeros fenômenos, entre os quais, citarei alguns, os de surgimento mais freqüente, como os que seguem enumerados.

1. Esta nova entidade – a formação de uma equipe – não obstante sofra sucessivas mutações e transformações – na hipótese de que conserve a mesma cúpula diretiva – ela adquire um *sentimento de identidade* com características peculiares (de uma forma análoga ao que se passa com pessoas, isoladamente), como pode ser o de uma predominância de traços paranóides, ou obsessivos, narcisistas, falso-*self*, amor ou ódio, seriedade ou desídia, "vestem a camiseta" da equipe ou sentem-se deslocados como "peixes fora d'água" etc.
2. Este sentimento de identidade do grupo da equipe de saúde mental sofre forte influência tanto dos fatos objetivos inerentes a natureza do trabalho, que implica no levantamento de angústias, a existência de problemas pessoais, más condições de trabalho etc., como também interferem fatores inconscientes, que agem subrepticiamente. De forma sintética, cabe lembrar que todo e qualquer grupo funciona em duas dimensões: a primeira é

denominada como *grupo de trabalho,* visto que, manifestamente, todos componentes da equipe estão trabalhando para uma tarefa comum, cada um cumprindo sua respectiva função. No entanto, subjacente a este plano consciente, existe uma outra dimensão chamada de *supostos básicos*, em que podemos supor, com certeza, que existem sentimentos inconscientes, como rivalidade, inveja, ciúme, querelas narcisistas, volúpia pelo poder etc.

3. O entrecruzamento destes últimos sentimentos inconscientes pode produzir um campo dinâmico bastante complicado, tanto ao nível dos responsáveis pela direção do serviço de saúde mental, como também na base da pirâmide, entre os funcionários mais humildes; porém a observação mais freqüente é a de que a desestruturação da cúpula respinga direta ou indiretamente na base e, mais importante ainda, a desestruturação da equipe vai respingar fortemente na população-alvo, com conseqüências nefastas no que diz respeito à qualidade do atendimento médico. De tudo isso podemos depreender a enorme importância representada pela qualidade das condições emocionais da liderança.
4. Dessa forma, impõe-se realçar que toda equipe é composta por um conjunto de pessoas que ocupam *lugares, papéis* (por exemplo, o papel de líder, ou de bode expiatório etc.), *posições e funções* que são diferentes de uns para outros, mas que guardam uma certa *hierarquia* que, numa estrutura ou outra, mantém alguma forma de articulação entre si. A assertiva contida neste parágrafo é particularmente importante porquanto o elemento mais corrosivo de uma identidade do grupo de trabalho consiste numa falta de uma clara identidade de cada um relativamente ao seu verdadeiro lugar a ser ocupado, o seu papel a ser assumido, e as funções a serem desempenhadas. Em caso contrário, haverá uma superposição desses lugares, papéis e funções, um invadirá o espaço do outro, uma desorientação geral, caldo de cultura para ressentimentos, intrigas, formação de subgrupos rivais, o que pode ocasionar a desintegração do

sentimento de identidade da equipe, com grave risco de que "nem todos vestem a mesma camiseta" , ou que emergem, embora de forma silenciosa, "inimigos na trincheira".

5. A *Liderança* da equipe – da mesma forma como é o desempenho dos pais numa família – assume um papel fundamental na estruturação de uma identidade sadia e coesa, ou para uma desintegração da equipe, em que cada um não sabe bem quem ele é na equipe, o que ele representa, o que esperam dele, e tampouco identifica claramente qual é o "espírito de grupo", a filosofia de trabalho que vige em sua equipe. Não custa lembrar que existem lideranças sadias e positivas, assim como as que são negativas e patogênicas. Na patologia da equipe, por vezes, a liderança pode ser excessivamente *autocrática*, ou *laissez-faire,* em que predomina uma exagerada liberdade sem limites (neste caso trata-se de uma "liberalidade"), sendo que o líder ideal seria o perfil de um *democrata*, com a ressalva de que muitos confundem democracia com o *laissez-faire* (deixar cada um fazer o que bem entender). Também é relevante consignar que inúmeras vezes a patologia do sentimento de identidade de uma equipe começa na cúpula, em que a existência de mais de um líder pode gerar os primeiros conflitos pelo poder, com reflexos imediatos no restante da equipe e na população a ser atendida.

6. *A Comunicação.* Este aspecto adquire uma importância crucial em toda e qualquer equipe, se levarmos em conta a afirmativa de que "o maior mal da humanidade é o problema do *mal-entendido da comunicação".* Cabe enfatizar que nem sempre a linguagem verbal é utilizada para comunicar algo; antes, num grande número de vezes, ela é empregada justamente para não comunicar, mas, sim, para confundir e atacar as verdades penosas, em cujo caso, o sentimento de identidade do grupo fica fortemente abalado. Podemos depreender, pois, que "falar não é o mesmo que dizer", e cabe acrescentar que nem sempre a comunicação é verbal; pelo contrário, existe uma intensa utilização da *linguagem não-verbal,* o que pode ser exemplificada

com a linguagem dos gestos, expressões faciais, somatizações, *actings* e as formas de como cada sujeito da equipe emprega o uso do seu verbo. Assim, convém lembrar que a comunicação se fundamenta em três fatores: a forma de *transmissão* das mensagens (por exemplo, com voz excessivamente tímida ou aos gritos, com uma atitude por demais tímida, ou arrogante, magistral, narcisista etc.). O segundo fator consiste no modo como cada um *escuta* aquilo que lhe é transmitido (Dá um cunho paranóide, sempre desconfiando do que os outros dizem? Desqualifica sistematicamente? Aceita de forma cega sem fazer reflexões que o poderiam auxiliar para assumir posições próprias? etc). O terceiro vetor diz respeito aos *canais de comunicação* (verbais; não-verbais?) que são utilizados por cada um, ou pela equipe como um todo.

Atributos necessários para um técnico em saúde mental

Do que foi dito até aqui se pode depreender que trabalhar em saúde mental tanto pode ser muito útil e gratificante, como também é possível que redunde para o técnico numa tarefa altamente desgastante e frustrante. Portanto, impõe-se para todos os trabalhadores da saúde mental a existência de condições minimamente necessárias, como, entre outras, são as que seguem:

1. Como fator integrante do sentimento de identidade do profissional que labuta nesta área – quer como sujeito individualmente, quer como elemento de uma equipe de trabalho – um aspecto primordial é que cada um tenha uma clara noção de que ele está exercendo uma "*função psicoterápica*". Esta função não deve ser confundida com o exercício de alguma modalidade formal de psicoterapia; antes disso, a função psicoterápica decorre da "atitude interna" do técnico, isto é, a forma verdadeira e autêntica de

ele ser, no sentido de gostar, respeitar, acreditar, ser amigo (é diferente de "ser amiguinho") e levantar a auto-estima de cada uma das pessoas que necessitam de seus cuidados, independentemente do lugar que ocupa na equipe. Cabe dizer que não basta o técnico *saber* muito bem a tudo que diz respeito à sua função; muito mais importante do que isto, é ele, de fato, *ser*!

2. Um mínimo de *boas condições emocionais* é um requisito básico, tendo em vista que geralmente este tipo de trabalho, de modo geral, cria um clima de trabalho em que uma forte carga de tensão, problemas e angústias provindas dos pacientes estão sempre presentes e podem contagiar alguns ou todos da equipe médica, com uma forte repercussão nestes, muitas vezes, de uma forma patogênica.
3. Assim, é necessário levar em conta a possibilidade de que os problemas de inseguranças e outras complicações mentais estejam radicados no próprio profissional, à parte da influência direta dos pacientes, podendo causar influência maléfica nestes últimos. Alguns exemplos, como ilustração: a possibilidade de o profissional ser portador de um perfil em que a sua vida íntima é excessivamente complicada; também é possível que ele esteja atravessando uma situação dramática pessoal; uma situação que não é rara de acontecer é quando o sentimento de identidade de um técnico que, em condições normais, se caracteriza por seriedade, dedicação ao trabalho e aos pacientes, mas que diante de situações francamente psicóticas, sua identidade fica abalada e emerge uma criança tímida e apavorada, sem saber o que fazer. Em resumo, qualquer técnico em saúde mental tanto pode se constituir com um agente de promoção de saúde psíquica, com um estável sentimento de identidade pessoal e profissional, como também existe a possibilidade de ele não ter sua identidade bem consolidada, logo, ambígua e fragilizada, de sorte a funcionar como agente patogênico, para si próprio, para sua equipe, e para a população-alvo do trabalho que o sistema de saúde quer beneficiar.

4. Destarte, impõe-se a necessidade de enfatizarmos a *patogenia* que pode acontecer no seio da equipe de saúde mental. O primeiro risco é o de uma quebra na *comunicação* entre a cúpula da liderança diretiva e a base que deve executar as tarefas propostas, fato que pode provocar profundas dissociações entre todos, além dos inevitáveis problemas dos "mal-entendidos da comunicação", que acabam respingando nos pacientes. Também representa um peso considerável a emergência dos "supostos básicos inconscientes" como, por exemplo, uma rivalidade silenciosa ou manifesta entre os membros da equipe, com excessiva inveja, ciúmes, querelas narcisistas, jogo de intrigas, uma guerra pelo poder e prestígio, especialmente entre os líderes. Tudo isto pode concorrer para o sério risco de se instalar um *desvirtuamento* do objetivo inicial para o qual a equipe da instituição foi criada. Um outro risco ligado a este último é quando os *lugares e papéis* dos múltiplos participantes de uma equipe de saúde ficam superpostos e confundidos entre si. Na hipótese de que não exista uma boa e saudável comunicação e um local adequado para a discussão dos problemas inevitáveis que sempre surgem, o mais provável é que as emoções não verbalizadas acabem por se manifestar por outras vias, como pode ser a das somatizações, ou da prática de *atuações*, e, dentre estas últimas, uma das mais daninhas consiste em complicados envolvimentos eróticos.
5. Os indispensáveis requisitos para que uma equipe de saúde mental funcione, sadia e adequadamente, exigem, de cada participante, atributos pessoais como: capacidade de ser *continente:* poder "conter" as angústias dos outros, e as suas próprias. É indispensável destacar a fundamental condição de possuir uma *empatia,* isto é, poder colocar-se no lugar do outro e sentir com ele. Uma boa capacidade de *comunicação*, de como o técnico transmite as suas mensagens e de como ele "escuta" aos outros (vale lembrar que "escutar" é bem diferente de unicamente ouvir, assim como "dizer" também não é o mesmo que simples-

mente "falar"). No lugar de um acentuado "narcisismo", deve predominar um estado mental de "social-ismo", ou seja, antes de orbitar em torno de seu próprio umbigo, o sentimento de identidade do profissional de saúde mental deve estar estruturada em uma visão social, de modo a, autenticamente, ter prazer em interagir com outras pessoas, se preocupar com o bem-estar e, de fato, gostar delas!

8 – Identidade Médica, Ética e Iatrogenia

Felipe Tavares

O médico deve dar apoio, compreensão e amor ao paciente. Em sua ânsia por obter informações o profissional pode se esquecer que é mais importante estabelecer um bom relacionamento com o paciente do que fazer um simples diagnóstico.

(Michael Balint)

Introdução

Existe alguma interconexão entre identidade médica, ética médica e iatrogenia? O presente texto pretende, de forma sucinta, traçar um *continuum* entre essas áreas.

Quando um médico comete um deslize ético ou uma iatrogenia, sua identidade se abala de alguma forma. Neste capítulo, abordaremos em que aspectos essa identidade é abalada, bem como em que circunstâncias a ética médica, sendo desrespeitada, pode contribuir para a geração de iatrogenias. Finalmente, listamos as situações que poderão ser adotadas, inclusive no âmbito da relação médico-paciente, para minimizar a ocorrência de iatrogenias, preservando assim a integridade da identidade médica

O médico e as iatrogenias

Iatrogenia é uma palavra que deriva do grego: o radical *iatro* ("iatrós"), significa médico, remédio, medicina; *geno* ("gennáo"), aquele que gera, produz, e "*ia*", uma qualidade.

A iatrogenia poderia ser entendida, portanto, como qualquer atitude do médico. Contudo, o significado mais aceito atualmente é o de que a iatrogenia consiste num *resultado negativo* da prática médica. Nesse sentido, um médico, ainda que disponha dos melhores recursos técnicos diagnósticos e terapêuticos, é passível de cometer iatrogenias. Michael Balint (1988) reformulou este conceito, afirmando que todo médico é, em graus variáveis, iatrogênico, de modo que ele deve sempre considerar esse aspecto quando trata o seu paciente[1]. Para Hoirisch (1993), "só não se arrisca à iatrogenia quem não lida com pacientes". Uma iatrogenia pode então ocorrer tanto em virtude da má prática do médico quanto da sua boa prática, vez que é um aspecto inerente à atuação médica.

Nesse âmbito, a denominação mais adequada para o que propomos discutir seria "iatropatogenia" (Tavares, 2005), termo esse que enfatiza o dano causado pelo ato do profissional médico, isto é, um ato que provocará prejuízos ao paciente[2]. Sob essa perspectiva, os "Erros Médicos", tal como são conhecidos no Código de Ética Médica (imperícia, imprudência, negligência) se enquadram na categoria de iatrogenias. (CFM, 2002).

Iatrogenia (ou iatrogenose, iatrogênese, doença iatrogênica, outros termos encontrados na literatura) abrange, portanto os danos materiais (procedimentos diagnósticos, uso de medicamentos, cirurgias, mutilações e etc.) e psicológicos (psicoiatrogenia – o comportamento do profissional, a personalidade, as atitudes, a palavra) causados ao paciente, não só pelo médico como também pelos membros da equipe de saúde que presta cuidados ao enfermo (enfermeiros, psicólogos, assistentes sociais, fisioterapeutas, nutricionistas, fonoaudiólogos e demais profissionais). (Padilha, 2001).

O tema é polêmico, de modo que é comum aos profissionais da área da saúde evitarem discuti-lo.

Neste trabalho, focalizaremos os aspectos iatrogênicos referentes ao remédio mais utilizado em medicina, que é o próprio médico, consoante Balint.

1. Balint foi além, ao dividir as enfermidades em autógenas e iatrógenas.
2. Contudo, o termo iatrogenia se consagrou pelo seu uso.

A formação dos médicos no Brasil

Para compreendermos melhor a discussão proposta, cabe nos reportarmos à ocasião de escolha pelo curso médico, vez que é neste momento que a identidade médica começa a ser constituída (Hoirisch, 1976). Em nosso país, a decisão de um aluno fazer medicina se reverte de grande expectativa por parte dele e da sua família. O viés vocacional pode ser estabelecido a partir desta etapa, se considerarmos que o estudante decide fazer medicina por aspectos outros que não a sua verdadeira vocação. Esta, aliás, contém elementos conscientes e inconscientes, de modo que ela pode se estabelecer mediante diversas situações, como desejo de evitar a morte, a possibilidade de entrar em contato com as intimidades do paciente, a busca pelo *status* que a profissão (ainda) confere, o desejo de curar e fazer o bem. É comum observarmos alunos que optam pelo curso de medicina por pressões familiares, ou mesmo visando estritamente ganhos financeiros. Uma vocação poderá possuir conteúdo iatropatogênico na medida em que se escolhe satisfazer as vontades do outro. As repercussões dessa opção, objeto do presente texto, na relação do futuro profissional com os seus pacientes e com a equipe poderão ser significativas. Muitos estudantes não possuem verdadeira vocação (do latim *vocare*, chamado) para a profissão, e, por exemplo, numa situação em que pretendem afirmar-se socialmente, satisfazendo a vontade de um dos pais (geralmente também médico), submetem-se à batalha por uma vaga na universidade. Saliento que uma pseudovocação pode culminar numa identidade médica frágil, hostil, erradia, e, portanto, iatrogênica.

Nessa fase, ademais, indivíduos portadores de transtornos mentais ou mesmo de transtornos de personalidade buscam na medicina uma "blindagem" para a sua problemática.

A decisão pelo curso médico ocorre numa fase de grandes conflitos (adolescência), de modo que faltam, por vezes, esclarecimentos ao vestibulando acerca do curso pelo qual optou. Amiúde observamos indivíduos que sequer conheciam a história do curso, seus meandros, seus propósitos. Jovem, numa fase permeada por conflitos ligados à identidade pessoal, profissional, familiar e sexual, o adolescente que opta pelo vestibular de medicina enfrenta pressões diversas.

Em primeiro plano, aparecem as pressões que o próprio aluno impõe a si próprio, visando um bom desempenho nas provas dos concursos. Impera um clima de insegurança, medo e desconfiança. Ademais, o vestibular para medicina tornou-se uma grande indústria, contribuindo para a proliferação dos cursos preparatórios específicos. A mobilização em nossa sociedade é considerável: alunos vindos de todas as regiões dirigem-se a municípios que disponham dos tais cursos preparatórios. O processo de seleção para o curso médico, ressalto, é baseado apenas em avaliações teóricas, contemplando tão-somente a capacidade de memorização de conceitos e fórmulas pelo estudante (muitas delas compostas exclusivamente por questões de múltipla escolha). Não são avaliadas as competências: ética, humanística, tampouco capacidade de relacionamento interpessoal e equilíbrio emocional, dentre outros quesitos que poderiam ser apurados ainda durante essa fase, como capacidade de abstração e habilidade em lidar com o público[3].

Tais fatores são corroborados pela cultura dominante, em que os indivíduos vêem o médico como um demiurgo, um semideus, depositando nele todas as suas expectativas, ansiedades e fraquezas.

Sobre o ato médico e a medicalização

Um aspecto que contribuiu para a consolidação da identidade à medicina foi o fato de que o título universitário de *doutor* começou a ser conferido pelas universidades durante a Idade Média (Landmann, 1985). Ainda que o título de "Doutor" (Dr.) seja compartilhado por médicos, advogados, odontólogos, médicos veterinários e juízes, consagrado que está na sociedade, é crescente o número de profissionais

3. Reitero que essas e outras características do relacionamento interpessoal do médico raramente são avaliadas durante a graduação, na maioria das instituições de ensino do país.

da área da saúde que passam a exigir a comenda. (Exemplos: fisioterapeutas, enfermeiros, bioquímicos, biomédicos, psicólogos, farmacêuticos, nutricionistas). Este é um reflexo do crescente processo de medicalização da sociedade, incluindo a busca, por estes profissionais, de um *status* médico, o que, de modo iatropatogênico, confunde os pacientes. Tais profissionais abdicam das suas próprias identidades em favor de uma identidade médica. Uma resolução publicada pelo Conselho Regional de Medicina do Rio de Janeiro estabelece que, diante desse aspecto, os médicos do Estado do Rio de Janeiro ficam obrigados a portar crachá identificando-se como tal (Cremerj, 2006). Constitui esta uma medida profilática, portanto, à ocorrência de iatrogenias, vez que a identificação de quem está atendendo o paciente é um direito fundamental. Da mesma forma, o charlatanismo retorna com força à sociedade ocidental: "doutores" prometem efeitos milagrosos com técnicas não respaldadas pela ciência. Não obstante, o exercício de atos médicos por profissionais não-médicos caracteriza risco à saúde da população.

Neste âmbito, corre no Congresso Nacional, até a presente data, o projeto de regulamentação da profissão médica, face à "invasão" que a medicina vem sofrendo quanto à realização de atos médicos por profissionais não especializados. O Projeto, conhecido como "Lei do Ato Médico", não recebe apoio de praticamente nenhuma entidade fora do meio médico. Os profissionais de saúde contrários ao Projeto alegam estar sentindo-se "invadidos", ou mesmo proibidos de atuar caso o Ato Médico seja regulamentado.

Na verdade, o que se propõe é a regulamentação desta profissão, que é a mais antiga da saúde, sem invadir ou impedir o exercício dos Atos dos demais profissionais, estes todos já devidamente regulamentados.

O processo de medicalização da sociedade é paradoxal. A imagem do médico junto à sociedade sofre sucessivos desgastes, como se verifica pelo número crescente de processos éticos e judiciais contra médicos. No âmago da questão está uma relação médico-paciente frágil, iatrogênica. Retomaremos este tema (polêmico, é verdade) adiante.

Crises rumo à construção da identidade médica

Segundo Hoirisch (1977), a crise consiste num fenômeno comparável a uma revolução, de tal modo que nossas vidas estão pontuadas por períodos de crise. Destarte, a adolescência/ puberdade constitui o mais importante período de crises rumo à consolidação da identidade. Existem, portanto, além das crises quanto à identidade pessoal (constituição da personalidade), ao menos duas outras grandes crises nesta fase, conforme este autor: a crise da passagem de aluno" para "estudante de medicina" (em derredor dos 18 anos – a crise do "calouro") e a crise da passagem do "estudante de medicina" para "médico", ao final do curso (por volta dos 24 anos de idade). Não obstante, o aluno tem de consolidar papéis perante a sociedade. (Poderíamos considerar que o fato de o aluno procurar a medicina significaria um temor de perder sua própria identidade[4]).

Hoirisch, ademais, sustenta que durante a carreira médica, que se inicia quando o indivíduo ingressa na faculdade, ele sofre crises de identidade seja pelo contato com o cadáver (que é o seu primeiro paciente), com o paciente (que ocorre geralmente no 3º ano) ou mesmo quando o médico ou um de seus colegas sofre um adoecimento (por vezes um adoecer psicossomático ligado às crises). Relevantes, nesse aspecto, são as cerimônias, que, ocorrendo em fases de transição, contribuem para uma melhor adaptação à novidade. É o caso dos "trotes" no início do curso, e da cerimônia de "colação de grau", ao final.

O aluno recém-ingressado costuma adotar a comenda de "doutor" (como se estivesse se aproximando da consolidação da identidade médica), capitaneado pela roupa branca, geralmente de uso obrigatório nas dependências das instituições de ensino. A formação médica é constituída por vários símbolos (ou objetos transicionais, na linguagem winicottiana): o estetoscópio pendurado ao pescoço nos alunos dos 3° e 4° anos, o jaleco, os materiais de dissecção, a

4. Identidade idealizada, em que o sujeito sobrepuja a sua identidade pessoal, investindo majoritariamente na identidade profissional.

linguagem técnica adotada pelos alunos e mesmo as inúmeras identificações que ocorrem cada vez que há o contato com um novo doente ou quando uma nova doença é aprendida no curso (identificações hipocondríacas)[5].

Toda essa gama de identificações, somadas àquelas dirigidas aos professores, constitui-se em elementos necessários à formação da identidade médica. É nessa fase elementar de construção da identidade que determinadas identificações com figuras ou atitudes iatrogênicas poderão ser incorporadas pelo aluno. A identidade médica poderá ter, então, nas suas origens, importantes deturpações que repercutirão na relação médico – paciente, inclusive do ponto de vista ético. Um exemplo é o contato com o cadáver, que poderá ser introjetado como sendo o "primeiro paciente" do aluno (geralmente feito na disciplina de anatomia, no primeiro ano do curso médico). A imagem subjetiva que se constrói pode ser a seguinte: o paciente ideal é como o cadáver – passivo, tolerante, obediente, que não questiona tampouco interfere (Mello Filho, 1976), – ou, ainda, "um doente inanimado, que não protesta, não reage, que pode ser convertido em peças, manipulado de qualquer forma". (Eksterman, 1968). Isso produz no aluno uma sensação de controle onipotente sobre a patologia. O posicionamento do professor da área básica perante este aspecto é fundamental.

Finalmente, uma outra crise de identidade que aflige o graduando é aquela do médico generalista. No Brasil, o médico, quando se gradua, está virtualmente capacitado para exercer quaisquer atividades na medicina (desde a realização de um parto até uma cirurgia plástica, por exemplo). Entretanto, a realidade é que os médicos saem das faculdades desprovidos dessa visão generalista, em virtude do próprio curso médico induzir à fragmentação do conhecimento acerca do indivíduo enfermo, levando à especialização precoce. Os conhecimentos são transmitidos por meio dos estudos das doenças, em

5. Conheci um aluno que se auto-administrava antibióticos sempre que adoecia por qualquer moléstia; um outro, se identificava com pacientes psiquiátricos e utilizava psicofármacos desnecessariamente.

disciplinas específicas, por professores especialistas, e não por clínicos (situação observada na maioria das instituições de ensino do país). O conhecimento prático, muitas vezes, é obtido quando o aluno acompanha por conta própria algum profissional, numa determinada especialidade, ou quando realiza plantões, muitos sem supervisão.

O tema da iatrogenia é pouco abordado durante o curso médico. Quando se fala disso nas disciplinas clínicas, o tema fica limitado a possíveis erros cometidos durante atos cirúrgicos, efeitos adversos de medicamentos, associações medicamentosas errôneas, má interpretação de resultados de exames e erros durante o exame clínico. A psicoiatrogenia é ainda mais raramente abordada no curso.

A interface entre Bioética, Ética Médica e Iatrogênese

Ética e Moral por vezes se confundem ou são considerados sinônimos em nosso meio, de modo que é pertinente conceituarmos ambos. Segundo Boff (2004), *a ética é parte da filosofia. Considera concepções de fundo acerca da vida, do universo, do ser humano e de seu destino, estatui princípios e valores que orientam pessoas e sociedades. Uma pessoa é ética quando se orienta por princípios e convicções. Já a moral, é algo que vem da sociedade, dos costumes, da cultura.*

Um indivíduo ético não necessariamente adota uma postura moral, posto que (...) *a moral é parte da vida concreta. Trata-se da prática real das pessoas que se expressam por costumes, hábitos e valores culturalmente estabelecidos. Uma pessoa é moral quando age em conformidade com os costumes e valores consagrados. Estes podem, eventualmente, ser questionados pela ética.* Conforme o autor, estaríamos vivenciando uma *crise ética* (grifo meu), na medida em que o ser humano exacerba sua *auto-afirmação* em detrimento da *integração*. O indivíduo então, autocentrado que está, se isolaria, perdendo assim sua identidade. (Boff, 2004).

O médico orienta a sua prática pelos princípios éticos contidos no Código de Ética Médica[6], que abrange diversos temas ligados às atividades exercidas pelo médico, tais como direitos humanos, pesquisa com seres humanos, relação com pacientes e familiares, relacionamento interprofissional, transplante de órgãos, remuneração, segredo médico, atestado médico e outros assuntos (CFM, 2002). O Erro Médico é abordado em vários trechos do Código. Exemplo: art. 29: "*é vedado ao médico praticar atos profissionais danosos ao paciente, que possam ser caracterizados como imperícia, imprudência e negligência*". Não convém, neste ensejo, aprofundarmos uma discussão acerca destas modalidades de erro.

Landmann (1985) reitera que o primeiro Código de Ética Médica descrito, o de Hamurábi, estabeleceu o conceito de responsabilidade civil e penal do médico. Como esse código não foi elaborado pelos médicos, talvez tenha sido o único que defendeu plenamente o doente, alega o autor.

Em conformidade com as práticas médicas, surgiu uma nova modalidade da Ética aplicada, a Bioética, que se constitui numa *área de reflexão, onde pessoas que pensam e que sentem, discutem, trocam idéias e chegam ou não a um consenso sobre determinados temas, como o aborto, a eutanásia, a doação de órgãos, a autonomia do paciente, e tantos outros* (Segre, 2001). Assim, (...) *a Bioética é a discussão ética – "ética" enquanto ramo da Filosofia. Portanto, apesar do prefixo "bio", a Ética é tipicamente humana, discutindo valores inerentes à vida, à saúde e, conseqüentemente, também à morte do ser humano.*

As discussões em torno da Bioética envolvem diversos organismos da sociedade: cidadãos comuns, pacientes, familiares, entidades religiosas, governantes, organizações não-governamentais. Assim, a prática e os conhecimentos médicos (principalmente) começaram a ser observados e questionados com maior freqüência pela sociedade, e não mais somente pelos médicos. A própria

6. O Código de Ética Médica é um dos mais rigorosos existentes, vez que abrange aspectos ligados aos conflitos humanos.

expansão dos procedimentos e pesquisas médicas obrigou a sociedade a fiscalizar e debater essas novas práticas, que costumam ir muitas vezes bem além do domínio médico-biológico. Na Bioética, discutem-se, inclusive, os limites do ímpeto conquistador do homem, que deseja inclusive conquistar o segredo da vida e manipular os genes (Boff, 2004).

Assim, a discussão sobre quando começa a vida (se na fecundação ou durante a nidação) é algo que, para a Bioética, necessariamente deve ser compartilhado com a sociedade. O mesmo vale para debates envolvendo o processo de morte (eutanásia, mistanásia, suicídio assistido). É comum, entretanto, que discussões sobre temas no âmbito da Bioética não cheguem a nenhum consenso, tamanhas as polêmicas em torno de certos assuntos.

Sobre a eutanásia, que consiste em apressar, sem dor ou sofrimento, a morte de um doente incurável, cabe aqui um exórdio. Reportagem publicada pela *Folha de S. Paulo* (reproduzida pelo *site* do Conselho Regional de Medicina de MG, 2005), revela que a prática é freqüente em Unidades de Terapia Intensiva (UTIs) do país, embora constitua-se num subreptício, conforme cap. V, art. 66 do Código de Ética Médica: "*É vedado ao médico utilizar, em qualquer caso, meios destinados a abreviar a vida do paciente, ainda que a pedido deste ou de seu responsável legal*" (Código de Ética Médica, p. 24, CREMERJ, 2004). A reportagem assinala que especialistas em Bioética defendem a *ortotanásia*, que consiste no ato de retirar equipamentos ou medicações que servem para prolongar artificialmente a vida de um moribundo. Em certas ocasiões, em virtude da superlotação das UTIs, opta-se por desligar os aparelhos de alguns indivíduos em prol de outros com maiores chances de sobrevivência[7]. Existem argumentos oriundos de todas as partes, a favor ou contra a prática da eutanásia. Pesa, por exemplo, o fato de que o prolongamento artificial da vida encareceria o sistema público (estima-se que haja pelo menos um paciente terminal em cada uma

7. Reitero a situação de prejuízo que ocorre à identidade médica quando um deslize ético é cometido.

das cerca de 1.440 UTIs do país, informa a reportagem). A questão, entretanto, dificilmente chega aos tribunais no Brasil.

Criaram-se, hodiernamente, mecanismos de apoio às vítimas de erros médicos, de modo que a prática médica modificou-se sobremaneira. As repercussões sobre a relação médico-paciente são bastante significativas. Nunca houve tantos processos e penalizações contra os médicos como agora. A origem está na relação médico – paciente frágil[8].

A prática médica hoje está se voltando para uma relação defensiva, onerando o paciente, o Estado e as empresas de medicina de grupo, além do próprio médico, já que este, muitas vezes, passa a dispender numerosa quantia para as empresas de seguro contra erros médicos, bastante comuns nos EUA e ainda incipientes em nosso país.

Neste tipo de relacionamento "defensivo", o médico, evitando cometer um erro, solicita um número excessivo de exames complementares, de tal sorte que a sensibilidade do exame clínico está caindo em desuso. Existe um temor muito grande dos mestres brasileiros (e da própria população, logicamente) de que esta prática "contamine" a relação médico-paciente em nosso país. Isso já é uma realidade, quiçá, irreversível.

Os estudantes de medicina interessam-se cada vez mais cedo por uma especialidade e não são poucos os que optam por uma subespecialidade ainda durante o curso. Fruto de uma identificação com algum professor ou médico amigo, esse processo pode culminar com a formação de indivíduos que adotarão uma visão fragmentada do sujeito enfermo (identidade médica fragmentada).

Por fim, existem ainda outros fatores que estão, em algum grau, implicados com o abalo da identidade médica e, conseqüentemente, com maior número de iatrogenias (Pineschi, 2001):

8. A supermedicalização da sociedade é ambivalente: todos se julgam doentes, automedicam-se ou exigem ser medicalizados; ao mesmo tempo, há uma crescente depreciação da figura do médico, que muitas vezes é punido em virtude da des-idealização. Em tempo: fruto da medicalização exacerbada ora vigorante, o país possui o maior contingente de farmácias e drogarias do mundo.

a) formação voltada para o técnico-científico;
b) sucateamento da rede pública de assistência;
c) má distribuição territorial dos médicos no Brasil;
d) excesso de faculdades de medicina em determinadas regiões do país.

A ÉTICA E A IATROGENIA DO JURAMENTO DE HIPÓCRATES

O Juramento de Hipócrates (que muitos acreditam ser um símbolo da ética médica) é considerado ultrapassado por alguns autores. Jayme Landmann (1985), um dos maiores clínicos que o país já conheceu, pondera: "o juramento é falso desde o seu início, porque feito a deuses nos quais ninguém acredita, quebrando de saída o preceito bíblico que proíbe a adoração de falsos deuses". E continua:

> o próprio Hipócrates era hipócrita. No seu juramento ele proíbe o aborto, mas nos seus escritos ele ensina como fazê-lo. No juramento ele promete fazer tudo pelos doentes, mas nos seus escritos aconselha os seus discípulos a não aceitarem doentes graves porque o fracasso do tratamento ou a morte poderiam afetar o prestígio da confraria. (Landmann, 1985, p. 20).

O autor condena ainda, que a profissão era fechada, corporativista, de tal sorte que o próprio juramento impede a transmissão de conhecimentos a outros que não os médicos, filhos dos médicos, filhos dos mestres ou os discípulos. Assim, o juramento "(...) reafirma sua ideologia de dominação, em que o paciente é excluído de qualquer decisão. A atitude messiânica que ele se auto-atribui salienta o papel passivo do doente".

Landmann analisa, ainda, aspectos referentes às questões, já discutidas aqui, acerca do aborto e da eutanásia, temas que fomentam calorosas discussões no âmbito da Bioética, mas que são proibidos no juramento. Salienta que "(...) as concepções médicas e éticas baseadas na tradição hipocrática são pré-tecnológicas e obsoletas". Para o autor, o juramento não permite que o paciente participe da relação médico-paciente de forma ativa, cabendo ao médico, considerado um "ser superior", a exclusividade pelas decisões. Talvez, à luz das observações de Landmann, a identidade iatrogênica do médico, constituída desde o início do curso, se reforçaria já à partir do juramento, posto que "o médico assume sua profissão adotando um juramento absurdo, obsoleto, preconceituoso e repleto de bazófias"[9].

Acredito que estejamos no momento de reformularmos o juramento ou, quem sabe, avançarmos rumo à elaboração de um juramento à altura dos progressos obtidos pela medicina, e que venha ao encontro dos conceitos modernos da Bioética, da Ética Médica, bem como aos anseios sociais.

Educação médica e identidade profissional

A educação médica sofreu um sem-número de transformações no decorrer do século, desde a publicação do relatório Flexner, em 1910.

A Ética na formação dos médicos passa pelo papel do professor, que constitui um modelo para os alunos. O professor pode adotar uma postura iatrogênica, a didatopatogenia, (Tavares, 2005), quanto à sua postura diante dos alunos (abuso de poder) e mesmo perante os pacientes[10].

Alunos estão freqüentando cada vez mais precocemente atividades extracurriculares. Diversas são as motivações que os levam à tal prática: curiosidade, necessidade de aprimorar a prática, ansiedade para assumir a prática médica, competição entre os colegas, aprimoramento curricular, remuneração. O risco, aqui, é

9. É um juramento que idealiza o médico, negando a questão da iatrogenia bem como da personalidade do mesmo. Constitui um juramento pleno de preceitos morais.

10. No curso médico, existem professores não-médicos (Odontólogos, Bioquímicos, Biólogos, Psicólogos, Farmacêuticos, Enfermeiros e outros).

amplo: o futuro médico poderá iniciar um processo de identificação precoce com profissionais iatrogênicos, o paciente fica numa situação complicada, uma vez que está sendo atendido por um indivíduo sem a devida qualificação, possivelmente sem a devida supervisão, podendo cometer um ato iatrogênico e não poder assumir tal responsabilidade.

Situação ainda não menos complexa é a dos acadêmicos "coringas", que substituem literalmente os médicos plantonistas – prática bastante corriqueira, principalmente em cidades do interior e nas periferias dos grandes centros urbanos. O aluno substituto (geralmente do último ano) fica com uma percentagem do vencimento que o plantonista "titular" receberia por determinado plantão. O risco aqui aumenta exponencialmente para todos. A construção da identidade é antecipada: o aluno assume integralmente a postura de um profissional graduado (estabelecimento de uma identidade iatrogênica, portanto). É chamado de doutor, e tratado como tal pelos pacientes. O paciente se priva de saber a verdade. Tal atividade constitui, ademais, um crime, vez que a responsabilidade legal pelos atos do aluno de medicina é do supervisor direto da unidade de saúde em que os atos se desenvolvem. Existem algumas tentativas de se criar um Código de Ética para os alunos, no qual seriam proibidos a remuneração, a assinatura de receitas/prescrições, o fornecimento de atestados e a prestação de assistência médica sem supervisão. Na verdade, as instituições de ensino desconhecem a realidade dos alunos que praticam estágio. Esses alunos constituem mão-de-obra barata, e, em defesa de uma medicina mais digna à sociedade, a credibilidade da profissão médica deve ser resgatada com a fiscalização de tais práticas.

Para aqueles que atuam em estágios supervisionados, existem ainda outros problemas éticos: alunos se vêem confrontados com situações iatrogênicas praticadas pelos preceptores, e, sem tomar conhecimento disso, acabam introjetando tais práticas, por não possuírem outros modelos de ensino. Por exemplo, a discussão de casos na frente dos pacientes, o que muitas vezes acaba apavorando-os, o tratamento dos pacientes de maneira hostil e debochada (presenciamos inúmeras situações ao longo de nossa formação[11]), a falta de sensibilidade e seriedade com os familiares, o destrato com a equipe de enfermagem.

Durante a graduação, em que o processo de socialização se inicia, raramente somos informados sobre como atuam os demais profissionais não médicos (enfermeiros, nutricionistas, psicólogos, fisioterapeutas), enfim, quais são suas atividades, em que circunstâncias atuam. Esse aspecto foi encontrar resposta na Psicossomática e na Saúde Coletiva, que são movimentos interdisicplinares em que a troca de informações entre os profissionais de saúde é rica e construtivista[12].

Ainda nesse âmbito, citamos uma situação conflituosa pela qual grande parte dos graduandos de medicina passa, que é a preparação para as provas de residência médica. Essa fase é extremamente desgastante, uma vez que a preparação tem de ser a melhor possível para a aprovação nos concursos. As vagas são poucas face ao grande número de alunos que se formam anualmente e à dificuldade para atravessar o "funil" representado pelas provas, nas suas diversas etapas. Devido a esta situação, proliferaram-se os cursinhos preparatórios, que exigem tempo e dedicação quase exclusiva. Neles, toda a matéria aprendida no curso teórico é revisada de forma maçante, em aulas expositivas, material didático e exercícios. Os alunos que se submeterão às provas dedicam-se integralmente aos estudos, por vezes negligenciando as atividades do internato (estágio obrigatório nos hospitais). O Ministério da Educação tenta amenizar tal situação ao estabelecer a etapa de provas práticas para a residência.

Destarte, a formação médica encontra-se em crise. Este é um momento no qual a sociedade está se mobilizando para modificar e estabelecer novos parâmetros de ensino, movimento esse capitaneado

---

11. Certa feita, numa maternidade pública do Rio de Janeiro, um colega relatou que, nos plantões, uma tocoginecóloga (que era supervisora dos alunos) agredia verbalmente as parturientes no momento do parto, que é uma ocasião extremamente delicada para a mulher.

12. A hostilidade de muitos médicos com relação aos demais profissionais contribui para que estes últimos se mobilizem radicalmente contra a classe médica.

principalmente pela Associação Brasileira de Educação Médica (ABEM), entidade que congrega alunos e professores, onde estabelecem uma discussão linear acerca da reformulação do nosso (precário) ensino médico.

Aspectos iatrogênicos das especialidades médicas

O médico, ao se graduar, pode atuar em qualquer área da medicina (são 53 especialidades e mais 53 áreas de atuação reconhecidas pelo Conselho Federal de Medicina, conforme Resolução n. 1.763/05). Para se tornar especialista, existem basicamente dois caminhos: o médico ingressa num curso de especialização ou residência médica (com duração mínima de dois anos) ou faz um exame na Sociedade da qual deseja ingressar, obtendo então o título de especialista.

Toda especialidade possui um potencial iatrogênico, que varia entre elas. Capisano (1969) já apontava os conflitos neuróticos do médico, tal como o sadismo inconsciente dos pediatras, que, ao exagerarem nas recomendações, acabam favorecendo o aparecimento de sintomas nos infantes, tais como dores epigástricas, náuseas, vômitos e anorexia.

Atividades com maior potencial iatrogênico são aquelas, por exemplo, que desencadeiam maior nível de estresse no médico, como a medicina de urgência, a cirurgia, os trabalhos dos médicos intensivistas nas UTIs.

Na medicina de urgência (modelo sacerdotal ou paternalístico de relação médico-paciente), por vezes o paciente está tão debilitado, que a relação é por si só assimétrica. Esse paciente pouco participa da relação (paciente passivo, submisso), e o profissional assume uma posição de superioridade, porque não consulta o paciente para qualquer procedimento. Quando o paciente "desperta" para a situação, mesmo sabendo que determinados procedimentos eram cruciais naquele momento – pois visavam sua sobrevivência

– pode ser difícil admiti-la. É o caso dos pacientes vítimas de traumatismos que tiveram de ser submetidos a uma traqueostomia, por exemplo.

Ética e iatrogenia nas pesquisas científicas

A Bioética também se incumbe de discutir aspectos relacionados às pesquisas com animais e com seres humanos. As pesquisas crescem em número exponencial em todo o mundo, embora na América Latina e, especialmente em nosso país, o número de pesquisas e publicações científicas seja reduzido.

Diversos são os benefícios oferecidos à humanidade pelas pesquisas científicas: aprimoramento de métodos diagnósticos, redução do custo dos tratamentos, descobertas de novas modalidades terapêuticas, benefícios quanto à reabilitação e ressocialização de inúmeros indivíduos, geração de empregos, ampliação do número de indivíduos com acesso a tratamentos etc.

As pesquisas em medicina geralmente são financiadas por órgãos governamentais (principalmente Universidades) e pela indústria farmacêutica (responsável por financiar 60% das pesquisas – [Gadelha, 2005]). Os resultados das pesquisas, para serem publicados, necessitam passar por rigoroso processo de depuração e análise metodológica e estatística.

Tal processo, contudo, não é isento de falhas, como constantemente nos aponta a literatura, de modo que cabe ao leitor uma leitura crítica do material, conforme nos aponta o professor Jorge Alberto Costa e Silva (2003):

> a interpretação do artigo e a decisão sobre sua importância estão, em última instância, nas mãos do leitor. Para o médico que deseja manter-se atualizado, é importante poder julgar a qualidade das experiências e saber diferenciar as experiências que foram bem ou mal conduzidas, interpretadas ou relatadas.

Os pesquisadores, por serem *humanos,* não estão isentos de cometer falhas, porém, existem determinados deslizes éticos que são conscientemente cometidos, principalmente quando elevadas somas de dinheiro estão envolvidas nestas pesquisas. Investigação feita nos EUA com cerca de 3.000 cientistas ligados à área médica e publicada na conceituada revista *Nature,* revelou que 1/3 deles admitiram ter cometido alguma improbidade em seus estudos nos últimos três anos. Ademais, os resultados revelam que pequenos casos de fraude e adulteração podem causar mais danos à credibilidade da ciência do que os casos escandalosos. O estudo revelou que os pesquisadores principiantes respeitaram mais os princípios éticos.

A identidade do médico, que deve estar em sintonia com os interesses do paciente, visando o benefício do mesmo e à cura das doenças, é colocada em xeque neste momento, iatrogênico e antiético. Segundo Gadelha (2005), "com a inclusão dos interesses econômicos e comerciais, passou a ser ainda mais importante evitar-se a transgressão de direitos humanos e a degradação de pessoas em nome da ciência e do avanço tecnológico".

A Declaração de Helsinque orienta os médicos em pesquisa envolvendo seres humanos, definindo, dentre outros aspectos, que "a finalidade da pesquisa médica envolvendo seres humanos deve ser o aperfeiçoamento do diagnóstico, procedimentos terapêuticos e profiláticos e a compreensão da etiologia e da patologia da doença". (Landmann, 1985). No Brasil, a Resolução n. 196 do Conselho Nacional de Saúde determina as diretrizes e normas para a pesquisa envolvendo seres humanos, instituindo os Comitês de Ética em Pesquisa (CEPs) e a Comissão Nacional de Ética em Pesquisa (CONEP), salvaguardando os direitos do paciente, que assina um Consentimento Livre e Esclarecido contendo todas as informações sobre a pesquisa. O Conselho Nacional de Saúde assegura o acesso à continuidade da assistência ao paciente após o término da pesquisa (Gadelha, 2005; CONEP-MS, 1996).

Conclui-se que a identidade do médico cientista / pesquisador, que está a serviço do progresso, pode ser sobrepujada pelos interesses econômicos e pessoais. Cabe à Bioética discutir e formular novas estratégias de proteção aos pacientes que participam destes estudos. E aos médicos, caberá assumir uma conduta ética e irreprochável.

SITUAÇÕES IATROGÊNICAS NO ÂMBITO DA RELAÇÃO MÉDICO – PACIENTE E DO MODELO BIOMÉDICO

De modo didático, selecionamos algumas situações envolvidas na gênese de iatrogenias e que, de certo modo, estão implicadas no abalo da identidade médica.

Os aspectos psicodinâmicos da relação "médico/paciente" devem ser percebidos pelo médico para compreender como estes fenômenos interferem na sua conduta de modo significativo.

Todo paciente, pela própria condição em que se encontra, idealiza sobremaneira a figura do médico (o médico como um demiurgo, um semideus). Não obstante, traz ao encontro com o médico uma série de expectativas e fantasias quanto à figura deste e quanto ao desenvolvimento da consulta. Tais fatores, conforme veremos adiante, poderão contribuir para a ocorrência de iatropatogenias.

Esses fenômenos componentes da relação médico-paciente, os quais são estudados por alunos de medicina, mormente na disciplina de Psicologia Médica, são a transferência, a contratransferência e os mecanismos de defesa (negação, projeção, racionalização, repressão) etc.

Eksterman (1968) nos ensina que "toda relação humana é uma relação de influência. Toda influência médica é psicoterápica. Caberá ao médico utilizar com técnica e sabedoria seus recursos humanos pessoais, dos quais sempre se serviu com empirismo". O autor aponta que o encontro do médico com o paciente poderá desencadear iatrogenias: *o envolvimento do médico pelas emoções do doente pode implicar no desencadeamento de atitudes clínicas irracionais que, comumente, impedem a clara objetivação do fenômeno mórbido*. Assim, o médico poderá converter a terapêutica em patologia, por meio do emprego de certas medidas terapêuticas.

O médico, por conseguinte, constitui-se num medicamento que, quando prescrito adequadamente, confere proteção compreensiva, cuidado e carinho. Como todo indivíduo, frente à enfermidade, regride às fases infantis, cabe ao médico oferecer o *holding* apropriado. Quando este amparo está ausente, a ansiedade adicional aparece, contribuindo para a geração de novos sintomas ou agravando os pré-existentes. Para Eksterman, a falta do *holding* é a essência da iatrogenia do medicamento chamado médico. Ele identificou o aspecto ansiogênico que caracteriza as relações iatrogênicas: "a relação médico-paciente com características iatrogênicas é ansiogênica, ou pela insegurança do médico, ou por sua dificuldade em ouvir e aceitar as queixas globais do doente, ou pelas atitudes manifestamente hostis do médico desencadeadas pelo estado e emoções do doente". (Eksterman, 1968, p. 420).

O paciente que percorre vários profissionais a fim de obter um diagnóstico "seguro" para a sua enfermidade ou uma "segunda opinião", quando não estabelece vínculos afetivos com o médico, favorece a criação de situações iatrogênicas.

Por vezes os médicos se vêem confrontados na sua identidade quando atingem o limiar da sua capacidade técnica e têm de fazer uma abordagem emocional ao paciente. É comum, por exemplo, uma situação iatrogênica que ocorre nos hospitais gerais em que, diante de pacientes deprimidos, com estado confusional agudo (*delirium*), que tiveram de se submeter a mutilações ou que estão à beira da morte, a equipe médica solicita o parecer de um interconsultor psiquiatra. O comparecimento deste se dá em situações de crises, portanto. O papel do interconsultor é de apaziguar as ansiedades geradas no paciente, na equipe e entre os familiares. (Botega, 2002). A dificuldade que os médicos possuem em estabelecer vínculo afetivo com os seus pacientes pode se constituir num ato iatrogênico, porque ocorre uma cisão na relação médico-paciente, pois muitos pacientes sentem-se ofendidos ao serem encaminhados à psiquiatria, por não acreditarem precisar de um "médico de loucos", tampouco possuírem alguma enfermidade mental.

A origem da incapacidade de muitos profissionais em lidar com situações de conflito emocional está na própria formação médica, em que a identidade é constituída baseada principalmente no organicismo e no *techné* (uma identidade portanto iatrogênica, conforme já comentamos).

A iatrogênese pode acontecer também naquelas ocasiões nas quais médico e paciente procuram não se envolver emocionalmente, predominando a linguagem técnica, a frieza. Ao mesmo tempo, ocasiões nas quais o envolvimento do médico com seu paciente se torna muito intenso, a ponto de enfraquecer os limites entre os egos de ambos, favorecendo a geração de respostas emocionais no médico, como luta / submissão, indiferença ou ainda excesso de dedicação ao paciente também prediz à iatropatogênese[13]. Assim, Capisano (1969), pioneiro da Medicina Psicossomática em nosso país, num artigo de 1969, já antevia situações hoje bastante comuns, ao frisar que conflitos neuróticos do médico podem se manifestar como iatrogenias, sendo eles a insegurança (manifestada pelo excesso de pedidos de exames complementares), o narcisismo (o paciente é tratado com desdém), e o sadismo inconsciente (conforme ocorre com os pacientes submetidos a sucessivos exames invasivos).

Não podemos olvidar, ademais, que muitos profissionais sofrem de transtornos mentais, abrigando-se sob o *status* conferido pela profissão médica. A psiquiatria, por exemplo, amiúde atrai indivíduos com vulnerabilidade a problemas emocionais, sendo o início da carreira destes freqüentemente acompanhado de reações ansiosas. O que comumente afeta o desempenho do profissional é a dependência química (alcoolismo, ansiolíticos e hipnóticos, opióides, barbitúricos), principalmente pelo fácil acesso. Preconceitos contra pacientes que

13. Pode-se dizer que existe aqui um desequilíbrio nos fenômenos de transferência / contratransferência, que se tornam patológicos. A relação passa então a ser assimétrica, com repercussões negativas na pessoa do paciente e na própria identidade médica. Tal fenômeno é conhecido como *indução iatrogênica* (Mello Filho). Exemplificando, temos aquele paciente que insiste com o médico em realizar uma cirurgia absolutamente desnecessária e arriscada.

adotam certas preferências sexuais, ou pertencentes a determinados grupos étnicos, religiosos, políticos ou econômicos, são nocivos à prática da medicina da pessoa, à medicina integral, sendo, portanto, iatrogênicos (Hoirisch, 1993 – p. 32-33). A sensibilidade diagnóstica, ultrapassada pelos pedidos de exames complementares, pode favorecer o estabelecimento de diagnóstico sindrômico equivocado, com o conseqüente tratamento de uma enfermidade que o paciente não possui (quando o médico trata o exame e não o indivíduo)[14].

Hoirisch (1993) salienta que a ignorância, o desconhecimento, são um dos fatores que deflagram a iatrogenia, somados à inexperiência e à prática clínica robotizada, que negligencia o atendimento singular que cada caso exige. Defende que a assistência psicopedagógica ao aluno de medicina reduz o potencial iatrogênico dos mesmos (p. 31). Afirma ele acerca do tema: "os médicos defrontam-se, em intensidade variável, com situações estressantes (...). Isto tem levado alguns estudantes a abandonar o curso, quando não são devidamente assistidos. O importante é impedir que o médico se transforme em agente de iatrogenia". (p. 32).

A filosofia cartesiana, que muito inspirou a conduta médica ocidental, estabelecendo a dicotomia *psique / soma,* corroborada por outra díade, *doente / doença,* contribui para uma visão fragmentada do sujeito enfermo.

O médico até então baseado nos princípios hipocráticos (Hipócrates foi um médico que enxergava o indivíduo como um todo) passa a abordar apenas os sintomas aparentes, como se o indivíduo fosse uma máquina que necessitasse de ajustes, um quebra-cabeça.

Cito, ainda, o pouco tempo disponível para o paciente, que não permite que seja estabelecido um *rapport* adequado, com ambos exigindo um resultado rápido e eficiente.

A sociedade requer o retorno do "médico de família". A superespecialização, acompanhando o progresso da tecnologia, faz com que o paciente se sinta pressionado a visitar diversos

14 Em tempo: a maioria dos exames complementares solicitados apresentam-se dentro da normalidade.

profissionais para o acompanhamento de determinado transtorno. E o paciente torna-se cada vez mais carente. A proporção do erro vem acompanhada pelo crescimento exponencial no número de prescrições e pedidos de solicitação de exames complementares. Aliás, a prescrição e o pedido de solicitação de medicamentos parecem ser uma espécie de exigência do paciente, que considera o atendimento incompleto quando não sai da consulta com um pedido de exames ou uma receita. A questão da "eficiência e rapidez" no tratamento já está tão impregnada na sociedade que o profissional pouco se dedica às outras questões relevantes no estabelecimento da enfermidade em questão: os fatores sociais, ambientais, hereditários e psicológicos, familiares (aspectos estes bastante abordados no âmbito da Integralidade em Saúde). (Pinheiro, 2005).

Condições de trabalho adversas – donde o profissional trabalha mais tempo por dia, em diferentes locais, atendendo uma quantidade cada vez maior de pacientes, em consultas rápidas – , bem como as condições físicas do estabelecimento, podem influenciar na conduta do profissional culminando com a iatrogênese.

A construção de uma prática interdisicplinar no ambiente de trabalho em saúde encontra inúmeras resistências – aqui o médico sente sua identidade confrontada com a dos outros profissionais, e estes últimos, percebem um abalo nas suas respectivas identidades.

A justificativa, já consagrada, de que o médico é um humano como qualquer outro profissional e, portanto, tem as mesmas possibilidades de cometer falhas, embora seja pertinente, ainda não recebe o devido respaldo social. Conforme dito, o fato de o paciente idealizar o médico não permite que ele tolere falhas justamente daquele que "deve ser capaz de curar e salvar vidas".

Repercussões da iatrogenia

A repercussão que uma situação iatrogênica terá depende da qualidade da relação médico-paciente (e das demais relações entre profissionais de saúde e clientes) estabelecida.

a) O médico omite sua falha

Ocorre nas relações pouco consistentes. Médico e paciente passam a ver no "erro" uma forma de fracasso, com o paciente não tolerando isso, enfim, não concedendo outra chance ou sequer aceitando um pedido formal de desculpas. A relação torna-se fragilizada, e pode mesmo cessar após o episódio. Geralmente culmina com um processo judicial no qual o paciente busca a condenação por "erro médico".

b) O médico admite a culpa

Esse comportamento, ao contrário do anterior, predomina nas relações melhor estruturadas. O profissional, na sua humildade, vê a falha como uma busca do conhecimento. O paciente concede nova oportunidade ao médico. São comuns reuniões de conciliação entre ambas as partes para que procedimentos éticos não necessitem ser instaurados.

Prevenindo iatrogenias: resgatando a identidade médica

Finalmente, frente a essas situações, os aspectos relacionados à profilaxia das iatrogenias carecem ser comentados, ainda que de modo sintético. Não só o médico mas também a sua equipe são responsáveis pela prevenção das iatrogenias e pelo compromisso com o estabelecimento de uma postura ética e humana.

O próprio Código de Ética Médica vigente estabelece meios para uma prática médica digna, salutar a ambos – médico e paciente. O médico deve possuir todas as condições necessárias para a boa prática profissional: remuneração justa, ambiente de trabalho propício, autonomia. A constante atualização médica constitui-se numa necessidade, face ao grande número de descobertas e modificações científicas em nossos dias. O Código de Ética, em seu artigo 5°, reitera que "o médico deve aprimorar continuamente seus conhecimentos e usar o melhor do progresso científico em benefício do paciente." (CREMERJ, 2004).

Iniciativa do Conselho Federal de Medicina (Resolução n. 1.772/2005) junto às Sociedades Médicas, visando a atualização profissional que vigora desde 2006 (Certificado de Atualização Profissional), define uma série de requisitos para que o médico mantenha-se com o Título na sua respectiva especialidade. Assim, o CFM entende que

> (...) a necessidade de certificação de atualização profissional do título de especialista e certificado de área de atuação se impõe em face da velocidade com que novos conhecimentos são incorporados à prática médica. O processo de certificação de atualização profissional tem como objetivo manter, por meio de educação continuada, a qualificação permanente dos especialistas, buscando sua valorização profissional e, conseqüentemente, garantindo aos pacientes o atendimento adequado. (CFM, 2005).

Tal Certificado de Atualização deverá ser renovado a cada cinco anos, sendo as seguintes atividades consideradas para a pontuação dentre outras: participação em congressos, publicações científicas, títulos acadêmicos.

O Conselho Regional de Medicina de Minas Gerais possui uma iniciativa louvável que visa o resgate dos valores da relação médico-paciente. O próprio Conselho Regional mineiro salienta que conflitos nesta relação culminam com cerca de 1000 processos anuais! O projeto também parte do princípio de que existem determinados fatores sociais que contribuem para o acirramento da RMP, tais como "a exposição da sociedade a conceitos médicos, não validados pela ciência, ditados pela mídia de massa". (CRM-MG, 2005).

Conceitos tais como o Princípio da Benevolência e o Consentimento Esclarecido (isto é, fazer sempre o bem e falar sempre a verdade ao paciente, respectivamente) necessitam ser resgatados.

Adotando uma posição de humildade, o médico se equivoca menos, pois possui o discernimento suficiente para questionar e trabalhar em equipe numa perspectiva integradora. Corroborando as idéias de Perestrello (1982), Eksterman (1968) reitera que o médico deve dar a oportunidade ao doente de verbalizar suas ansiedades, prevenindo-se assim que doenças psicossomáticas sejam criadas em virtude dos conflitos do paciente.

No ambiente acadêmico, as disciplinas de Psicologia Médica, Semiologia, Introdução à Prática Médica, Deontologia, Ética Médica e demais cadeiras clínicas e cirúrgicas, ao abordarem a questão, contribuem para que o futuro médico possa, ainda nos seus primeiros contatos com os pacientes (que é uma fase de crise e, conseqüentemente, de criação de uma identidade frente ao paciente), assimilar uma visão biopsicossocial dos mesmos.

Perestrello (1982) nos fala da necessidade de se adotar uma "visão transpessoal" do paciente, e salienta que o profissional deve ser autêntico. Sustenta que é válida a prática da psicoterapia "implícita" durante a anamnese. É preciso que os profissionais aprendam a "ouvir" o paciente (mas não silenciá-lo, acrescento) e, nesse sentido, condena a anamnese dirigida, tão utilizada nos dias atuais.

Balint, um dos maiores estudiosos da relação médico – paciente, reforça a importância do clínico geral (médico de família), sobretudo pela melhor qualidade do vínculo que é criado entre ambos (médico e paciente) nesse tipo de prática médica. Uma grande contribuição do autor consiste nos "Grupos Balint" (também conhecidos como Grupos de Reflexão), espaço onde se pretende discutir a atitude médica, incluindo a participação de outros profissionais. Nesse ambiente, os aspectos psicológicos da prática médica são valorizados. Praticados ainda durante a formação universitária (permitindo que sejam discutidos problemas inerentes à prática médica e ao ensino, como os conflitos psicológicos do aluno e, conseqüentemente, a criação da identidade do médico) e no cotidiano da equipe médica, os Grupos Balint funcionam, dessa forma, contribuindo para que a relação médico-paciente se torne mais saudável e consistente.

Hoirisch (1993) enfatiza que a saúde mental do médico constitui fator primordial na profilaxia de complicações iatrogênicas. Para ele, a psicoterapia contribui para evitar iatrogenias: "à medida que as faculdades de medicina não se limitam apenas a transmitir conhecimentos, reduzem o potencial iatrogênico, porque criam atitudes e comportamentos psicoterápicos".

Finalmente, certos atributos da identidade do médico, tais como intuição, empatia, humildade, capacidade de comunicação, paciência e tolerância, ao serem resgatados, fazem dele um sujeito mais humano, valorizando a relação médico – paciente. Segundo Danilo Perestrello (*apud* Abraham, 1966) – "toda relação humana é uma relação de influência. Toda influência médica é psicoterápica. Caberá ao médico utilizar com técnica e sabedoria seus recursos humanos, pessoais, dos quais sempre se serviu com empirismo."

Assim, o permanente desafio do resgate da identidade médica passa por diversas esferas. O objeto de discussão do presente texto não termina aqui. Nosso objetivo é fomentar debates em torno da questão, que ainda são incipientes.

Referências bibliográficas

AGUIAR, A. A. (2004). *A psiquiatria no divã.* Rio de Janeiro, Relume-Dumará.

BALINT, M. (1988). *O médico, seu paciente e a doença.* Rio de Janeiro / São Paulo, Atheneu.

BOFF, L. (2004). *Ética e Moral: a busca dos fundamentos.* Petrópolis, Vozes.

CAPISANO, H. F. (1969). *Manifestações iatrogênicas: conflitos neuróticos do médico prejudicam o paciente.* Ars Curandi, 2:38.

CÓDIGO DE ÉTICA MÉDICA. 10ª ed., Rio de Janeiro, Cremerj, 2002.

CONSELHO FEDERAL DE MEDICINA. Resolução n. 1.763/05. Disponível em: http://www.portalmedico.org.br/resolucoes/cfm/2005/1763_2005.html. Brasília, 2005.

CONSELHO FEDERAL DE MEDICINA. Desafios Éticos. Brasília, CFM, 1993.

CONSELHO FEDERAL DE MEDICINA. Resolução n. 1.772/2005 – Certificado de Atualização Profissional. Disponível em: http://www.portalmedico.org.br/resolucoes/cfm/2005/1772_2005.htm.

CONSELHO REGIONAL DE MEDICINA DE MINAS GERAIS – CRM-MG. Campanha Médico-Paciente, 2005. Disponível em: www.crmmg.org.br/noticias/novidades/campanha_medico_paciente/newsitem_view. Acessado em 25/09/2005.

COSTA E SILVA, J. A. Pesquisa médica e publicação científica: como interpretar. *Arq. Brás. Psiquiatr. Neurol. Med. Legal.* v. 97 (4): 7-14. Dez., 2003.

CREMERJ – *Código de Ética Médica.* (2002). Rio de Janeiro, Ediouro.

Resolução n. 213/2006 – Dispõe sobre a obrigatoriedade de identificação do profissional médico em todas as unidades de saúde do Estado do Rio de Janeiro. Disponível em: www.cremerj.com.br/legislacao/exibirResolucao.php?idResolucao=352.

EKSTERMAN, A. (1992). Psicossomática: o diálogo entre a psicanálise e a medicina. In: MELLO FILHO, J. et al. *Psicossomática hoje.* Porto Alegre, ArtMed.

EMANUEL E. & EMANUEL L. (1992). *Four models of the physician-patient relationship. JAMA,* 267: 2.221-2.226.

FRANÇA, G. V. *Os riscos da medicina baseada em evidências. JBM,* 82:4, 2002.

GADELHA, MIP. Pesquisa clínica e indústria farmacêutica. *Cadernos de Ética em Pesquisa.* Ano VI, n. 15, mai. 2005, 24-30 p.

HOIRISCH, A. A relação médico – paciente e o impacto tecnológico. *An. Acad. Nac. Méd.,* 2002, 162 (1): 31-34.

HOIRISCH, A. (1992). Identidade médica. *In:* MELLO FILHO, J. *Psicossomática hoje.* Porto Alegre, ArtMed, pp. 70-73.

__________ (1976). O problema da identidade médica. Tese de concurso. UFRJ, Rio de Janeiro.

HOIRISCH, A.; GUIMARÃES, A. C. & MUSACCHIO. *Iatrogenia em psiquiatria.* Relatório apresentado na 1ª Jornada de Psiquiatria, Volta Redonda-RJ, 1974.

LACAZ, C. S.; CORBETT C. E. & TEIXEIRA, P. A. (1980). *Doenças iatrogênicas.* 2ª ed., São Paulo, Sarvier.

MELLO FILHO, J. (1983). *Concepção psicossomática: visão atual.* Rio de Janeiro, Tempo Brasileiro.

MELLO FILHO, J. & col. (1992). *Psicossomática hoje.* Porto Alegre, Artmed.

MEYER, P. (2000). A irresponsabilidade médica. São Paulo, UNESP.

MILLAN, L. R.; DE MARCO, O. L. N.; ROSSI, E. & ARRUDA, P. C. V. (1999). *O universo psicológico do futuro médico: vocação, vicissitudes e perspectivas.* São Paulo, Casa do Psicólogo.

MINISTÉRIO DA SAÚDE – CONSELHO NACIONAL DE SAÚDE. Resolução n. 196 / 1996. Disponível em: http://conselho.saude.gov.br/docs/Resolucoes/Reso196.doc – Acessado em: 25/09/2005.

NOGUEIRA, S. "Um em três cientistas admite ter conduta inapropriada, diz pesquisa". *Jornal Folha de S. Paulo* / Folha On Line, 09/06/2005. Disponível em: www.folha.uol.com.br/folha/ciencia/utt306u1281.shtml. Acessado em: 04/07/2005.

NOVAIS, M. (2001). *Como ter sucesso na profissão médica: manual de sobrevivência.* 2ª ed., Rio de Janeiro, Atheneu.

PADILHA, K. G. (2001). Considerações sobre as ocorrências iatrogênicas na assistência à saúde: dificuldades inerentes ao estudo do tema. *Rev. da Escola de Enfermagem da USP,* 35(3):287-90.

PALÁCIOS, M.; MARTINS, A. & PERGORARO, O. A. (orgs.). (2002). *Ética, ciência e saúde: desafios da bioética.* Petrópolis, Vozes.

PERESTRELLO, D. (1982). *A medicina da pessoa.* 3ª ed. Rio de Janeiro / São Paulo: Atheneu.

PIMENTEL, A. J. P.; ANDRADE, E. O. & BARBOSA, G. A. (orgs.). (2004). *Os estudantes de medicina e o ato médico: atitudes e valores que norteiam seu posicionamento.* Brasília, Conselho Federal de Medicina.

PINHEIRO, R. & MATTOS, R. (orgs.). (2005). Construção social da demanda – direito à saúde – trabalho em equipe – participação e espaços públicos. Rio de Janeiro, IMS/UERJ – CEPESC – ABRASCO.

PORTO, C. C. (1997). *Semiologia médica.* Rio de Janeiro, Guanabara Koogan.

RODRIGUES, J. G. & HABR-GAMA, A. (1991). *A importância do ensino na prevenção do erro médico*. Ars Curandi, março de 1991.

SOUGEY, E. B. & CARVALHO, T. R. Iatrogenia dos medicamentos. *Revista Bras. de Medicina Psicossomática,* 1:2, 1997.

9 – O *Burnout* no Exercício Profissional da Medicina

Avelino Rodrigues
Elisa Parahyba Campos
Fernando Pardini

Introdução

O exercício da medicina pode ser considerado uma das atividades profissionais mais estressantes. Trabalhar sob grande pressão, inclusive do tempo, lidar com a morte e com o sofrimento fazem parte do quotidiano da clínica.

Como acentua Maslach[1], as pessoas de uma maneira geral, podem viver tais situações ocasionalmente, ou por um período de tempo. Existem, no entanto profissionais, e o médico é um deles, que lidam com estas situações a todo o momento, que têm como objetivo de trabalho, ajudar aos outros justamente nestas situações. Nenhum destes, a não ser o médico, foi socializado para se sentir responsável pela vida das pessoas que o procuram em busca de assistência[2], o que torna a profissão mais desgastante.

Apesar disto estes mesmos aspectos são considerados fontes de prazer e de satisfação na realização da tarefa, correspondendo a anseios e necessidades psicológicas do médico – nem sempre conscientes – responsáveis, inclusive, pela escolha da profissão, tais como as necessidades de reparação, de dar (reparação da impotência), de receber (reparação do abandono emocional)[3], como também as necessidades de ver e de poder[4] . Poder como capacidade de vir a transformar e o poder de ação ou o poder exercido[5]. Mello Filho[6] diz haver uma gama fatores que determinam a escolha da profissão, desde os mais inconscientes e emocionais, até os mais conscientes e amadurecidos. Reparação e sublimação costumam estar sempre presentes, como também aspectos relacionados aos processos de identificação e busca de ascensão social e econômica.

Ainda que tais anseios e necessidades pudessem ser satisfeitos, o exercício profissional não deixaria de ser estressante por causa dos fatores a ela inerentes, como lidar com a morte, com o sofrimento, com a dor, a sexualidade, incerteza, entre outros aspectos. Além disto, os médicos não são preparados durante sua longa formação – tanto na faculdade, como na residência – para estas difíceis situações, não lhes sendo incentivada ou valorizada a expressão de seus sentimentos e emoções frente aos naturais conflitos que lhes são inerentes.

Por outro lado, outros fatores importantes – de ordem da política de saúde e dos novos ordenamentos da profissão – têm sido agregados às dificuldades da atividade médica, tornando-a para muitos profissionais, um exercício constante de frustração e sofrimento.

O exercício profissional tem sido vivido pelos médicos como desgastante, conforme atesta a pesquisa: "Os médicos no Brasil – um retrato da realidade"[2], onde 80,4% dos profissionais pesquisados declararam ser tal prática uma experiência desgastante.

Esta situação não é privilégio dos médicos brasileiros. Grande número de pesquisas realizadas em países com desenvolvimento econômico e níveis de organização social mais avançados que o deste país, têm apresentado resultados bastante semelhantes, embora o nosso meio apresente algumas particularidades que não surgem naquelas pesquisas, mas que aparecem de forma bastante transparente na presente série.

A American Medical Association denuncia um incremento de problemas de saúde, tanto física como mental, em médicos americanos[7]. O aumento da taxa de alcoolismo, abuso de drogas, suicídio, doença mental, problemas conjugais, entre outros[8], são responsabilizados como fatores importantes na determinação de tal situação, assim como os altos índices de "stress" e frustração observados na classe médica [9]. Também tem sido verificada diminuição do idealismo, aumento da insatisfação, com irritabilidade e isolamento, bem como da frustração, com pouco reconhecimento da importância de seu trabalho e altas taxas de depressão, aspectos relacionados às pressões no trabalho[10].

Na Inglaterra, pesquisas demonstram que os médicos têm apresentado uma incidência de manifestações depressivas em índices superiores aos de outras profissões, bem como altas taxas de alcoolismo, droga-dependência e divórcio[11].

Na Finlândia, estudo revela que as idéias de suicídio são mais freqüentes nos médicos do que na população em geral, dado possivelmente correlacionado com os índices de *burnout* verificados na profissão[12].

De uma forma geral, as pesquisas realizadas tendem a demonstrar que o "stress" do exercício profissional da medicina está associado: ao declínio da satisfação na profissão, às mudanças observadas no exercício profissional, notadamente à interferência dos grupos econômicos ligados aos seguros saúde e às pressões da profissão em si.

O ESTRESSE NO EXERCÍCIO DA MEDICINA

Durante muito tempo houve uma espécie de conspiração de silêncio ao redor do tema estresse a que o médico está exposto na sua prática clínica quotidiana. Este comportamento está presente tanto em pacientes, como em médicos, o que representa um obstáculo ao aprofundamento do tema, embora o levantamento bibliográfico realizado para esta tarefa, demonstre um inegável crescimento do número de trabalhos científicos publicados e referidos no *Index Medicus*, sobre o assunto, nos últimos anos.

Apesar de o médico passar um tempo maior de que outras profissões se preparando para sua atividade profissional, de esta exigir atualizações constantes e de trabalhar sob constante pressão, muito dificilmente reconhecem o desgaste psicológico que tal atividade provoca. Médicos demonstram dificuldades em reconhecer a influência do desgaste decorrente do conflito entre as suas expectativas profissionais a longo prazo e as frustrações e exigências da realidade. McCue[13] acredita que, durante muito tempo, os médicos ou estudantes de medicina acreditaram que a pressão da profissão seria compensada pelo ganho financeiro e *status* social. Hoje, pelo menos no nosso meio, isto não constitui uma certeza e, talvez, nem mesmo uma realidade. As modalidades de atividade profissional acessíveis podem ter muito pouco a ver com a sua vocação, ou com a sua capacidade de enfrentar aspectos emocionais, ou mesmo com sua educação pessoal. A escola médica não prepara o futuro médico, para as várias situações inerentes à profissão. Durante o aprendizado, sentimentos e emoções são freqüentemente suprimidos. Discussões honestas das dificuldades psicológicas da prática médica ou de como os médicos se conduziram frente a consultas que envolveram situações difíceis, são infelizmente muito raras, pois ajudar-lhe-iam a identificar adaptações inadequadas e na estruturação à convivência com tais situações, evitando um distanciamento emocional excessivo, que tende a comprometer o desenvolvimento de uma relação médico-paciente adequada às pretensões do bom exercício profissional. Em geral, tais aspectos são relegados a um segundo plano, onde as dificuldades da relação com o paciente ou da profissão, são acobertadas – quando não recebem um tratamento irônico – até mesmo sugerindo que os estudantes ou residentes que se emaranharam em tais dificuldades, sejam "fracos" e incapazes. Alega-se que a "assepsia" emocional seja importante para assegurar um autocontrole e manter a qualidade técnica da intervenção. Na prática, o que se consegue são médicos despreparados para lidarem com muitos dos aspectos intrínsecos da profissão, que são verdadeiramente estressantes.

Nogueira Martins contribui para o tema com o seguinte enunciado: "A tarefa médica tem um caráter altamente ansiogênico. Há como regra geral, com pequenas variações, intrínseca ao trabalho clínico, a exposição a poderosas radiações emanadas do contato íntimo com o adoecer (...) em certos momentos e, em especial, no âmbito assistencial dos serviços de emergência, ocorrem situações tão dramáticas como talvez em nenhum outro campo da atividade humana em tempos de paz"[14].

Se, por um lado a prática da medicina é fonte freqüente de muitas satisfações, por outro têm-se notado um aumento importante da insatisfação e do sofrimento no seu exercício[10].

O estresse é peculiar à atividade médica pelas próprias características da profissão. Interessante notar que, freqüentemente, os mesmos fatores que podem determinar gratificação, realização e melhora da qualidade de trabalho, também contêm o potencial de provocar sintomas usualmente descritos como decorrentes da chamada Síndrome do Estresse Profissional[15] que é o *burnout*[10].

Evidenciou-se, também, que estes profissionais, com freqüência, apresentam dificuldades em perceber tais condições, tendem a reagir cinicamente quando lhes são oferecidas ajuda ou sugestões, e por vezes se portam da mesma maneira com os pacientes (May e Reviki, citados por Singsen). Habitualmente dizem estar cansados, chateados, mostram-se retraídos ou irritados e procuram culpar os outros e/ou instituições pela condição em que se encontram. Estudo de Kaplan, citado por Singsen, revela que, em amostras comparativas com outras profissões, os médicos apresentaram: maior sobrecarga de trabalho, maior responsabilidade entre todos os outros ofícios, maiores níveis de complexidade no emprego e as mais altas expectativas de realizações e motivação para o trabalho.

Pelos estudos de McCue[13], são considerados estressores intrínsecos da prática médica as seguintes situações, tidas como peculiares:

1. O trabalho médico exige contato com situações que envolvem conteúdos emocionais intensos, governados por fortes códigos culturais de comportamento, como:

O **Sofrimento**: os encontros sociais que tornam a interação humana agradável estão bastante prejudicados pela presença de doença e dor. Isto, freqüentemente torna as pessoas ansiosas, aflitas, pouco agradáveis e muitas vezes, incapazes de demonstrar afeição. As reações de cada indivíduo aos estresses da doença variam muito e dependem fundamentalmente das características de cada paciente e do tipo de doença que sofre. Exemplo ilustrativo são as incontáveis maneiras individuais de se experimentar a dor e o modo de expressá-la; sentimentos de vergonha por estar e/ou sentir-se doente podem estar presentes pela associação com fraqueza e inferioridade, além de sentir-se humilhada pela dependência a cuidadores; algumas vezes sente culpa, pois a doença pode adquirir o significado de expiação de pecados. O paciente espera compreensão pelo seu sofrimento, e uma possibilidade de alívio dos seus sintomas muito maior do que a que os médicos assistentes freqüentemente podem oferecer. Experiências infantis que persistem no inconsciente, contribuem fortemente para este fato, uma vez que a condição de paciente determina certa regressão, o que reforça a dependência e os mecanismos transferenciais. Frente ao processo de dor, o médico sente-se pressionado pelas exigências e demandas do paciente e de seus acompanhantes. Além disto, todo o reconhecimento, avaliação e tratamento de um paciente com dor, parte do princípio inegável que esta dor alheia é sentida de forma particular pelo médico; segundo Schavelson, *a medida da dor do paciente só pode ser avaliada pelo* quantum *de desprazer que é mobilizado no médico*[16].

Nosso aparelho psíquico tem uma capacidade limitada para a recepção e elaboração de estímulos. Para manter-se em equilíbrio, o sistema lança mão de mecanismos reguladores da homeostase psíquica que, muitas vezes, tratam de inibir estímulos internos e externos. Para executar tal função, ele gasta grande quantidade de energia. Toda informação que supera a capacidade de inibir, é sentida como desprazerosa. E o médico está freqüentemente vivenciando tal fato. O contato com o sofrimento do paciente mobiliza constantemente emoções desprazerosas que são, além de tudo, associadas a elementos do próprio médico, conscientes e inconscientes. O uso de mecanismos do tipo racionalização, com freqüência tranqüiliza o profissional de que a conduta tomada foi correta, e que o melhor foi feito para o paciente, porém nem sempre o inconsciente está de acordo, e isto pode trazer sofrimento. Então, outros mecanismos podem ser acionados, mas ainda assim, a dor alheia somente é reconhecida se provocar certo desprazer consciente no profissional que atende. Tal fato resulta na mobilização de mecanismos muito complexos. Um exemplo citado por Schavelson[16] é bastante ilustrativo: "Em 1936, em sua operação nº 32 das 37 a que Freud foi submetido, foi ressecado o bordo e o ramo ascendente do maxilar inferior, com anestesia local. Seu médico, o Dr. Schur escreve: "Somente um cirurgião extraordinário, um espírito superior, pode continuar martelando em meio aos gritos do paciente". Não é difícil reconhecer que tal resposta agressiva foi em função do desprazer provocado pela ação desestabilizadora do estímulo vivido ao princípio da homeostase emocional. A dor provoca nos médicos muitas dúvidas, sensação de impotência e mal-estar, quando não de desafio a sua auto-estima, raramente de compaixão, o que é justamente o inverso da expectativa de seus pacientes. Cada profissional exerce a medicina a seu modo, o quê tem a influência decisiva da sua história pessoal[16].

Certas situações de grande sofrimento emergem de forma súbita, e podem desencadear um quadro que tem sido denominado por Schavelson[16], de Impacto Emocional Agudo e constitui-se em um tipo de resposta frente a uma situação profundamente perturbadora, que orgânica e psiquicamente é sentida como perigosa. O exemplo mais freqüente deste quadro surge frente ao diagnóstico de uma enfermidade muito grave ou da necessidade de uma terapêutica agressiva. Lazarus, citado por Schavelson, acredita que este processo é cognitivo, mas para Schavelson[16] ele é recognitivo, pois não é apenas uma experiência consciente, mas requer um conhecimento ou experiência anterior para adquirir capacidade ou potencialidade estressante. Quase sempre é muito difícil escapar ao impacto da palavra câncer. Ninguém escapa desta influência, nem mesmo o médico, "pois a moléstia pode mobilizar nele os mesmos preconceitos coletivos e alcançar a sua própria significação simbólica individual", diz Tähkä[17]. O médico talvez seja o único profissional a quem é confiado o alívio da dor e também o poder de provocá-la através dos mais diversos procedimentos. Estes se multiplicaram com o incremento da tecnologia, fornecendo a oportunidade de diagnósticos mais precisos, através de medidas sofisticadas de tratamento para reparar e manter funções. Vale a pena assinalar que o mais moderno e extraordinário aparelho tem apenas a possibilidade de trazer melhor rendimento no tratamento, na proporção direta da mão que o maneja. O profissional conflitado, frustrado em seu trabalho ou em suas ambições, com problemas financeiros, terá um baixo rendimento na atividade médica, qualquer que seja a máquina que opere.

O Medo: é, em geral, a razão definitiva para o paciente decidir-se procurar pela consulta médica. É freqüente seu adiamento por razões aparentemente concretas, como por exemplo a necessidade de uma viagem, ter de sustentar uma família ou a mulher que trabalha e cuida da casa, e assim por diante. Motivos não tão concretos ou conscientes, amiúde colaboram para o adiamento. Muitas vezes, é difícil enfrentar a doença, aceitar sua presença e suas conseqüências. A decisão de ir à consulta para todo e qualquer paciente, contém um conjunto de elementos conscientes e inconscientes significativos que se incluem na sua história pessoal. Procurar pelo médico implica em reconhecimentos, negações, fantasias e culpa, que com freqüência trazem sofrimento. Esta decisão merece profundo respeito, assim como todas as razões por não tê-lo feito antes[16]. Sabe-se que pacientes com câncer freqüentemente evitam-na mesmo quando existem sinais importantes de doença. "A necessidade que tem o homem de admitir a doença e suas conseqüências e de evitar aprová-la em si próprio, constitui um traço humano em geral que não depende de inteligência, conhecimento ou nível de educação"[17]. A experiência demonstra que os próprios médicos, por exemplo, apesar de seus conhecimentos profissionais, não são melhores pacientes que os outros; ao contrário, são, com freqüência, as pessoas que mais adiam a visita a um colega e procuram evitar exames[17]. A situação emocional do paciente é sempre ambivalente porque, mesmo em atitudes relativamente simples, como a verificação da pressão arterial, estaria sendo investigada a possibilidade de uma situação grave. O paciente calmo e relaxado é tão raro, que pode suscitar no médico a suspeita de comportamento anormal. O medo é uma reação biologicamente apropriada à ameaça de perigo ou perda. Se ocorre dentro de limites razoáveis, motivam o indivíduo a empreender uma ação para eliminar ou afastar-se do perigo. Quando este perigo é representado por sintomas de doença, a ação esperada é que a pessoa procure auxílio de um médico. Pessoas medrosas são cansativas e desagradáveis, além do que, muitas vezes, seu medo é contagiante, podendo envolver o médico, principalmente quando ele se identifica em demasia com o paciente. Nos momentos de doença e medo, a mais importante conduta que o médico pode oferecer é o reasseguramento. Surge aqui mais um importante fator de estresse para o médico, que é tranqüilizar os pacientes que se encontram muito ansiosos, em decorrência ou não de seu estado clínico, o que requer do médico conhecimento de técnicas para o manejo destas situações. No entanto, o aprimoramento e mesmo o reconhecimento destas práticas terapêuticas básicas da relação médico-paciente não são desenvolvidas durante a sua fase de formação profissional, por não se considerarem como modelo curricular. Com esta lacuna na formação profissional o médico vê-se despreparado perante estes conflitos apresentados, gerando-lhe consequentemente outra importante fonte de estresse.

A **Sexualidade:** o juramento de Hipócrates já fazia menção a este importante aspecto da relação médico-paciente, e ensinava: "os Médicos devem se abster da sedução de mulheres, homens, libertos ou escravos". Em nenhuma outra condição profissional um relacionamento é tão sujeito a erotização, como na relação médico-paciente. Ao médico é permitido, e até mesmo incentivado, examinar áreas do corpo não expostas aos outros. A privacidade da interação, o clima e o caráter confidencial das informações do paciente, sua nudez, exames excepcionalmente íntimos, as sensações de desamparo e dependência e os fenômenos transferenciais mobilizados pela regressão devida à doença, são fatores que podem possibilitar o desenvolvimento de uma relação que foge às características e normas de uma relação profissional habitual. O paciente, em geral, tem sentimentos ambivalentes acerca da posição privilegiada do médico; a necessidade de ajuda, o desejo de acreditar e respeitar o profissional ao qual é permitido violar tabus sociais e culturais, freqüentemente é contraposto pela raiva que emerge, de forma nem sempre consciente no paciente de ser forçado a manter uma relação com características regressivas, e pelo medo de que tais privilégios e poderes sejam usados de forma abusiva. O médico freqüentemente pode sentir a ambivalência entre o desejo de respeitar o recato do paciente, protegê-lo da ansiedade decorrente da sua nudez física e emocional de um lado, e as obrigações e responsabilidades profissionais de se obter informações clínicas objetivas, concretas e adequadas que acompanham tais privilégios, de outro. O embaraço nunca desaparece completamente ao se investigar uma história clínica e ao se executar um exame físico. A tentativa de evadir-se desta situação de estresse, ainda que parcialmente, pode resultar em avaliação incompleta do paciente e em sentimentos de desconforto por parte do médico por não seguir as orientações que seu treinamento e experiência exigem. Um médico, pode inadvertidamente, buscar no paciente gratificação para as suas próprias necessidades de intimidade e amor. Este risco aumenta sensivelmente se o médico, em sua vida particular, é solitário e insatisfeito. O surgimento de sentimentos e impulsos sexuais e românticos é, naturalmente, tão normal nos médicos quanto nas outras pessoas. Expressá-los e agir de acordo com eles durante a interação profissional, contudo, é sempre incompatível com o exercício apropriado da medicina e, facilmente pode tornar-se traumático para o paciente, a curto ou a longo prazo.

A **Morte:** é irônico observar que o médico que luta para manter seu paciente vivo, está destinado ao fracasso[13]. A morte do paciente é reconhecida como o maior estressor para todos os profissionais da área de saúde[18]. Muito freqüentemente, esta morte é vista como falha por sua família, e algumas vezes, até mesmo pelo próprio médico. Este é apenas um dos impactos a que o médico está sujeito, nesta situação. A maioria dos profissionais trabalha tendo a morte sempre presente, mas esta proximidade e até mesmo familiaridade, não remove a angústia que provoca. Os pacientes terminais personificam esta desagradável emoção; esta característica evoca comportamentos aversivos e, com freqüência, a interação do médico com o paciente se torna enganosa, ou fria e distante. Quando a experiência e o conhecimento do médico indicam que o prognóstico do paciente é muito sombrio e que ele teria apenas mais alguns meses de vida, cria-se uma delicada situação conflitiva. Talvez o mais difícil para o médico que convive com pacientes terminais, é a sensação de como poderiam "viver" a proximidade de sua própria morte. E isto pode ser percebido de inúmeras maneiras: como uma lembrança dos limites de seu conhecimento, freqüentemente colocado em algum canto escondido da sua mente, sobre a limitada extensão da sua própria vida; pela recordação de pessoas que lhe eram próximas; da insuficiência dos seus recursos e da própria ciência; sensação de fracasso e culpa por não ter feito o suficiente para o paciente; preocupação frente à decepção e à possível crítica dos parentes do paciente; e o seu sentimento de perda é proporcional à proximidade do paciente. Trabalhar com pacientes que sofrem de doença maligna leva a um estresse crônico e cumulativo, em que o profissional percebe seu trabalho como uma sobrecarga, que freqüentemente excede seus recursos e ameaça seu bem-estar, sendo muitas vezes, acompanhado de sentimentos de desamparo, atitudes negativas ou mesmo perda da auto-estima[18] (Lazarus, citado por Delvaux) com o desenvolvimento de *burnout* e comprometimento da qualidade do atendimento, principalmente evitando contato com os pacientes. Segundo Delvaux[18], este afastamento ocorre, pelas seguintes razões:

a) há um conflito entre as expectativas de cura, fortemente alimentadas na formação acadêmica e os cuidados possíveis a estes pacientes, em geral, paliativos;

b) a formação profissional não fornece um treinamento adequado para abordagem e comunicação com os mesmos;
c) estes pacientes, em função de seu estado, tendem a expressar sentimentos, nem sempre muito fáceis de serem lidados, como por exemplo, raiva, medo e depressão;
d) a dificuldade dos médicos de conviverem com o impacto cumulativo de mortes seguidas e freqüentes. "Por estas razões, os profissionais tendem a se afastar destes pacientes, pois caso contrário, terão de lidar com o estresse, resultante destas desgastantes situações"[18].

Os médicos não são diferentes dos outros seres humanos quanto aos sentimentos de medo, desamparo e desesperança, que são suscitados pela morte ou pela proximidade desta. Feifel, citado por Tähkä [17], julga que um dos motivos da escolha da profissão médica, pode ser um medo exagerado da morte e a opção representaria estar em luta constante contra ela, tentando derrotá-la. Seja como for, a morte mostra aos médicos seus limites como combatentes, sua presença faz sentirem-se menores quando comparados à imagem irreal e idealizada de profissionais onipotentes. Mas, neste mesmo momento, crescem as demandas dos pacientes de auxílio, amparo, esperança e proteção, e tais expectativas fazem com que os médicos sintamse impotentes, podendo surgir dentro deles sentimentos de irritação e antipatia pelo paciente. Quem observar o comportamento dos médicos, quando não conseguem uma ressuscitação cardíaca, dificilmente deixará de notar sua tristeza e "a sensação de falha", que abandonam rapidamente o quarto do paciente, em uma demonstração inequívoca da dificuldade de lidar com tal situação.

Vale frisar que é ao médico confiada a tarefa de ajuizar as informações desfavoráveis que o paciente deve ter sobre si mesmo. Quando se trata de morte iminente, esta decisão é uma das mais difíceis e exigentes tarefas profissionais do médico [17]. É necessário considerar cuidadosamente se a comunicação ao paciente de sua morte iminente será ou não realmente positiva para ele. Cada paciente é diferente de todos os outros e cada caso deve ser julgado segundo seus próprios referênciais. Nestas situações, também o estresse é duplamente significativo, pela natureza da situação em si e porque mais uma vez o "vazio" na formação profissional, já referida anteriormente, surge imenso pois não dispõem de outros recursos, senão os seus próprios. Falar a verdade a respeito da morte é tarefa difícil. Muitos dos eventos que abordam este tema falam muito mais dos aspectos éticos do direito dos pacientes de terem uma morte digna. As inovações tecnológicas permitem um prolongamento do processo de morrer, tornando muitas vezes a parada do funcionamento de uma máquina mais importante que a parada fisiológica dos órgãos. E o médico é colocado na situação absurdamente estressante de determinar a "morte" de um paciente, ao decidir a interrupção de medicamentos e o desligamento de aparelhos[13]. O médico que, por alguma razão for levado por estas ambigüidades morais, pode ficar extremamente decepcionado e tornar-se "descuidado e negligente", como, por exemplo, ao não checar se o respirador foi colocado adequadamente ou não observar procedimentos que possam conduzir a complicações sabidamente conhecidas, diminuindo a vida do paciente[13].

2. Treinamento inadequado para tarefas tidas como fundamentais na profissão, ou seja, lidar com pacientes "problemas" e com as demandas idealizadas da sociedade.

É comum que alguns pacientes sejam facilmente rotulados de "pegajosos", "querelantes", "que rejeitam ajuda", entre muitos outros adjetivos de cunho nitidamente pejorativo. Tais atitudes demonstram raiva, medo e, muitas vezes, desespero. O modelo médico, fortemente calcado na biologia, tem demonstrado uma pobreza de recursos frente a tais pacientes e, em geral, não acredita que pode ajudá-los efetivamente. A maioria destes pacientes possui síndromes psiquiátricas e pelas características de suas doenças tem o seu relacionamento com o médico bastante prejudicado, embora muitas vezes este importante dado não chegue a ser diagnosticado pelo profissional, ou por falha na formação acadêmica, ou porque o tempo necessário para um diagnóstico adequado é ineficaz. Soma-se a estes dados, facilmente comprováveis na experiência, o fato de que aos médicos não é ensinado como manejar adequadamente estes pacientes, bem como os sentimentos que emergem dentro de si.

Um outro tipo de situação que deve ser destacado nesta circunstância é o da *incerteza,* sentimento que acompanha o quotidiano de qualquer médico consciente. O ensino médico, pode ser visto como forma de aprendizado do manuseio com a incerteza e com os limites da ciência. Tomar decisões importantes sobre pacientes, a partir de dados freqüentemente conflitantes e incompletos, é rotina no trabalho médico. A medicina é um "jogo" de probabilidades, pois não se constitui como ciência exata, conhecido adágio, desde os tempos da faculdade. O desenvolvimento de procedimentos "padrão", pode ajudar a diminuir o estresse , fazendo com que ele se sinta mais protegido de possíveis futuros questionamentos, mas aumentam consideravelmente os custos do tratamento, como por exemplo: solicitação de exames bacteriológicos para todos os pacientes adultos, que apresentem uma dor de garganta, ou ainda, pode conduzir a tomada de atitudes irracionais e arriscadas como prescrever antibióticos a todos os pacientes que apresentem tosse produtiva.

O estresse da incerteza induz o médico a uma super-simplificação da fisiopatologia de uma enfermidade. Quando tenta explicar-lhe as razões do seu estado, freqüentemente o resultado deste diálogo de "dialetos diferentes" conduz a uma série de mal entendidos e mentiras. Cria-se muitas vezes uma ilusão da certeza, quando o conhecimento médico permite apenas aproximação, e o que se espera é que haja diminuição do medo, mas a falsidade, quando descoberta, provoca prejuízo na confiança do paciente em relação ao profissional e traz conseqüências morais para este.

Algumas considerações sobre os estressores relacionados às transformações que estão ocorrendo na prática médica, em momento mais atual

- O que no passado era uma relação estável e de confiança entre médico e paciente, atualmente frente às mudanças induzidas pela competição econômica, ameaça judicial, pressão do tempo, má remuneração, modificações de condutas que são impostas pelas várias modalidades de trabalho médico – ou seja, as diferentes formas pelas quais o médico, enquanto trabalhador especializado, participa do mercado e se relaciona com o conjunto dos meios de produção de saúde[19], Donangelo conclui, tem-se transformado numa relação enfraquecida, impessoal e insatisfatória para ambos[19]. O atendimento tende a tornar-se pasteurizado e o paciente, pelo seu lado, esboça uma espécie de pré-concepção de médico. A espontaneidade, a confiabilidade, o clima de confidência tendem a se quebrar.
- Exigências para se adaptar as convenções sociais de comportamento e aparências têm produzido profundos efeitos na vida pessoal e familiar do médico.

  "Pesa sobre o médico uma expectativa social de um comportamento idealizado. As instituições médicas tendem a exercer de forma radical este mandato social, através de um regime de trabalho que privilegia a ação e inibe a reflexão. Este sistema tem como paradigma o lema: 'Ter que atender a demanda, não importa em que condições'. Exemplo deste modelo é o sistema assistencial ambulatorial vigente em diversos serviços médicos que estipula um atendimento médico a cada [15] minutos. Assim, segundo este sistema, considerando-se uma jornada de trabalho de 8 horas por dia, 5 horas por semana e 240 dias por ano, um médico atende 32 pacientes por dia, 160 consultas por semana e 7.680 consultas por ano"[14].

Estas pessoas, experimentam um "distress" bio-psico-social, ou uma doença em conseqüência da sua exposição aos estressores e às situações de frustração que excedem sua capacidade de tolerância e recursos para mobilizar mecanismos de enfrentamento considerados eficazes para lidar com o estresse e a frustração relacionados à situação a que está submetido[20].

SOBRE O *BURNOUT*

Considerações preliminares, uma visão geral

A sindrome do *burnout* (SB) é extremamente complexa. Pode ser investigada em diferentes níveis de organização, tanto individual, como organizacional. Evidentemente, a abordagem sobre cada um destes requer a utilização de modelos e metodologias específicas de análise.

Freudenberger lançou o termo *burnout* em 1975[21], seguido de Maslach em 1976[22]. Estes primeiros trabalhos dos pioneiros tiveram como foco principal a exaustão emocional, a fadiga e a frustração em profissionais, decorrentes, ou do desgaste resultante do contato com pessoas, ou a não satisfação das expectativas e projetos que o indivíduo tem em relação à profissão. Obteve logo de início uma receptividade extremamente positiva[23]. Após algum tempo surgiram críticas severas, contundentes, como por exemplo, a de ser apenas uma nova apresentação de velhos temas, ou de que não passava de manifestações depressivas; quanto à esta última crítica, Kirwan e Armstrong[24] responderam da seguinte forma: embora a SB apresente algumas semelhanças com as reações depressivas decorrentes de transtornos de ajustamento após uma situação de estresse*, deve ser considerada uma síndrome à parte, na medida em que está nitidamente relacionada ao trabalho, e costuma ser temporária. Além disto, este autor cita Paine[25] e Freudenberger[26], que advogam a existência da síndrome na medida em que possui um grupo de sintomas que a constitui, que surgem em conjunto e evidencia uma entidade reconhecível. Ainda dentro desta questão, Diáz Gonzales e Rodrigo[27], acrescentam o seguinte raciocínio: existe certa semelhança entre os

* O Código Internacional de Doenças da Organização Mundial de Saúde em sua 10° Edição, reserva o código F43 aos Transtornos de ajustamento e os caracteriza como estados de angústia subjetiva e perturbação emocional, usualmente interferindo com o funcionamento e desempenho sociais, e que surgem em um período de adaptação a uma mudança significativa de vida ou em conseqüência de um evento de vida e estresse. As formas clínicas ou os aspectos predominantes, podem surgir sob a forma de reações depressivas, mistas de ansiedade e depressão, e com alterações da conduta.

sintomas da SB e a síndrome de depressão essencial descrita por Pierre Marty; neste quadro (SB), não existe sintomatologia depressiva manifesta, o indivíduo continua a desempenhar suas atividades quotidianas sem grandes sintomas de depressão, como descrito nas síndromes depressivas psiquiátricas, ou de auto-acusação; no entanto, a relação com o seu ambiente profissional e social fica prejudicada, pois o profissional não consegue obter prazer nestas relações, e o relacionamento com as pessoas é costumeiramente frio, distante e sem grande envolvimento afetivo. Por outro lado, Maslach[1] acredita que muitos questionamentos que surgem em relação à SB, decorrem de importantes distorções surgidas durante desenvolvimento e uso do conceito, principalmente pelo fato de ser um constructo recente, o que deu margem a utilização do modelo de forma equivocada ou inadequada. Ressalta que, para saber o que ele é, deve-se em primeiro lugar ter a consciência de que não é um conceito simples. Como assinalado anteriormente, permite análises desde o nível individual ao organizacional. O pesquisador deve evitar o erro de utilizar uma conceituação imprópria, independente, sem tomar conhecimento daquelas que são referências na literatura.

A partir da década de 1980 houve um crescimento significativo na produção científica sobre SB[28]. Deixou de ser considerado um campo isolado de pesquisa, e incorporou-se à imensa área do estudo e trabalhos sobre estresse, tendo como característica principal, que o diferenciava dos demais, o focalizar o estresse" relacionado ao trabalho – estresse ocupacional, dentro de uma perspectiva psicossocial. Na área de saúde pôde trazer inúmeras contribuições como nos estudos da relação médico-paciente, das relações profissionais da área de saúde-paciente, das relações entre os componentes da equipe de saúde, das relações entre estes profissionais e o local e condições de trabalho[23]. Além disto, forneceu subsídios para a compreensão de como o estilo e a qualidade de vida podem interferir na saúde do ser humano, e de como as escolhas pessoais podem ser determinadas pela intensidade do impacto da situação estressante em que o sujeito se encontra.

É importante assinalar o caráter insidioso da SB. Autores conceituados na área, como Maslach[1, 22, 23], Freudenberger[21] e Paine[28], ressaltam que o SB é um estado que vai corroendo progressivamente a relação do sujeito com sua atividade profissional.

Alguns autores têm destacado a importância do contexto sóciohistórico que contribuiu para o desenvolvimento do conceito e da proeminência que ele alcançou[1, 28, 29]. Além do evidente desenvolvimento do conhecimento que permitiu maior esclarecimento dos complexos mecanismos psicossociais envolvidos nas relações profissionais, destacam que certamente o *burnout* é tão antigo quanto a noção de estresse no ambiente de trabalho, e da vivência de frustração profissional; no entanto, estava como que oculto, e tornou-se evidente frente às dramáticas mudanças que ocorreram no trabalho nestas últimas décadas. Estas mudanças provocaram um incremento do estresse, da frustração, da insatisfação com a profissão, com o decréscimo do reconhecimento social e das possibilidades de ascensão profissional, social e econômica.

Arnetz[30] demonstra que as pesquisas que relacionam o trabalho médico com o estresse enfocam, principalmente, a urgência do tempo, as demandas de alta produtividade, a necessidade contínua de desenvolver novas rotinas e conhecimentos, o contato freqüente com pessoas em "distress" e o ritmo rápido das mudanças nos aspectos organizacionais e econômicos na atividade médica.

O conceito de *burnout*

É um conceito desenvolvido na década de 1970 e que tem como autores pioneiros Cristina Maslach[22], psicóloga social e Herbert J. Freudenberger[21] psicanalista. Para ambos têm o sentido do preço que o profissional paga pela sua dedicação ao cuidar de outras pessoas[22] ou da sua luta para alcançar uma grande realização[21].

Ambos colocam a SB como fruto de situações de trabalho, notadamente nos profissionais que têm como objeto de trabalho o contato com outras pessoas, e dentre estes, em posição de destaque, tanto no conceito, como nas produções científicas iniciais, os denominados "profissionais de ajuda" (nos Estados Unidos da América) ou cuidadores, profissionais da saúde. A SB seria a resposta emocional à exposição ao estresse crônico, em função de relações intensas – em situações de trabalho – com outras pessoas[1], ou de profissionais que apresentam grandes expectativas em relação aos seus desenvolvimentos profissionais, e dedicação à profissão, mas que, em função dos diferentes obstáculos, não alcançaram o retorno esperado. "O nível de expectativa é dramaticamente oposto à realidade, e estas pessoas persistem em tentar alcançar estas expectativas, suas trajetórias se tornam turbulentas, problemáticas, e o resultado é uma depleção dos recursos individuais e um comprometimento de suas habilidades"[21].

Estes aspectos intimamente relacionados ao conceito da SB, são destacados por Pines e colaboradores[31]. Dizem eles que além dos profissionais estarem expostos a freqüentes situações de estresse, experimentam a vivência de que oferecem muito mais, em comparação àquilo que recebem, ou seja, o retorno em termos de gratificação é sentido como reduzido, insuficiente frente às expectativas em relação à profissão e, surge com muito mais freqüência naqueles que desenvolveram-na baseado em grande idealismo e entusiasmo.

Pela conceituação de Maslach[1] a SB, é caracterizada por três aspectos básicos:

A. exaustão Emocional,
B. despersonalização,
C. comprometimento da realização pessoal e profissional.

a) A exaustão emocional

Frente à intensa carga emocional que o contato freqüente e penoso com as pessoas que vivem situações de sofrimento impõe, o indivíduo pode desenvolver uma exaustão emocional. O profissional sente-se esgotado, com pouca energia para fazer frente ao dia seguinte de trabalho, e a impressão que ele tem, é que não terá como recuperar (reabastecer) estas energias. Este estado de carência de energia, costuma deixá-los pouco tolerantes, facilmente irritáveis, "nervosos", "amargos" no ambiente de trabalho, e até mesmo fora dele, com familiares e amigos.

Uma vez instalado o quadro de exaustão emocional, estes profissionais sentem-se menos capacitados a cuidar dos outros, e dar de si. As relações com o trabalho e com a vida, são vividas como insatisfatórias e pessimistas. Em função disto, para escapar do progressivo desgaste emocional – como em um mecanismo defensivo – tendem a assumir atitudes distantes, evitam o contato com os pacientes, reduzindo-o ao mínimo possível o suficiente para a consecução do trabalho. Tornam-se pouco generosos, aparentemente insensíveis, e muitas vezes, apresentam um comportamento rígido, adotando rotinas inflexíveis, como uma forma de se manterem "imparciais", distantes de qualquer envolvimento com os pacientes. Rotulam-nos, referem-se a eles não como pessoas, mas como objetos, e o relacionamento faz-se predominantemente a partir desses rótulos (a histérica do 4º andar), diagnósticos (aquele ulceroso), ou número do leito (a mulher do leito[7]).

Maslach[22] afirma que os médicos são os representantes ideais destes mecanismos de distanciamento, e que muitos até acreditam que ele seja pré-requisito para um atendimento adequado.

Ao detalhar outros sintomas da SB, Pines[31] o faz de maneira aparentemente diferente de Maslach, até porque explicita os sintomas de forma diversa. São os seguintes os sintomas: mal-estar, sentimento de exaustão ou fadiga, esgotamento e perda de energia (emocional, mental e física), com sentimentos de infelicidade, desamparo, diminuição da auto-estima, perda do entusiasmo com a profissão e eventualmente com suas vidas em geral, além da sensação de que têm poucos recursos para dar ou cuidar de outras pessoas.

b) Despersonalização

É o desenvolvimento do distanciamento emocional que se exacerba com frieza, indiferença frente às necessidades dos outros e insensibilidade. Os contatos com as pessoas são impregnados por uma visão e atitudes negativas, freqüentemente desumanizados*; há um comprometimento da consciência de que seu trabalho realiza-se com seres humanos e com perda de aspectos humanitários na interação pessoal. O profissional que assume atitude desumanizada, deixa de perceber os outros como pessoas com sentimentos, impulsos, pensamentos e processos que ele também pode ter. É como não percebesse, através de um mecanismo psicológico, que se relacionasse com pessoas. Como resultado do processo de desumanização, perdem a capacidade de identificação e empatia com as pessoas que os procuram em busca de ajuda e tratamento, que deixam de ser percebidos como seres humanos, tornam-se "coisas", "objetos", membros ou órgãos a serem reparados. Tendem a ver seus clientes como um transtorno, como mais um problema a ser resolvido e que lhes incomoda e perturba. Por exemplo, o contato com os pacientes será apenas indulgente, e a atitude em geral será de intolerância, irritabilidade, ansiedade, com exacerbação de aspectos onipotentes da personalidade.

c) Comprometimento da realização pessoal e profissional

Frente a tal deterioração da atividade, a realização pessoal e profissional fica extremamente comprometida. Freudenberger[21] afirma que a SB surge principalmente nas áreas onde as pessoas acreditam ser as mais promissoras para suas realizações. Em relação aos médicos, esperam que sua atividade tenha um impacto positivo nas pessoas, devolvendo-lhes a saúde e o bem estar. Procuram ser competentes, ter uma posição de destaque na comunidade, ser reconhecidos e alcançar uma boa situação econômica. No entanto, a sensação que muitos têm é que "estão batendo com a cabeça", "dando

* Desumanização é um conceito que foi desenvolvido por psicólogos sociais, e tem sido empregado no estudo de determinadas situações da interação humana, notadamente aquelas que envolvem diferentes formas de violência. Como nos trabalhos de Bernard V., Ottenberg P. and Redle F. "Desumanização: A composite psychological defense in relation to modern war", IN Behavior Science and Human Survival, ed. Schwebel M.. Palo Alto: *Science and Behavior* SBoks, 1965. Kelman M.C., "Violence without moral restraint: Reflections on the dehumanization of victims and Victimizers ", *Journal of Social Issues* 29(1973):25-61. Vail D.J., *Dehumanization and the institutonal career*, Springfield, Ill. Charles Thomas, 1966.

murro em ponta de faca", dia após dia, semana após semana, ano após ano. Isto desenvolve intensos sentimentos de decepção e frustração. Com o incremento da exaustão emocional e da despersonalização e todas as suas conseqüências, não é raro um senso de inadequação e o sentimento de que têm cometido falhas em relação aos seus ideais, normas, conceitos e pacientes. Pode surgir a sensação de que se tornou um outro tipo de pessoa, diferente, bem mais fria e descuidada. Como conseqüência surge queda da auto-estima, podendo chegar à depressão.

Fontes de *burnout*

No envolvimento com as pessoas:

Relacionar-se com pessoas que estão doentes pode gerar um estresse considerável. Médico e paciente fazem um encontro dos mais particulares, em que a ansiedade emerge como um dos principais sentimentos. Ansiedade tanto do médico como do paciente, pelo receio de não conseguir o que se deseja – cada um em seu campo; é um contato comprometido pois dele se espera um resultado[32].

Por outro lado, alguns pacientes apresentam situações particularmente difíceis – sofridas – de serem vividas pelos médicos, porque este sofrimento ou é muito estranho, ou familiar demais ao profissional[33].

A atividade médica exige o uso de razoável energia para se manter calmo frente a uma situação de crise, assumir uma posição de liderança, ser paciente frente à expressões de frustração por parte dos pacientes. Estas podem advir do fato de estarem doentes, de ter de suportar a dor e o sofrimento, ou a convivência com o sintoma[32], de necessitar do auxílio de outrem, frustrações frente à ameaça da perda de poder sobre si mesmos e entender que são mobilizadas pelo medo, dor, raiva ou vergonha[23].

Além disto, pela própria natureza deste trabalho, a sociedade e principalmente aqueles que estão doentes e seus familiares, esperam destes profissionais um desempenho isento de erros; que este trabalho seja realizado sempre da melhor maneira possível, que seja íntegro, respeitoso e que saibam demonstrar compaixão[34]. Por outro lado, muitos destes profissionais se comportam de maneira semelhante. O American Board of Internal Medicine descreve como qualidades centrais do médico, a integridade, o respeito e a compaixão, conforme assinala Arnold[34], exigindo – onipotentemente – deles mesmos, uma conduta perfeita, onde o erro, ainda que seja considerado possível, é pouco ou quase nada tolerado.

Inconscientemente, o paciente, reproduz na figura do médico, sentimentos experimentados na sua infância em relação aos pais ou figuras substitutivas, e espera que ele adote os mesmos comportamentos, ou seja, que se mostre protetor, afetuoso, autoritário, etc. O paciente se sentirá frustrado ou satisfeito, caso o médico assuma ou não aquelas posições conforme o seu desejo inconsciente. Em casos de frustração, pode apresentar agressividade e colaborar pouco com o tratamento. A dor, o medo e a frustração também são estímulos bastante potentes para desencadear, por parte do paciente, uma postura agressiva para com o médico. É freqüentemente uma relação de amor e ódio[32]. Mas estes aspectos constituem uma via de duas mãos. Por parte do médico, as relações familiares iniciais também se mostram igualmente importantes na determinação de suas posturas frente ao paciente, o tipo de relação médico-paciente que ele poderá desenvolver (Christie-Seely, Crouch, Mengel)[35, 36, 37] o tipo de prática médica que almeja, e expectativas que tem em relação à profissão.

Inúmeros estudos demonstram que a comunicação médico-paciente não é fácil, e que freqüentemente os pacientes não seguem as orientações que receberam do médico[38, 39]. Esta dificuldade adicional, mas bastante freqüente, não deve ser vista apenas como resultado de atitudes transferenciais carregadas de afetos negativos. Por vezes, os pacientes possuem suas próprias crenças sobre suas doenças, crenças que eles constroem a partir de seus conhecimentos e valores, e que constituem um importante mecanismo de enfrentamento para lidar com a doença, notadamente aquelas de curso crônico[40]. Se o médico não estiver atento a esta possibilidade, o desgaste da relação será inevitável.

Estes diferentes aspectos da profissão são geradores de um tipo de estresse, que tem como característica principal o fato social, pois envolve interações humanas usualmente complexas, mesmo que o médico nem sempre tenha esta percepção[23]. Para aquele que busca o auxílio, a situação que está sofrendo é sempre complexa, importante, geradora de ameaça à sua integridade física, mental ou moral, o que pode gerar muito medo. Se o profissional e o paciente não conseguirem estabelecer uma interação produtiva (e são inúmeros os fatores que podem determinar este desacerto), o resultado do trabalho, e a conseqüente gratificação da realização do mesmo, será decepcionante para ambos.

Como assinalado anteriormente, estas interações são carregadas de afeto, que influencia a comunicação. O que é comunicado, não é apenas a presença de elementos geradores de dor ou prazer, mas fundamentalmente, a explicitação de necessidades e a solicitação de receber ajuda, no sentido de satisfazer tais necessidades. Szasz[41] nos lembra que "o modelo mais primitivo do significado comunicativo da dor e do prazer surge durante as primeiras semanas de vida. O grito do bebê provoca uma sensação extremamente dolorosa nos pais. Impulsiona-os a agir, afastando o desconforto da criança e assim também seu próprio sofrimento"[41]. Ao aliviar o sofrimento da criança, os pais recebem uma outra comunicação, que indica que eles podem cessar a ação pois a necessidade está satisfeita. "Quero chamar atenção, neste contexto, para o fato de que numa interação entre A e B, cada qual procura no estado afetivo do outro, orientação para o seu próprio estado de espírito. Noutras palavras, o afeto de A é um sinal para B, e o afeto de B funciona como sinal para A. No relacionamento médico-paciente, por exemplo, a dor do paciente ordena ao médico tomar uma providência. Se ele puder alterar o sinal do paciente, tanto paciente como médico se sentirão bem. Se não conseguir, o médico se sente mal"[1]. A experiência de cuidar de pessoas doentes faz bem ao médico, é portanto uma relação de mútua dependência[42].

Lutar, a toda hora, todo o dia, semana após semana, mês a mês, tendo que atender pessoas que usualmente esperam bem mais que o profissional pode oferecer, com demandas físicas e emocionais bastante significativas, conduzindo-se sempre no sentido de buscar realizar o melhor trabalho, é uma das características mais marcantes do trabalho médico[23]. O esforço em compreender e combater o sofrimento é sem dúvida uma das características mais marcantes do ser humano. Não existe cultura que não tenha se preocupado com a doença[43]. Simbolicamente, o trabalho médico se aproxima do mito de Sísifo que, por enganar Tânatos, é condenado pelos Deuses a rolar um bloco de pedra montanha acima. No entanto, mal chegando ao topo, o bloco rola montanha abaixo e Sísifo recomeça a tarefa, que há de durar para sempre[44].

A experiência nesta complexa tarefa conduz o médico a experimentar níveis significativos de estresse. E através do referêncial que nos oferece o *burnout*, podemos entender melhor a complexidade destas situações. Utilizando-o, podemos compreender melhor a natureza destas interações de pessoas, que têm o sofrimento, a morte e a dor como elementos da profissão.

Observar as pessoas através de uma perspectiva negativa

Uma das expressões máximas da SB é a mudança que ocorre nos profissionais na forma de perceber as pessoas que os procuram. Passam a vê-las através de uma perspectiva pouco sincera, descortês, irônica e pejorativa, questionando suas capacidades. Suas avaliações sobre os pacientes tornam-se mais negativas do que as da sociedade em geral[45]. As conseqüências deste fato sobre a qualidade do trabalho são quase que inevitáveis.

Quatro aspectos são importantes geradores de uma visão negativa em relação aos pacientes [23], embora sejam intrínsecos à atividade médica.

O objetivo da relação é lidar com problemas

A Medicina surgiu em função da existência de pessoas com

problemas de saúde e/ou outras dificuldades. Portanto, seu objeto é o sofrimento humano e a busca de seu alívio. Aquilo que é positivo e saudável no ser humano, tende a receber bem menos atenção e consideração no trabalho médico, assim sendo o que rege o relacionamento médico-paciente é a dor e o sofrimento. Quando os pacientes se sentem melhor, não retornam, o que restringe ainda mais as possibilidades de uma interação através de aspectos prazerosos e positivos. Por outro lado, aqueles que voltam a procurar o médico são porque suas situações não foram adequadamente resolvidas. Atualmente, com a tendência de um número cada vez maior de pacientes crônicos, esta situação é mais freqüente. Nesta situação o médico tem de abandonar sua necessidade de curador onipotente, e contentar-se em, simplesmente, acompanhá-los em seu declínio clínico durante longos períodos[17]. Na dependência da expectativa do profissional, os retornos constantes despertam sensação de fracasso e ansiedade. Este aspecto, e o foco do trabalho centrado nos problemas e no sofrimento, desgastam progressivamente o profissional, que passa a sentir-se "sugado" quotidianamente, resultando em sensação de desamparo. Com o desenvolvimento do *burnout*, atitudes negativas, pejorativas e até mesmo rudes e cínicas em relação aos clientes, se evidenciam.

Ausência ou carência de reconhecimento

Freqüentemente nestas relações, ou não existe um reconhecimento, ou ele é frequentemente sujeito a muitas críticas. Os médicos acreditam – e em muitos casos isto é verdade – que a sociedade tem uma série de expectativas em relação à postura que eles devam adotar: devem ser sempre acolhedores, cordiais, pacientes, generosos, nunca podem ser frios, rudes, hostis. Se correspondem àquelas expectativas positivas, quase nunca recebem reconhecimento por isto, no entanto, se não são atendidas, as críticas são intensas. "*It is a chronic no-win situation – either you loose or you get nothing*"[1].

Muitos médicos queixam-se de que seus esforços não são reconhecidos e que os clientes e/ou familiares apenas expressam suas críticas. Comentários sobre a tarefa, caso eficazmente conduzida e com bons resultados são incomuns, sendo mais frequentemente criticada, o que pode resultar em sentimentos de culpa, ou em idéias de que o desfecho da situação, se desfavorável, decorre unicamente da responsabilidade do profissional. Muito comumente surgem sentimentos de não estar sendo adequadamente compreendido, de frustração, raiva, e o desenvolvimento de uma postura hostil. A relação torna-se desestimulante, desprovida de interesse em sua eficácia.

Embora esta parte seja dedicada às causas do *burnout* que decorrem da relação dos médicos com seus pacientes, alguns aspectos relativos à organização do trabalho devem ser ressaltados em função da intensa influência desta instância sobre o reconhecimento do trabalho médico por parte dos pacientes.

Há uma mudança na percepção da sociedade em relação à prática da medicina. A relação de confiança e consideração que predominava entre a sociedade e os médicos, vem progressivamente se deteriorando, este fenômeno não é privilégio da medicina brasileira, onde talvez a expressão seja mais contundente; mesmo em países mais organizados social e economicamente, como os Estados Unidos da América do Norte, e em países da Europa Ocidental, observa-se o mesmo[31, 46, 47, 48]. As importantes mudanças na prática médica nas últimas décadas, provocaram fortes impactos na relação dos médicos com sua atividade, com comprometimento tanto de sua satisfação pessoal como de sua remuneração financeira; da perda do controle sobre o tratamento, encaminhamentos e outros aspectos da tarefa médica[49]. "Os anos 80 caracterizaram-se pela divisão do mercado de trabalho – público, assalariado ou conveniado – e pela crescente expansão dos planos privados de assistência que, através do credenciamento de profissionais, representou para os eles a perda da prática liberal. Assim, a figura do intermediário do trabalho médico implicou a perda crescente da autonomia do exercício profissional e na generalizada baixa remuneração (...). Como resultado (...), determinou um perfil de profissional que tem, pelo menos, três vínculos de trabalho, percebendo uma remuneração muito baixa, o que dificulta uma adequada sobrevivência profissional e refletindo-se de modo negativo na qualidade da assistência médica prestada à população (...) no desgaste do trabalho médico, onde a categoria revela suas desconfianças com relação ao sistema (...) ao mesmo tempo sua impotência e desesperança em corrigir trajetórias e recuperar conquistas"[50].

O nível de estresse emocional

A própria natureza do trabalho médico conduz a relacionamentos com características depressivas, aflitivas, muitas vezes difíceis, o que torna tais situações extremamente estressantes. Quando sua ação terapêutica é limitada, não é raro o profissional adotar uma postura distante, prática comum frente a pacientes com diagnóstico de câncer ou outras enfermidades de prognóstico reservado. O médico pode ser mobilizado pelos mesmos preconceitos coletivos em relação à doença, ser invadido por sentimentos de frustração e raiva frente a sua própria impotência e expressar um comportamento aversivo, passando a evitar ao máximo o contato com o paciente e seus familiares, de forma consciente ou não, ou mesmo, tornar-se agressivo se não com eles como também com membros da sua equipe. Outra atitude comum é lançar mão de posturas que falseiam a realidade, negando a verdade do diagnóstico ao paciente ou mesmo a familiares, adulterando a realidade, revelando sua dificuldade em lidar com o estresse emocional que a situação de gravidade desencadeia.

Possibilidade de mudança ou melhora

"Nossa percepção sobre as pessoas é influenciadas pela possibilidade delas em responder às nossas intervenções"[21]. Pessoas que não apreciam a presença do profissional, que não lhes fornecem retorno positivo, não seguem suas orientações, ou por impossibilidade financeira ou por traços de personalidade que adotam atitudes despropositadas, com freqüência despertam atitudes negativas, facilitando o desenvolvimento de um relacionamento desumanizado, pois propiciam sentimentos de ineficácia profissional e desinteresse em sua dedicação a elas.

Lidar com pacientes crônicos pode se tornar um desafio, pois eles representam um problema constante e "sem fim". Não apresentam muitas possibilidades de mudanças ou melhoras, independente dos esforços ou dos recursos empregados. Se a prática do médico for muito orientada para a cura, a relação com este tipo de paciente será desgastante e pouco prazerosa. Há uma espécie de compromisso entre os médicos de ajudar o paciente a recuperar sua saúde o mais rápido possível[51]; no entanto, em várias situações isto não é possível, como por exemplo, nos tratamentos paliativos ou pacientes terminais, e podem desencadear em médicos, sentimentos de frustração e de que falharam[52] em suas tarefas. Estas ocorrências tornam-se importantes fontes do *burnout*. Pode-se acrescentar frente a estes dados, que as expectativas do médico em relação aos objetivos a serem alcançados constituem importantes fatores de *burnout*[28, 53].

No contexto social e de trabalho

Altos níveis de *burnout* estão associados a baixos níveis de satisfação organizacional, como também altos níveis de exaustão emocional estão correlacionados com baixas avaliações quanto a aspectos organizacionais e qualidade de vida no trabalho[54].

O contato entre o profissional e seu cliente é freqüentemente realizado no contexto formal de uma instituição. Com o incremento da tecnologia medica, o acesso do médico a estes recursos, hoje complementares para o atendimento, se faz principalmente pela via institucional. Mesmo aqueles que desenvolvem sua atividade em consultório, necessitam estabelecer um vínculo com uma instituição hospitalar ou clínica, seja para utilizar-se da tecnologia, seja para desenvolver seu trabalho com pacientes que necessitam de internação. Com a infiltração progressiva e dominante, observada a partir da década de 80, de instituições de caráter eminentemente mercantil, como os seguros saúde e medicina de grupo, surgem novas configurações do exercício médico, tanto na esfera institucional, como na "clínica privada" que estão transformando radicalmente esta prática. A *perda da autonomia* se dá via dependência quase que absoluta a instituições mercantis ou hospitalares ou estatais para desenvolver o exercício profissional, com suas inúmeras conseqüências, como por exemplo, queda expressiva da remuneração, intervenções daquelas no caráter de atendimento e tratamento, diminuição do poder e do prestígio social e interferências na relação médico-paciente. Estes são aspectos que configuram um importante retrato do profissional médico nos dias de hoje.

Além disto, o contexto organizacional vai estruturar e determinar como serão os relacionamentos entre as pessoas no local de trabalho, entre o profissional e o paciente, entre os profissionais que lá trabalham, entre a equipe médica e o pessoal administrativo. Estes aspectos organizacionais, também irão gerar situações que interferem na satisfação profissional, e determinam mais ou menos "stress", e importantes fontes do *burnout.*

Outro aspecto a ser destacado refere-se ao tipo e local de trabalho, que por suas características e organização, podem facilitar ou não, o surgimento do *burnout.*

Existe um aparente paradoxo que mereceria por parte dos cientistas sociais um estudo mais aprofundado, de que por um lado o desenvolvimento do conhecimento na medicina é enorme, são "espetaculares as contribuições da medicina à nossa capacidade em sobreviver, e na nossa qualidade de vida; nunca na história da medicina houve tantos instrumentos para prevenir doenças e a morte"[55]. Por outro lado, a "competência dos profissionais tem sido questionada"[42], e a profissão médica nunca esteve na história recente em condição tão desfavorável [56]. É um consenso no mundo ocidental que a profissão médica está em crise[57]. Stella e Nogueira Martins[57] relatam a ocorrência de um Congresso Internacional realizado pela Associação Médica da Noruega e patrocinado pelas associações médicas dos países escandinavos, dos USA e da Inglaterra, intitulado "The physician role in transition: is Hippocrates sick?", que tinha como objetivo a discussão sobre a profissão médica em função das "profundas transformações da profissão... como por exemplo, na remuneração, no estilo de vida, no comportamento ético do médico e nas relações entre médicos e pacientes"[57]. Neste mesmo artigo os autores informam que a Associação Médica Norueguesa constituiu um instituto de pesquisa que tem por objetivo desenvolver estudos sobre diversos aspectos da profissão médica, inclusive sobre o estresse profissional e desgaste físico e emocional (estresse, *burnout*, impairment)"[57]. Os profissionais médicos estão abatidos[58] e sentem-se impotentes[42].

Pacientes e seus familiares relatam insatisfação com os profissionais médicos[59], e com freqüência surgem experiências desagradáveis em hospitais. Muitas vezes a razão deste fato é que estas pessoas são "vítimas de uma negligência psicológica"[60]. Não é diferente no Brasil. Machado[2], em pesquisa sobre os médicos no Brasil assinala: "recentes pesquisas de opinião realizadas no País atestam o crescente descontentamento da população com os serviços de saúde e apontam a prática médica como objeto central de suas críticas. Os médicos são assim, alvo de queixas, críticas, acusações e, por vezes, de processos éticos nos Conselhos Profissionais".

O contato com os pacientes também pode se tornar desprazeroso e difícil, quando o médico pouco pode fazer para aliviar o problema, em função de questões ligadas a instituição. Tais condições podem colocá-lo em uma situação impopular, pois muitas vezes, nestes casos, o profissional é quem recebe o impacto das críticas dos clientes e/ou seus familiares, mesmo que ele não seja o responsável pelas normas, regras e políticas administrativas da instituição.

O excesso de solicitações que resulta em sobrecarga

Costuma ser uma das fontes mais comuns citadas pelos médicos. Ela pode ser emocional ou física, e uma característica básica do estresse é quando as solicitações excedem as capacidades das pessoas de responder a elas. Quando submetidas a excesso de informações e solicitações e, em curto espaço de tempo, nem sempre as pessoas conseguem mobilizar mecanismos de enfrentamento que as ajudem a lidar com esta sobrecarga de uma forma que os impactos desta situação não resultem em um desgaste importante, e insatisfação no trabalho[61]. Arnetz[30] informa em seu trabalho que 40%

dos médicos pesquisados, independente do sexo, relatavam apresentar nível de cansaço, diário ou quase diariamente, que os impossibilitava de interagir com seus familiares. Em muitos serviços, a quantidade de pacientes a ser atendidos é considerada excessiva e em um período curto de tempo em relação às necessidades do atendimento. Este é um acontecimento comum em Serviços Públicos, Universitários e de Medicina de Grupo, ou por excesso de procura, ou por demanda da instituição, que determina aos médicos esta norma para suprir as necessidades daqueles que procuram o serviço. Um fator adicional é quando o atendimento exige cuidado e atenção maiores. Este fato pode estar presente tanto na prática do clínico, como, e mais freqüente, em determinadas especialidades, onde a ameaça à vida do paciente é iminente[62, 63] – estes aspectos serão detalhados mais adiante.

A perda do controle sobre o seu trabalho

O *burnout* costuma ser alto nos profissionais que perderam o controle sobre suas atividades[1]. Altos índices de exaustão emocional estão relacionados com perda da autonomia e do controle sobre suas atividades[54]. Este constitui em um dos fatores mais importantes na satisfação com o trabalho e na qualidade do atendimento – Breslau, Novac, Wolf, e Lichenstein, citados por Deckard[64, 65]. A perda de controle está presente quando o profissional perde a liberdade de ação, o que pode acontecer quando não tem participação em decisões que afetam o seu trabalho, principalmente em relação a sua rotina. Por mais que as razões da perda de autonomia não sejam percebidas, ela representa um importante estresse emocional. Desencadeia uma sensação de desamparo, com vivência de frustração e raiva, mas também pode fazer surgir a idéia de que é ineficaz em suas intervenções[1].

Outro aspecto é relacionado à impossibilidade do profissional em sistematizar sua agenda, pois quanto mais contínua é a atividade e maior a exposição ao contato maior é o risco do *burnout*.

Relacionamento com os colegas

O relacionamento interpessoal é muito significativo no contexto profissional e pode ser fonte de satisfação e reforço de recursos pessoais e profissionais. No entanto, ele pode não ser eficaz ou até mais estressante que o desenvolvido com os pacientes.

Os problemas de relacionamento no trabalho podem contribuir para o *burnout* de duas formas: 1) Tornam-se uma nova fonte de desgaste e posterior exaustão emocional e de sentimentos negativos em relação às pessoas, e 2) Impedem sua adequada utilização – suporte social ao estresse no trabalho - como recurso de "enfrentamento" e assim, de prevenção do *burnout.*

Os médicos tendem a dedicar pouco tempo de seu trabalho para a integração da equipe e troca de informações sobre os pacientes, o que pode gerar falhas nas comunicações com os mesmos. Estes podem entender tal fato como descuido, o que evidentemente prejudica a relação e a confiança do paciente nos cuidados que recebe[45].

Alguns profissionais, em função do contexto de trabalho, trabalham muito isolados, distantes do contato com outros colegas, característica freqüentemente observada em médicos que centram sua atividade na clínica privada, fator adicional de *burnout.*

Estudo realizado por Deckard[54] demonstra que pouco suporte por parte da equipe e dos colegas está fortemente correlacionado com baixa satisfação com o trabalho e altos índices de exaustão emocional. Ramirez[66], ao estudar fontes de *burnout* em médicos que trabalham em hospitais na Inglaterra, verificou que relatavam como uma das fontes de *burnout* e associado a pouca satisfação no trabalho, o relacionamento com os colegas. Doan-Wiggins[62] ao pesquisar satisfação com a prática e estresse ocupacional em médicos que tem como especialidade o trabalho em unidades de emergência, detectou altos níveis de atritos na equipe, e este dado está correlacionado com insatisfação no trabalho e com os níveis de estresse.

Planos, política e procedimentos

Os serviços institucionais tendem a influir de forma importante no relacionamento dos profissionais com seus clientes. Eles determinam que tipo de conduta pode ser tomado, que pessoas podem ser atendidas, e que serviços são restritos ou não a eles, até podem alterar a própria estrutura da relação entre o médico e o paciente, na medida em que o "paciente vincula-se mais à instituição, tanto ou mais, do que ao médico"[19]. O trabalho institucional muitas vezes interfere de forma importante no tempo de atendimento, principalmente se houver a exigência de maior número de atendimentos, ou por questões de características institucionais. Com tempo muito limitado, a possibilidade de um adequado atendimento fica severamente comprometido, resultando em relacionamento impessoal, frio, distante e ineficaz.

Um dado que não pode ser relevado no trabalho institucional, é que com o crescente avanço tecnológico da medicina, houve necessidade de maior suporte de capital, forçando os profissionais à dependência de instituições mais fortes economicamente e de empresários detentores de capital para garantir o acesso à tecnologia. Este aspecto tem sido determinante na perda de poder e controle dos médicos, e do crescente poder das instituições e do capital, na área da saúde[49].

Altos índices de exaustão emocional e de despersonalização estão relacionados à insatisfação com o local de trabalho. A estrutura organizacional tem o potencial de acrescentar ou diminuir fontes de *burnout*[54].

Com freqüência, as exigências das corporações financeiras e dos administradores em relação ao trabalho, se chocam com as dos profissionais médicos. Dentre estes conflitos, podemos destacar que em função de necessidades das instituições, grande número de atividades burocráticas deverá ser exercida, como a feitura de relatórios, atestados, receitas especiais, guias de consultas, justificativas e grande demanda burocrática. Este esquema, que é de interesse institucional e não do médico, acaba por incomodá-lo e irritá-lo[40] e desviá-lo de sua real função, terminando por indispô-lo com insatisfação perante as mesmas.

Existe um descontentamento da sociedade com os sistemas de saúde observado nos USA e Inglaterra[67] , não diferente no Brasil. Cerca de "50 milhões de pessoas têm algum acesso ao sistema público de saúde (...) outros aproximadamente 40 milhões, têm direito parcial ou integral à assistência vinculada à iniciativa privada. Restam 70 milhões de habitantes que não têm acesso de maneira regular ao sistema de saúde (...). Ao considerarmos a realidade de 1996, observamos que o setor público investiu, na melhor das hipóteses, 92 dólares per capita ao ano"[68]. Em geral, a sociedade desconhece estes dados, de forma que os médicos – que historicamente encarnam e representam os cuidados com a saúde e estão "na linha de frente", no contato com os pacientes e seus familiares, acabam sendo responsabilizados pelas dificuldades ao acesso e atendimento adequados. No entanto, freqüentemente, os médicos não lhes informam a respeito de suas reais possibilidades, o que reforça os desencontros e desgastes da relação.

Sobrecarga de trabalho

É uma queixa constante dos médicos, não apenas pelo desgaste que acarreta, mas também pela influência negativa na qualidade do atendimento e na interferência em suas vidas particulares[26, 15, 69, 70]. Deckard[54] relata que há uma forte associação entre exaustão emocional e sobrecarga de trabalho, sejam elas de cunho administrativo ou de atividade clínica, bem como baixa satisfação profissional com sobrecarga de trabalho e altos índices de exaustão emocional e despersonalização. Ramirez[71] encontrou uma relação entre sobrecarga de trabalho e transtornos psiquiátricos em médicos oncologistas clínicos na unidade especializada do Guy's Hospital, em Londres, utilizando o General Health Questionnaire. O excesso de trabalho, aliado ao serviço em plantões de 24 horas, e em turnos, são fatores citados por Losek[72] como causas de fadiga crônica, distúrbios de sono, aumento da taxas de depressão e de acidentes durante ida ou volta do local de trabalho, além de colaborar com o surgimento de doenças cardiovasculares e gastrointestinais.

Tipo e local de trabalho/especialidade

O trabalho de Deckard[54], ao estudar manifestações de *burnout* em Clínicos gerais, pediatras e ginecologistas e obstetras, encontrou maiores índices de exaustão emocional nos clínicos gerais, seguidos de pediatras e dos ginecologistas e obstetras. Na despersonalização, os escores mais altos estavam nos ginecologistas e obstetras e clínicos gerais. Ramirez[66], em seu trabalho sobre o *burnout* em médicos que trabalham em hospitais, estudando gastroenterologistas, cirurgiões, radiologistas e oncologistas, percebeu que dentre estas especialidades, os radiologistas apresentavam maior nível de comprometimento na realização profissional. Molassiotis[63], no seu estudo em unidade de transplante renal, verificou a presença de manifestações de ansiedade em mais de 10% da equipe, e de depressão em 3,8% dos médicos, bem como índices significativos de exaustão emocional, despersonalização e baixa realização profissional. Estes achados foram correlacionados ao tipo de trabalho realizado, como excessiva responsabilidade, vivência com pacientes que apresentam má evolução e os rápidos avanços da tecnologia. Trabalhar em unidades de emergência, sem dúvida implica submeter-se a intensas fontes de estresse e *burnout*[73] devido a pressão do tempo, da intervenção precisa, a pouca margem para dúvidas e erros, a ameaça constante de morte e as ocorrências imprevisíveis, aspectos da atividade médica que estão exacerbados neste trabalho. Doan-Wiggins[62] encontrou os seguintes dados: dentre os médicos que trabalhavam na unidade de emergência da Loyola University of Chicago, 25,2% apresentavam manifestações de *burnout* e 23,1% planejavam abandonar esta especialidade. Keller e Koening[74], em estudo feito com médicos de Los Angeles que trabalham em serviços de emergência, tanto em hospitais públicos, como privados e universitários, encontraram índices de *burnout* significativos, sendo que 60% destes médicos apresentavam altos escores de exaustão emocional, 78% entre médio e alto graus de despersonalização e 84% entre médio e alto graus de comprometimento da realização profissional. A possibilidade de receber chamadas de emergência é outro aspecto destacado pelos médicos como fonte potencial de estresse[61, 24]. Atividade com pacientes reconhecidamente graves, como em oncologia ou infectologia (em situações de pacientes com AIDS) constitui-se em fonte de estresse e *burnout*. Barni[75] relata estudo realizado na Itália, que, além da indução de *burnout* pelo tipo de trabalho desenvolvido, encontrou índices de 52,6% de manifestações de ansiedade e 16% de depressão nos membros da equipe. Ramirez[71] relaciona os achados de fontes de "burnout" em oncologistas clínicos e baixa satisfação com a profissão, com o ter de lidar com pacientes terminais, a falta de recursos terapêuticos e as mortes por toxicidade do tratamento. Gardner[76] e Colón[77] assinalam como uma das principais fontes de *burnout*, o fato de que as intervenções consideradas bem sucedidas são raras, e com um nível de gratificação reduzido. Arnetz et al.[78] em estudo que comparava médicos cirurgiões e clínicos gerais e fatores de risco para isquemia cardíaca, detectou que os cirurgiões apresentavam tais fatores de risco mais intensos, que derivavam fundamentalmente de aspectos psicossociais de estresse, tais como: sobrecarga de trabalho mental, dificuldade em se relaxar após o trabalho, pressão constante do tempo ao realizar a tarefa e excesso de horas de trabalho.

Reconhecimento

"Há algum tempo, os pacientes admiravam e respeitavam o médico, e aceitavam aquilo que ele falava sem questionamentos. O pagamento poderia ser feito com um saco de batatas, ou uma galinha, mas a honra e o prestígio compensavam muito mais"[60].

"Os médicos geralmente são pessoas para quem o sucesso é importante"[37]. Quando sua posição é socialmente considerada, e ele recebe reconhecimento por sua atividade, sua satisfação em relação à profissão, sua auto-estima e motivação para manter-se ativo, são fontes das mais importantes para protegê-lo de *burnout*.

"O mito de Asclépios, filho de Apolo e da ninfa Coronis ilustra a fantasia inconciente do ser humano em relação ao exercício da medicina"[5]. Morto por Zeus, em função de seu progresso na arte de curar – chegando mesmo a ressuscitar os mortos – Zeus, temendo que a ordem do mundo ficasse transtornada, eliminou o Deus da medicina[44]. "Partindo do mito de Asclépios, superpomos as aspirações inconscientes do médico à identidade do herói". Médicos e sociedade esperam que o profissional desempenhe o seu papel – heróico – de defender o ser humano da ameaça da morte. E como tal, deverá ser altruísta e protetor, o que lhe confere uma posição especial na sociedade, atendendo seu desejo de prestígio e reconhecimento social.

No entanto, esta situação está bastante comprometida, devido as inúmeras transformações por que passou a medicina, com conseqüente insatisfação da população com os serviços médicos, acompanhadas de um sério comprometimento da relação médico-paciente. A maioria dos pacientes espera que além da competência e da cortesia, os médicos mostrassem interesse em seus problemas, e que o contato não fosse apressado e que fornecesse o maior número possível de informações a respeito de suas doenças. Tähkä, citando pesquisa de opinião pública realizada pela Associação Médica Finlandesa em 1973, assinala "o paciente de hoje não mais se vê no papel tradicional de submeter-se sem queixas e sem perguntas a quaisquer medidas que o médico, supostamente infalível, ache melhores. Ele espera que sua individualidade seja respeitada (...), acha-se muito melhor informado sobre assuntos médicos que gerações anteriores".

Raramente os médicos são objetos de compreensão realista sobre sua função profissional, o que pode comprometer a auto-estima e as necessidades de reconhecimento; por outro lado, uma vez atendidas, podem representar importante mecanismo de proteção do *burnout*[71.] .

Durante muito tempo, estudantes de medicina e médicos acreditaram que o "stress" e o desgaste da profissão seriam compensados pelo ganho financeiro e "*status* social"[13]. Isto hoje não constitui uma certeza, e talvez, nem mesmo uma realidade.

Inúmeros estudos sobre *burnout* evidenciam uma forte relação entre a intensidade desta síndrome e a falta do reconhecimento social ao trabalho médico; podemos citar como exemplos, Whippen e Canellas[52], Deckard[54], Diaz Gonzales e Rodrigo[27], Makin[79], Fieds et al.[80], Johnson et al.[61], Ramirez et al.[66, 71].

Considerações sobre uma pesquisa de campo em *Burnout*

Um dos autores (ALR) efetuou uma pesquisa que tinha como objetivo, estudar as fontes e expressões do *burnout* no exercício profissional da medicina em amostra de médicos, no Estado de São Paulo[81].

Foram enviados questionários a 351 médicos escolhidos aleatoriamente do cadastro de associados da Associação Paulista de Medicina, constantes no Departamento de Processamento de Dados. A única recomendação, fornecida pelos autores, ao referido departamento, era que os médicos escolhidos devessem ter entre 10 e 15 anos de experiência profissional. Foi recebida uma listagem dos médicos com seus respectivos endereços já em etiquetas. Foram recebidos[64] questionários respondidos, o que corresponde a 18,23% do total dos enviados.

A delimitação da amostra a médicos com 10 e 15 anos de trabalho profissional, objetivava possibilitar que suas considerações sobre o material coletado refletissem – pelo menos assim pudemos supor- uma experiência mais amadurecida em relação à profissão. Por outro lado, o procedimento utilizado da escolha aleatória dos sujeitos, forneceu a possibilidade da reflexão efetuar-se sobre os depoimentos de médicos que versavam sobre suas experiências vividas, no dia-a-dia de suas práticas profissionais, experiências, no dizer de Schraiber[82] "de médicos comuns", concretas, uma elaboração de seus quotidianos, um ponto de vista sobre o momento presente da prática médica, "cujo registro nem sempre ocorre"[82].

Em função dos objetivos propostos, houve necessidade da adoção de métodos qualitativos de investigação e interpretação dos dados colhidos em campo, notadamente na análise dos depoimentos. A população a ser estudada era composta de médicos em pleno exercício profissional, portanto indivíduos possivelmente saudáveis, e o objetivo do estudo foi o estresse e *burnout* resultantes da prática profissional através da investigação dos seus significados[83], e de suas conseqüências sobre o médico (profissional).

Foram eleitos os seguintes procedimentos: A) Questionário que incluía dados de identificação e formação profissional e referentes à inserção profissional; B) Depoimento sobre a pergunta: "O que significa para você a medicina, a sua prática profissional e que conseqüências ela tem sobre a sua vida?"

Os depoimentos, ao estimular reflexões nos profissionais, possibilitaram obterem-se informações, que além de conter produtos de elaboração intelectual estavam impregnados de vivências afetivas sobre o tipo e qualidade das relações que os mesmos estabeleciam com a Medicina enquanto modalidade de conhecimento, além das possibilidades de intervenção, e das repercussões deste exercício profissional sobre suas vidas.

A escolha de depoimentos, como técnica de coleta de dados, obedeceu a várias determinações, algumas de ordem prática. É de fácil aplicação, permite ser sucinto, delimitação fácil do tema e a coleta do material através do correio. Esta forma de aproximação do tema da pesquisa permite o cuidado de não se revelar o objeto de estudo – o estresse resultante do exercício profissional – para não induzir os sujeitos em seus relatos. Por outro lado é uma abordagem que favorece um fluxo associativo de idéias sobre a experiência vivida e as diferentes formas com que estes sujeitos a percebem.

Na análise dos depoimentos, as respostas foram agrupadas em categorias que apreendessem significados comuns presentes nas diversidades dos relatos.

Desta forma, atingimos uma realidade que é coletiva, compartilhada pelos elementos do grupo que compõe a amostra, com a detecção de um conjunto de características que são transindividuais, o que reforça a apreensão do coletivo a que o depoimento pertence.

O material coletado reveste-se de um duplo caráter, é ao mesmo tempo dado empírico para exploração de dimensões transcendentes do singular, quanto resultado do estudo[82].

Queremos frisar é que as categorias que foram utilizadas como base para a interpretação qualitativa dos depoimentos, embora possam ser consideradas partes deste processo, não existiam até a obtenção das diferentes respostas às questões formuladas. Surgiram, como um movimento próprio do processo científico, que é o de tentar ordenar um conjunto de informações que emergiram dos dados de campo, para buscar uma apreensão e compreensão do real.

Retornando às perguntas que foram dirigidas aos sujeitos da pesquisa, quando convidados a realizar o depoimento, podemos observá-las através dos seguintes vértices:

1. Que expectativas eles têm ou tinham sobre a prática da medicina? O que pretendem ou buscavam alcançar com esta prática?
2. Que tipo de prática conseguem exercer? O quanto suas expectativas estavam sendo alcançadas?
3. Que repercussões esta prática têm sobre suas vidas? Inclusive as contradições entre o que era ou é desejado e aquilo que realmente foi alcançado?

Esta abordagem ao depoimento permitiu a constituição de três grupos: Grupo 1: Não há descrição de "*distress*" no depoimento, e o relato se caracteriza por uma relação satisfatória como o exercício profissional. Grupo 2: No depoimento, há o relato de uma relação predominantemente satisfatória com a profissão, mas também há a presença de "*distress*" no exercício profissional. Grupo 3: Há relato de "*distress*" no depoimento, e o conteúdo do discurso é marcado por uma forte tendência em caracterizar uma relação insatisfatória com o exercício profissional, presença de *burnout*.

De forma geral, podemos dizer que os sujeitos do grupo 1, ou vivem uma prática próxima às suas pretensões ou, o exercício possível da medicina, ainda que se apresente um tanto diferente daquele que idealizaram, ainda é percebido como satisfatório.

Vale a pena lembrar que estes médicos são aqueles que apresentam uma prática mais próxima da medicina liberal, tida em geral, como inerente à própria medicina, como ciência e como prática.

Os médicos do grupo 3, onde se verificam os mais altos níveis de Burnout e de insatisfação com a prática profissional, são os que vivem de maneira mais radical as dificuldades à realização profissional impostas: A) pelas novas formas de organização do sistema de saúde no sistema privado, caracterizado pelo quase domínio das instituições que observam a saúde como um mercado a ser conquistado. B) a precariedade nas condições do exercício profissional, notadamente nos serviços públicos de saúde e de medicina de grupo.

Estes profissionais vivem uma situação quotidiana de insatisfação, desprazer e sofrimento em suas vidas profissionais, que são marcadas pela presença de um sentimento de desesperança.

A partir da década de 1980, delineiam-se no Brasil as transformações do sistema de saúde, com duas modalidades alternativas de organização: a estatal, representada hoje pelo SUS e pelos serviços de saúde dos municípios e dos estados; e a outra, de característica privada que tem como ponto central, as empresas. Desta forma a prática médica autônoma e individual, modelo de exercício da profissão, tende progressivamente a diminuir os seus espaços.

Donnangelo[19] demonstra que tais transformações só podem ser adequadamente interpretadas a partir de processos que se desenvolvem concretamente no interior destas sociedades e que transcendem o âmbito da prática médica e estão relacionadas às transformações de uma sociedade que se caracteriza fundamentalmente em ser urbana e industrial.

Estes aspectos determinaram outras transformações na prática médica.

A incorporação da tecnologia fez-se de forma crescente e acelerada, tornando-se praticamente exemplo de competência e eficiência. Além disto – coerente com este pensar, a remuneração do procedimento tecnológico adquiriu uma dimensão mais privilegiada que o procedimento clínico, onde o trabalho realizado utiliza-se de "instrumentos" eminentemente intelectuais.

Isto propiciou um direcionamento dos médicos a práticas semiológicas e terapêuticas fundamentadas quase que exclusivamente na tecnologia. A pesquisa: "Os médicos no Brasil: um retrato da realidade", confirma esta asserção, "... o processo de especialização que experimenta a medicina tem levado os recém-formados a fazerem escolhas mais racionais e menos vocacionais, amparados na idéia de fazer medicina mais tecnológica, com menos envolvimento pessoal e que lhes dê maiores rendimentos. A escolha profissional tem recaído em áreas mais 'tecnificadas', tais como especialidades cirúrgicas e a de imagens e diagnósticos, todas altamente sofisticadas e, preferencialmente, desenvolvidas em grandes centros"[2].

A prática médica sendo mediada pela burocracia estatal ou pelas empresas privadas, a queda da remuneração, o predomínio da tecnologia, a hegemonia de uma medicina centrada nas causas "naturais" das doenças, provocaram graves comprometimentos na relação médico-paciente e na confiança e consideração da sociedade para com os médicos e, na satisfação do médico com o exercício profissional.

Sobre a representação mental da violência

Vários depoimentos, notadamente os do grupo 3, demonstram uma relação dos sujeitos com o exercício profissional, onde o *burnout* se caracteriza por um importante sofrimento. Não há um único fator causal na determinação desta situação. O que se nota é uma rede de fatores geradores deste estado emocional.

A intensidade deste sofrimento presente em alguns relatos, transmite a idéia de que esta relação com o trabalho é vivida pelo médico como uma violência.

Percebemos que ela se apresenta como uma experiência emocional que vai além, e se diferencia tanto em intensidade, como em qualidade dos sentimentos de frustração e/ou desprazer.

Para melhor apreender este aspecto, vamos utilizar a noção de violência desenvolvida por Jurandir Freire Costa [84]. Este autor trabalha esta questão enfocando-a como um acontecimento que deriva da ruptura de um contrato que estava implícito na ordem social, e expressava uma idéia anteriormente compartilhada, sendo que as pessoas – que sofreram a ação – reconheciam como suas, faziam parte de suas identidades, partes integrantes, portanto, de suas visões de mundo e de si mesmas. Além disto, esta infração do contrato foi imposta de forma arbitrária, através do uso da força; ainda que os agentes da violência não possam ser personificados em um sujeito, e só possam ser nominados de Estado ou grupos mercantis.

Assim, a idéia de violência está fortemente vinculada com a representação que lhe está associada, ou seja, a atitude, ou conjunto de atitudes são interpretadas como tal, pois este é o sentido da representação e porque contém a característica do desrespeito à lei ou contrato, sem levar em consideração o outro, que viverá esta situação com intenso desprazer, sem outra alternativa, imposta por coerção e que atenta contra a sua identidade.

Esta perspectiva se aproxima da noção desenvolvida por Seligmann[85], de *deformação*, que compreende uma transformação negativa da identidade, resultante da perda de um estado anterior vivido como mais satisfatório e mais valorizado pela pessoa.

Por outro lado, ao pensar este tema pela perspectiva da representação, procura-se escapar da associação deste com a idéia, exclusiva, da violência como resultado da ação pela força. Provoca desestabilização da homeostase psíquica por acúmulo de excitação, como observado e descrito nas situações traumáticas, uma visão quantitativa, relacionada com a intensidade, freqüência ou repetição do estímulo. A proposta, mais qualitativa, da violência enquanto ruptura de uma representação, de um contrato, amplia sua compreensão, permite entendê-la na dinâmica das "relações sociais ou intersubjetivas, onde o indivíduo ou instituição mais forte, subjuga o indivíduo ou a coletividade[84]".

Implica a idéia de perda, pois em algum momento a situação do contrato foi "representada como boa, e transformou-se em má, pela recusa sistemática em dar prazer, ou pela persistência exaustiva da dor"[84]. Esta experiência de sofrimento, não resulta tão somente da frustração, é representada pelo sujeito como ameaça de morte ou aniquilação. O que torna esta relação com o trabalho deste quilate?

Através da análise dos depoimentos, podemos destacar dois aspectos, intimamente relacionados. As expectativas dos sujeitos em relação à profissão, que não se cumpriram, e os conflitos decorrentes entre o "ideal de ser médico" e as possibilidades da realidade.

Sabemos que toda cultura, através do processo de socialização, cria condições para o desenvolvimento de certos traços de conduta e aspirações para os seus membros que foram construídos no curso de uma história compartilhada. Não são criados instantaneamente e por mecanismos de controle social; tendem a ser mantidos, inclusive porque facilitam a integração do indivíduo na ordem institucional e sua inserção a grupos e à interação social. Estas condutas se tornam possíveis à medida que a pessoa interioriza aspectos importantes da cultura e aprende condutas que devem ser mantidas e quais aspirações são legítimas, dadas por uma ordem social, que precede ao indivíduo e são institucionalizadas. "As instituições, também, pelo simples fato de existirem, controlam a conduta humana estabelecendo padrões previamente definidos de conduta às muitas outras direções que seriam teoricamente possíveis"[86]. O desvio, em geral, é passível de sanções.

"Toda instituição tem um corpo de conhecimento transmitido como receita, isto é, conhecimento que fornece regras de conduta institucionalmente adequadas[86]".

Identidades são construídas a partir da integração da pessoa com a dinâmica das interações sociais, principalmente aquelas do grupo social a qual ele pertence ou pretende pertencer. Estes grupos sociais constroem "realidades psicológicas", formas de ser que derivam da visão de mundo deste grupo. É através de processos de introjeção e identificação da pessoa com o grupo social, que se faz a construção de sua identidade.

Identidade está sendo entendida como "um amálgama de afetos e representações que o sujeito experimenta e formula como sendo a natureza de seu Eu e do outro, do corpo-próprio e do mundo de coisas e objetos. Estas representações e afetos são transitivos, móveis e múltiplos. Mudam conforme a posição que o sujeito ocupa nas relações com os outros"[84].

Em função destes mecanismos é que a pessoa aprende a ser médico: através de um tipo psicológico profissional, que se organiza em função de um tipo psicológico ideal característico do padrão social do grupo a que pertence. "As estruturas sociais históricas particulares engendram tipos de identidade, que são reconhecíveis em casos individuais"[87].

"Assumindo uma perspectiva sociológica, é correto afirmar que os médicos, desde a sua formação, são socializados para se sentir responsáveis pela vida das pessoas que os procuram em busca de assistência médica[2]".

Treinados e acostumados a salvar vidas a qualquer custo, a estar disponíveis e aptos ao ofício a qualquer hora do dia – é bom lembrar que a omissão de socorro, segundo o Código de Ética Médica, é delito ético grave, passível de punição com perda do direito do exercício profissional –, os médicos acabam se tornando, na prática, 'guardiões da vida'. Estas são premissas sociológicas importantes para compreender o que se passa no cotidiano desse profissional, compreender seus dilemas, suas angústias e um certo 'sentimento de incapacidade' frente as adversidades[2]".

Para corresponder a todas estas exigências do tipo psicológico ideal, o médico tem que lançar mão de dois conjuntos de mecanismos. O primeiro, para apropriarem-se destes traços e manejar tais aspectos intrínsecos da profissão; a apropriação destes traços se faz através da construção da identidade "que é constituída pelo grupo do qual faz parte... que se caracteriza pela sua prática,... nós somos nossas ações, nós nos fazemos pela prática"[87] e, o segundo, para lidar com as contradições entre as exigências do tipo psicológico ideal e da sociedade, com suas possibilidades subjetivas e da realidade concreta das condições e organização do trabalho.

A vivência de violência é percebida em sujeitos da amostra quando em suas representações, a impossibilidade de cumprir com suas identidades, expectativas e com as exigências do tipo psicológico, é vivida como: "estão lhes sendo negados", uma forma de ser, compatível com o esperado por ele e pela sociedade, bem como das aspirações e recompensas do exercício deste tipo de ser. Uma situação que vai mais além de uma situação de conflito, pois não existe a possibilidade de resolução, e a experiência emocional é de impotência, de total impossibilidade em cumprir e desenvolver partes importantes de suas identidades, do seu *self*, portanto, o que resulta em vivência de aniquilamento[84]. Um exemplo significativo, presente na amostra, são o dos sujeitos que afirmam que *nenhuma* de suas atividades lhes propiciam gratificação profissional ou expectativa de progresso na profissão. No dizer de Jurandir Freire[84], "violência é toda circunstância de vida em que o sujeito é colocado na posição de não poder obter prazer, ou de só buscá-lo como defesa contra o medo da morte". Responde às situações que lhe surgem como violentas, de forma semelhante "ao da economia da dor".

Esta experiência emocional a que os médicos se referem, que lhes está sendo negada, inclui a percepção de que lhes estão sendo subtraídos aspectos importantes da vida social, que a sociedade lhes garantia serem legítimos aspirar e que lhes tinham sido não só acenados como possíveis, como razoavelmente garantidos. Importante destacar que estes aspectos sociais, percebidos como negados, foram de capital importância na eleição da medicina como exercício profissional, ou seja, reconhecimento social, possibilidade em ajudar pessoas e ascensão social e financeira. Este aspecto está presente em diversos relatos, como: SUJEITO 7: "Medicina significava para mim (quando comecei a estudar): ajudar os outros, ter conhecimento e cultura, participar de uma classe social e financeira superior...": SUJEITO 15: "A medicina foi o maior investimento de tempo de vida que eu fiz. Acreditei na profissão, porém a mesma não me trouxe o retorno profissional e financeiro desejado".

No entanto, o que se percebe é que alcançar tais aspirações, tem se mostrado progressivamente difícil e acessível apenas a uma minoria de médicos.

As oportunidades para uma grande maioria de médicos de alcançar as aspirações que a cultura legitimava, são esvaziadas no decorrer de sua violência profissional. Mas não são e não podem ser facilmente abandonadas. O investimento na profissão e na formação – tanto a nível afetivo, como em termos de tempo e financeiro – foi muito grande; talvez por causa disto, sua adesão à profissão costuma ser uma das maiores, em comparação com outras profissões, conforme foi destacado por Machado[2]. Além disto, "a partir de um certo teto de socialização urbana, de concorrência por *status* (...) a aspiração é irreversível..."[1].

Alguns sujeitos da amostra procuram levar adiante a profissão, defendendo-se deste ataque ao self, nutrindo expectativas de futuras mudanças.

Em outros, isto já não ocorre. E como assinalamos anteriormente, a relação com a profissão é marcada pelo desprazer e sofrimento, em uma situação vista como sem saída, sem alternativas, e tendem a responder através de mecanismos psicológicos semelhantes à economia da dor.

Deve-se este raciocínio, porque nos permite entender como a representação mental da violência está atuando na determinação do comportamento destas pessoas, na medida em que partes importantes do self, integrantes do tipo psicológico coerente com a identidade construída na inter-relação com o padrão social do grupo, estão francamente ameaçadas de destruição.

A experiência da satisfação é o principal fator de crescimento e desenvolvimento psicológico. Assim, quando a pessoa busca na realidade situações de prazer, além dos aspectos ligados à satisfação, realiza um movimento que favorece seu desenvolvimento pessoal e a auxilia a lidar com as outras situações geradoras de decepção e desprazer. "A polarização prazer-desprazer faz o pensamento transitar na esfera das representações e afetos que concernem o prazer de pensar e a possibilidade de viver, de novo, o prazer"[84]. Ou seja, de que algo poderá vir a ser incorporado pelo seu *self*[41]. Na experiência da dor, ocorre algo diferente, ela está associada à morte e a destruição, e o psiquismo, para defender-se, aciona defesas com o objetivo de controlar, fazer desaparecer a experiência dolorosa. Há um refluxo narcísico em direção ao Ego com o desenvolvimento de comportamentos estereotipados, mecânicos, rígidos, deslibinizado em suas ações, que representam uma tentativa de neutralização afetiva, mais ou menos duradoura da experiência.

São formas de lidar com a violência, da qual o sujeito sente-se vítima. Violência que adveio da infração de um contrato que estava implícito na ordem social, e que legitimava as aspirações que sustentavam a própria escolha da profissão. Quebra de contrato realizada de forma arbitrária, imposta, geradora de sofrimento, vivida como sem alternativa e que ameaça a sua identidade.

Referências bibliográficas

[1] MASLACH, C. (1982). *The cost of caring.* New York, Prentice Hall Press.

[2] MACHADO, M. L. (1997). Os médicos no Brasil – um retrato da realidade. Rio de Janeiro, Editora Fiocruz.

[3] NOGUEIRA MARTINS, L. A. Saúde mental do médico e do estudante de medicina. *Psychiatry on-Line Brazil Current,* jul. 96.

[4] JEAMMET, P.; REYNAUD, M. & CONSOLI, S. Psicologia Médica. São Paulo, Masson e Atheneu.

[5] HOIRISCH, A. (1976). O problema da identidade médica. Tese de concurso para provimento efetivo do cargo de Professor Titular de Psicologia Médica da Faculdade de Medicina da UFRJ, Rio de Janeiro.

[6] MELLO FILHO, J. (1979). *Concepção psicossomática.* Rio de Janeiro, Tempo Brasileiro.

[7] SCHEIBER S. C. & DOYLE, B. B. (eds.). (1983). *The Impaired Physicians.* New York, Plenum Medical.

[8] SCHEIBER, S. C. (1983). Emotional problems of physicians: Nature and extend of problems. In:Scheiber SC., Doyle BB (Eds): *The Impaired Physicians*. New York, Plenum Medical.

[9] LINN, L. S. et al. (1986). Health habits and coping behaviors among practicing physicians. *West J Med.* 144: 484-489.

[10] SINGSEN, B. H. (1989). "Stress" on the physician in practice. *Del Med Jrl*, 61(8):401-406.

[11] HIGGS, R. (1994). Doctors in crisis: creating a strategy for mental health in health care work. *Journal of the Royal College of Physicians of London*, 28(6):538-540.

[12] OLKINUORA, M. et al. (1990). "Stress" symptoms, "burnout" and suicidal thoughts in Finnish physicians. *Soc Psychiatry Psychiatr Epidemiol.* 25:81-86.

[13] MCCUE, J. D. (1982). The effects of "stress" on physicians and their medical practice. *N Engl J Med* 306:458-463.

[14] NOGUEIRA MARTINS, L. A. (1991). Atividade médica: fatores de risco para a saúde mental do médico. *Rev Bras Clin Terap.*, 20(9):355-364.

[15] GARDNER, E. L. and HALL, R. C. W. (1981). The professional stress syndrome. *Psychosomatic* 22(8): 672-679.

[16] SCHAVELZON, J. (1988). *Paciente com Cancer*. Editorial Cientifica Interamericana S.A. Buenos Aires.

[17] TÄHKA, V. (1988). *O Relacionamento Médico-Paciente*. Artes Médicas, Porto Alegre.

[18] DELVAUX, N.; RAZAVI, D. & FARVACQUES, C. (1988). Cancer Care - A "stress" for Health Professionals. *Soc Sci Med* 23(2):159-166.

[19] DONNANGELO, M. C. (1975). *Medicina e Sociedade*. Livraria Pioneira Editora, São Paulo.

[20] CARROL, J. F. X. & WHITE, W. L. (1984). Theory Building: Integrating Individual and Environmental Factors Within on Ecological Framework in: *Paine WS. Job "stress" and "burnout"*, SAGE Publications, Califórnia, USA.

[21] FREUDENBERGER, H. J. (1975). The staff "burn-out" syndrome in alternative institutions. *Psychother Theory Res Pract* 12:73-82.

[22] MASLACH, C. (1976). Burned-out. *Hum Behav*; 5:16-22.

[23] ___________. (1984). Understanding "burnout": Definitional Issues in Analyzing a Complex Phenomenon, in: Paine WS, *Job "stress" and "burnout" Research, Theory, and Intervention Perspectives*. SAGE Publications, Beverly Hills, USA.

[24] KIRWAN, M. & ARMSTRONG, D. (1995). Investigation of "burnout" in a sample of British general practitioners. *British Journal General Practice*, 45: 259-260.

[25] PAINE, W. S. (1984). "Burnout" "stress" Syndrome and the 1980's in: *Paine WS, Job "stress" and "burnout" Research, Theory, and Intervention Perspectives*. SAGE Publications, Beverly Hills, USA.

[26] FREUDENBERGER, H. J. (1981). *Proceedings of the first national conference on "burnout"*, Philadelphia.

[27] DIÁZ-GONZALEZ, R. J. & RODRIGO, I. H. (1994). El síndrome de burnout em los médicos del sistema sanitário público de salud. *Rev Clin Esp*: 670-6.

[28] PAINE, W. S. (1984). Overview: "burnout" "stress" Syndrome and the 1980's in: Paine WS, *Job "stress" and "burnout" Research, Theory and Intervention Perspectives*. SAGE Publications, Beverly Hills, USA.

[29] CHERNISS, C. (1984). Cultural Trends: Political, Economic,and Historical Roots of the Problem. in: Paine WS, *Job "stress" and "burnout" Research, Theory, and Intervention Perspectives*. SAGE Publications, Beverly Hills, USA.

[30] ARNETZ, B. B. (1997). Physicians' View of their Work Environment and Organisation. *Psychother Psychosom*; 66:155-162.

[31] PINES, A. M., ARONSON, E.; WITH KAFRY. D. (1981). *"burnout" - from tedium to personal growth*. The Free Press, New York, USA.

[32] PONTES, J. F.; RODRIGUES, A. L. & RODRIGUES, D. M. (1980). Relação Médico-Paciente. in: Silva P. (ed). *Farmacologia*. Rio de Janeiro, Guanabara Koogan.

[33] SIMON, G. (1987). Humanistic Qualities of Physicians. *Annals of Internal Medicine*, vol. 106, No. 6, p.914.

[34] ARNOLD, R. M.; POVAR, G. J. & HOWELL, J. D. (1987). The humanities humanistic behavior and the human physician: a cautionary note. *Ann Intern Med*;106:313-318.

[35] CHRISTIE-SEELY, J.; FERNANDEZ, R.; PARADIS, G. et al. (1984). The Physician's family. *IN*: Christie-Seely J.(ed.) *Working with families in primary care: A system approach to health and illness*. New York, Praeger Publisher.

[36] CROUCH, M. (1986). Working with one's own family: Another path for professional development. *Fam Med*, 18:93-98.

[37] MENGEL, M. B. (1989). Doctors have feelings too. *JAMA*, vol.261, No.3, p.379-380.

[38] GEERSTEN, H. R.; GRAY, R. & WARD, J. (1973). Patients non-compliance within the context of seeking medical care for arthritis *J Chron Dis* 26:689-698.

[39] DEYO, R.; LINUS, T. & SULLIVAN, B. (1981). Non-compliance with arthritis drugs: Magnitude,correlates and clinical implication. *J Rheumatol* 8:931-936.

[40] WILLIANS, G. & WOOD, P. H. N. Common-sense beliefsaSBut illness: A mediating role for the doctor. *The Lancet*, december,p.1435-1437.

[41] SZASZ, T. S. (1975). *Dor e Prazer, um estudo das sensações corpóreas*. Zahar Editores, Rio de Janeiro.

[42] TIMOTHY JOHNSON, G. (1990). Restoring trust between patients and doctors. *The New England Journal of Medicine*, v. 322, n. 3, pp.195-197.

[43] BAKAN, D. (1979). *Enfermedad, Dolor, Sacrificio hacia una psicologia del sufrimiento*. Fondo de Cultura Económica, México.

[44] BRANDÃO, J. S. (1966). *Mitologia Grega*, vol.I, Vozes, Petrópolis.

[45] WILLS, T. A. (1978). Perceptions of clients by professional helpers.*Psychological Bulletin*, 85, 968-1000.

[46] LACSAMANA, R. G. (1985). Cracks in the image or what patients think of us - *Editorial J. Florida M.A* v.72, n. 8, pp. 573-575.

[47] COPEMAN, M. C. (1990). Letter to Editor aSBut restoring trust between patient and doctor. *The New England Journal of Medicine*, v. 322, n. 19, pp. 1.393-1.394.

[48] GOLDWYN, R. M. (1986). Physician, Reveal Thyself - Editorial. *Plastic and Reconstructive Surgery*, pp. 973-974.

[49] REAMES, J. R. HR., DUNSTONE, D. C. (1989). Professional Satisfaction of Physicians.*Arch Intern Med*;149:1951-1956.

[50] MESQUITA, W. P. Prefácio. In: MACHADO, M. H. (coords.). (1997). *Os Médicos no Brasil, um retrato da realidade*. FIOCRUZ, Rio de Janeiro.

[51] CLEARIHAN, L. (1991). The long term works' compensation patient. Australian Family Practice, Vol.20, No.4, p.379-382.

[52] WHIPPEN, D. A. & CANELLOS, G. P. (1991). "Burnout" syndrome in the practice of oncology: Results of a Random Survey of 1.000 Oncologists. J *Clin Onco* 19:1916-1921.

[53] DECKARD, G. J.; HICKS, L. L. & HAMORY, B. H. (1992). The occurrence and distribution of "burnout" among infectious disease physicians. *The Journal of Infectious Disease*;165:224-228.

[54] DECKARD, G.; METERKO, M. & FIELD, D. (1994). Physician "burnout": examination of personal, professional and organizational relationship. *Med. Care*; 32:745-754.

[55] MARTINI, C. J. M. (1988). Evaluating the competence of health professionals. Editorials. *JAMA* v. 260, n. 8: 1.057-1.058.

[56] LIGHT, D. & LEVINE, S. (1988). The changing character of medical profession: A theoretical Overview. *The Mildbank Quartely*, Vol.66, Suppl.2: 10-32.

[57] STELLA, R. C. R. & NOGUEIRA MARTINS, L. A. (1997). Reflexões sobre a profissão médica. *SER Médico*-Órgão do Conselho Regional de Medicina do Estado de São Paulo, No.1: 19-21.

[58] KERNICICK, D. GP's low morale. *Bristish Journal of General Practice*,45:445.

[59] REINHARDT, A. M. & GRAY, R. M. (1972). A Social Psychological Study of Attitude Change in Physicians. *Journal of Medical Education* Vol.47: 112-117.

[60] MASON, A. S. (1986). Editorial. *Journal of the Royal College of physicians of London*. v. 20, n. 1:5.

[61] JOHNSON, J. V. et al. (1995). The psychosocial work environment of physicians. The impact of demands and resourses on job dissatisfaction and psychiatric di"stress" in a longitudinal study of Johns Hopkins Medical School graduates. *J Occup Environ Med*,37;9:1151-1159.

[62] DOAN-WIGGINS, L. et al. (1995). Practice satisfaction, occupational "stress", and attrition of emergency physicians. *Acad Emerg Med*,2;6:556-563.

[63] MOLASSIOTIS, A; VAN DEN AKKER, O. B. & SBUGHTON, B. J. (1995). Psychological "stress" in nursing and medical staff on SBne marrow transplant units. *SBne Marrow Transplant*,15;3:449-454.

[64] BRESLAU, N.; NOVAC, A. & WOLF, G. (1978). Work setting and job satisfaction: A study of primary care physicians and paramedical personnel. *Med. Care*;16:850.

[65] LIECHENSTEIN, R. (1984). Measuring the job satisfaction of physicians in organized settings. *Med Care*; 22:56.

[66] RAMIREZ, A. J. et al. (1996). Mental health of hospital consultants: the effects of "stress" and satisfaction at work. *Lancet* 347;9003:724-728.

[67] THOMPSON, M. P. (1990). How do you patients perceive your practice? *Colorado Medicine*:42-44.

[68] FERRAZ, M. B. (1997). Sistema de saúde brasileiro: suas limitações e seus desafios. *SER Médico*-Órgão do Conselho Regional de Medicina do Estado de São Paulo, No.1: 19-21.

[69] LATTIMER, V.; SMITH, H.; HUNGIN, P.; GLASPER, A. & GEORGE, S. (1996). Future provision of out of hours primary medical care: a survey with two general practitioner research networks. *BMJ* 312; 7027: 352-356.

[70] OATES, R. K. & OATES, P. (1995). "Stress" and mental health in neonatal intensive care units. *Arch Dis Child Fetal Neonatal Ed.* 72;2: 107-110.

[71] RAMIREZ, A. J. et al. (1995). "Burnout" and psychiatric disorder among cancer clinicians. *Br J Cancer*, 71;6: 1.263-1.269.

[72] LOSEK, J. D. (1994). Characteristics, workload, and job satisfaction of attending physicians from pediatric emergency medicine fellowship programs. *Pediatric Emergency Care*, 10;10: 256-259.

[73] REVICKI, D. A. (1996). Work-related "stress" and psychological di"stress" in emergency medical technicians. *Journal of Occupational Health Psychology*,1;4: 391-396.

[74] KELLER, K. L. & KOENING, W. J. (1989). Management of "stress" and prevention of "burnout" in emergency phsysicians. *Annals of Emergency Medicine*,18;1: 42-47.

[75] BARNI, S.; MONDIN, R.; NAZZANI, R. & ARCHILLI, C. (1996). Onco"stress": evaluation of "burnout" in Lombardy. *Tumori*, 82;1: 85-92.

[76] GARDNER, E. R. & HALL, R. C. (1981). The professional "stress" Syndrome. *Psychosomatics*.22;8: 672-680.

[77] COLÓN, K. (1996). Running on empty. *Minnesota Medicine*,79:12-20.

[78] ARNETZ, B. B. et al. (1988). Comparasison between surgeons and general practitioners with respect to cardiovascular and psychosocial risk factors among physicians. *Scand J Work Environ Health* 14:118-124.

[79] MAKIN, P. J.; ROUT, U. & COOPER, C. L. (1988). Job satisfaction and occupational "stress" among general practitioners -a pilot study. *Journal of the Royal College of General Practitioners*,38: 303-306.

[80] FIELDS, A. I. et al. (1995). Physician "burnout" in pediatric critical care medicine. *Crit Care Med*, 23;8: 1.425-1.429.

[81] RODRIGUES, A. L. (1998). *O "stress" no exercício profissional da medicina uma abordagem psicossocial* – Tese (doutorado). São Paulo, Pontifícia Universidade Católica de São Paulo. Programa de Pós-Graduação em Psicologia Social.

[82] SCHRAIBER, L. B. (1995). Pesquisa qualitativa em saúde: reflexões metodológicas do relato oral e produção de narrativas em estudo sobre a profissão médica. *Rev. Saúde Pública*, 29(1): 63-74.

[83] SPINK, M. J. P. (1997). O sentido da doença: contribuição dos métodos qualitativos em pesquisas sobre o câncer. In: Gimenes MGG (org), *A mulher e o câncer*. Campinas: Editorial Psy.

[84] COSTA, J. F. (1986). *Violência e Psicanálise*. Rio de Janeiro. Edições Graal, 2 edição.

[85] SELIGMANN SILVA, E. (1994). Desgaste mental no trabalho dominado. Rio de Janeiro: Ed. UFRJ.

[86] BERGER, P. & LUCKMANN, T. (1973). *A construção social da realidade*. Petrópolis, Vozes.

[87] CIAMPA, A. (1984). Identidade. In: LANE, S. T. M. & CODO, W. (orgs.). *Psicologia Social - o homem em movimento*. São Paulo, Editora Brasiliense.

10 – Corporativismo e Medicina Contemporânea

Eduardo Conte Póvoa

Introdução

Corporação: "conjunto de indivíduos da mesma profissão, reunidos em corpo, com seus regulamentos próprios, seus privilégios etc."

Corporativismo: "sistema político-económico baseado na reunião das classes produtoras organizadas em corporações, sob a fiscalização do Estado."[1]

O termo corporativismo surge para definir o modo como as instituições sindicais passam a se organizar em torno de práticas e normas, *com o objetivo principal de garantir a identidade* e os direitos de uma dada categoria profissional. Isto se torna inevitável com o aumento da complexidade nas relações entre mercado e trabalhador, principalmente no decorrer do século XX. Em nosso meio, o corporativismo ganhou importante destaque como ressonância das medidas implantadas pelo governo Getúlio Vargas no que se refere às leis trabalhistas.

Num sentido mais amplo, corporativismo refere-se às *ações conjuntas de um grupo de pessoas, com uma identidade comum, profissional ou não, que tem por objetivo defender pontos de vista comuns.* É uma conseqüência inevitável da necessidade de

1. Disponível na internet no endereço: www.priberam.pt/DLPO/ - *Dicionário da Língua Portuguesa On-Line.*

manter a coesão e a força do grupo em direção a diversas conquistas de classe, *sobretudo na busca de território na luta pelo mercado.*

Os principais objetivos deste pequeno ensaio são:

- Analisar as bases sócio-históricas e psicológicas do corporativismo no campo da saúde com foco na medicina, demonstrando sua importância como um dos principais ruídos existentes nas relações entre os diversos profissionais deste campo;
- Estudar as importantes interações corporativismo-identidade médica.

Serão consideradas as conquistas da medicina ocidental, sua hegemonia político-institucional e suas implicações no contexto do profissionalismo, a partir do ponto de vista da Sociologia das Profissões, assim como na perspectiva histórica do sistema médico em nosso meio. Serão relacionadas de forma sumária, as principais características inerentes ao constructo da identidade médica analisadas pelos profissionais do campo da Psicologia Médica. Analisaremos o corporativismo médico, considerando seus pontos positivos e negativos, ressaltando os problemas relativos ao recente Projeto de Lei n. 25/2002 que trata sobre a regulamentação do Ato Médico. Destarte, discutiremos possíveis estratégias no âmbito da ética, em direção à conquista do tão almejado trabalho interdisciplinar.

As bases da aliança entre a medicina e o Estado

Freire Costa (1999) revela a trajetória histórica da Saúde Pública em nosso meio, destacando a aliança que o Estado fez com a medicina, principalmente ao longo do século XIX. Ele ressalta a importância do movimento higienista influenciado pelo sistema médico europeu, no que concerne ao reforço do controle do Estado sobre as estruturas familiares e portanto sobre a sociedade. Numa época em que a força estatal se encontrava ameaçada pelo contexto político daquela ocasião, as medidas adotadas e impostas pela medicina em nome do conhecimento empírico e científico, facilitavam o surgimento de um novo modelo de normatização da sociedade, principalmente a partir do núcleo familiar.

O rumo e a forma pelos quais esta aliança se fez, marcou profundamente a posição que o profissional médico passou a assumir. A autonomia, o melhor discernimento e a legitimação de suas práticas exclusivas, reforçadas pela aliança com o Estado, fizeram com que os médicos adquirissem poder soberano nas decisões e critérios adotados em direção à saúde. As ações e medidas médicas atingiram caráter oficial e portanto passaram a ser consideradas confiáveis.

Vale ressaltar que em nosso meio o processo de normatização da sociedade ganhou força no Brasil Império, com o movimento higienista. Apoiada nos alicerces da ciência, a higiene passou a ditar normas, açambarcando poder, transformando-se no porta-voz da "verdade", pondo em prática os interesses do Estado. Surgiu então a Polícia Médica como setor responsável pela aplicabilidade de teorias, políticas e práticas que se destinavam à saúde e ao bem-estar da população. Sua atenção se dirigia ao bem-estar da mãe e da criança, controle e prevenção de epidemias e acidentes, elaboração de estatísticas e esclarecimentos ao povo sobre as questões de saúde. Enfim, a Polícia Médica tinha como finalidade básica a regulamentação médica, e a partir de sua autoridade, garantir cuidados médicos, *organizar a profissão médica e combater o charlatanismo*. A higiene, contudo, era dirigida às famílias nos moldes da elite. Freire Costa (1999) refere que o Estado não se interessava em modificar o padrão familiar dos escravos, que permaneciam sob a égide de outro código punitivo.

> Escravos, mendigos, loucos, vagabundos, ciganos, capoeiras etc., servirão de antinorma, de casos-limite de infração higiênica. A eles vão ser dedicadas outras políticas médicas. Foi sobre as elites que a medicina fez incidir sua política familiar, criticando a família colonial nos seus crimes contra a saúde. A camada dos

> "sem-família" vai continuar entregue à polícia, ao recrutamento militar ou aos espaços de segregação higienizados como prisões e asilos. (Freire Costa, 1999, p. 33).

A Medicina Social dirigiu-se à família "burguesa" citadina, sobretudo durante o Segundo Império, procurando modificar a conduta física, moral, sexual dos seus integrantes com o objetivo de adaptá-los ao sistema econômico e político. (Freire Costa, 1999).

Panorama da profissão médica no contexto da sociologia do trabalho

Misoczky (2005) afirma que sociólogos como Talcott Parsons e Eliot Freidson fizeram considerações sobre aspectos significativos e característicos da profissão médica. Refere que o primeiro autor defende a posição de que profissões como o Direito e a Medicina marcam uma dimensão altruística no campo do trabalho, pelo fato de serem práticas notoriamente voltadas para o cuidado do outro.

> Parsons foi, provavelmente, o primeiro a abordar as profissões em termos teóricos. Em um ensaio de 1939 tentou entender a contradição entre a sua visão das profissões como exercício de um comportamento altruísta com a teoria econômica e o utilitarismo, e sua concepção de que todo comportamento está voltado para a satisfação de interesses egoísticos. Em trabalhos posteriores, (...) focaliza nas profissões dos médicos e advogados para concluir sobre a importância especial das profissões nas sociedades industriais avançadas, mantendo a ênfase no altruísmo. (idem).

Por outro lado Freidson (apud Misoczky, 2005), faz distinção entre dois tipos de profissão: 1) As acadêmicas e científicas que precisam de apoio do Estado ou de grupos; 2) As que recebem apoio dos usuários, que confiantes por ter os seus problemas solucionados pelos profissionais, reforçam o caráter consultivo destas profissões. Ademais, a prática deste último tipo de profissão seria marcada pelo individualismo no que tange à orientação e ao comportamento, implicando a construção pelo profissional em questão, de seu próprio mundo de experiências, assumindo responsabilidade pessoal e individual pelo modo como lida com cada caso. Destarte, destaca, nesta dimensão, o *princípio da autonomia como principal atributo para o poder de uma profissão*, e referindo-se à profissão médica, afirma que o *status* de uma profissão depende dessa *autonomia*, que *precisa ser garantida*.

Misoczky (2005), fazendo um paralelo entre os autores, acrescenta que Freidson discorda da posição de Parsons, problematizando a profissão médica no contexto político-econômico, mostrando ainda que estes indícios da faceta individualista da prática, define inclusive a assimetria na relação médico-paciente no que tange aos aspectos de passividade e poder.

> Reverte-se, assim, o olhar altruísta de Parsons – o foco não é na profissão como um modo de ser útil para os que a utilizam, mas como um meio para preservar a autonomia através do controle da divisão do trabalho, da definição dos seus conteúdos e da avaliação técnica. (ibidem).

Nesta mesma perspectiva, Bonelli (2002) comenta o posicionamento de Freidson, dando ênfase a um dos aspectos da prática médica, tais como a realização do diagnóstico, como tendo relevância no prestígio e poder da profissão:

> Na visão que partilho com Freidson, é a preservação da autonomia profissional para realizar o diagnóstico, conhecimento-chave que possibilita aos médicos manter a ideologia de servir com independência, que resulta em reconhecimento social, prestígio e poder. Reside neste aspecto o diferencial que Freidson enfatiza para fundamentar a força das profissões.

Aspectos da identidade médica sob o ponto de vista da psicologia médica

Neste segmento faremos um pequeno resumo das características principais da identidade médica, segundo a perspectiva da Psicologia Médica, uma vez que as maiores considerações foram realizadas nos principais capítulos deste livro.

Uma dos principais aspectos contemplados pelos profissionais da Psicologia Médica, para uma maior compreensão sobre o comportamento dos médicos, vem sendo a reflexão a respeito dos vários elementos que são relativamente freqüentes na personalidade e psicodinâmica destes profissionais, desde a fase da escolha da profissão até a fase em que se encontram em pleno exercício da mesma. Poderíamos considerar que estas reflexões resultaram numa espécie de tipo ideal (no sentido weberiano), pois independentemente das diferenças individuais, existem elementos que se repetem e que são o reflexo das influências que os médicos recebem das demandas da sociedade, da racionalidade científica ocidental contemporânea, das expectativas onipotentes que existem em cada indivíduo (reforçadas pela natureza e objetivos da profissão), e principalmente da formação médica.

Ramos-Cerqueira e Pereira Lima (2002), referindo-se à deificação e expectativa que a sociedade e os próprios médicos fazem da sua própria condição, destacam as características importantes do médico que foram levantadas com alunos do 3° ano da Faculdade de Medicina de Botucatu, ao longo dos anos: *"O médico deve ter como características ser inteligente, estudioso, sensível, seguro, inspirar confiança, saber dosar trabalho e lazer, estar sempre disponível, ser competente tecnicamente, saber compreender o paciente..."*. Ainda completam lembrando que tal idealização é fomentada até mesmo pelo juramento de Hipócrates, quando ressalta o seguinte trecho: *"... Manterei a minha vida e a minha arte com pureza e santidade; qualquer que seja a casa em que penetre, entrarei nela para beneficiar o doente; evitarei qualquer ato voluntário de maldade ou corrupção..."*.

Hoirisch (1992, apud Ramos-Cerqueira e Lima (2002) afirma que: *"a identidade tem dimensões que a fundamentam e impregnam de significado, tais como nome, formação, naturalidade, estado civil e profissão – categorias fundadas no biológico e no social"*. Remetendo-se ao constructo da identidade médica, o autor ainda descreve que:

> Foi na universidade medieval que o título de doutor (médico) foi criado. Com o título, surgiu também o status no contexto social. No século XV apareceram leis que regulamentavam o exercício da Medicina, criando currículos, exames e concessão do grau. (idem, p. 111).

A partir de então surgiu o papel social do médico:

> com estabilidade e proteção para desenvolver métodos e técnicas, aplicando o conhecimento da Ciência para combater as doenças. Desde então, foi das profissões que mais idealizações provocou: qualidades de altruísmo, mentalidade de pesquisador e poder sobre a vida e a morte passaram a ser comumente associados a este papel. (ibidem).

No mais, é importante salientar o papel fundamental da Psicologia Médica diante das dificuldades e desafios apresentados pelos principais aspectos inerentes à identidade médica. Pode-se observar que embora os pontos de vista das diversas disciplinas sejam algo diferenciados, as conclusões são muito próximas. Porém, a Psicologia Médica surge inicialmente com a preocupação de cuidar daquele que cuida (o médico, entre outros profissionais de saúde). Observando que a identidade médica é um sintoma, possuindo ela raízes sócio-históricas e culturais, ou sendo inerente à formação profissional ou ainda herança da precária formação psicológica do médico, a Psicologia Médica busca através de estratégias e da escuta psicanalítica, tentar minimizar o máximo possível as dificuldades que muitos médicos (uns mais do que outros, evidentemente) podem apresentar e que vão servir de ruído importante na relação médico – paciente, como podemos constatar nos estudos de Balint, entre outros.

Ressonâncias atuais do corporativismo – o problema do "ato médico"

O Projeto de Lei n. 025/2002, que institui o Ato Médico, é de autoria do ex-senador Geraldo Althoff (PFL/SC). Este projeto tem como principal finalidade a regulamentação do Ato Médico. Edson de Oliveira Andrade, presidente do Conselho Federal de Medicina, declara:

> Hoje, temos mais de 280.000 médicos trabalhando no Brasil. Herdeiros de uma profissão com mais de vinte e cinco séculos de existência, os médicos brasileiros necessitam de uma lei que reconheça sua efetiva importância social, seu espaço profissional e muito mais que isso: que dê à sociedade a justa e precisa tranqüilidade no bom relacionamento que deve existir entre as diversas profissões envolvidas na assistência à saúde, bem como a garantia de que essa assistência atinja os níveis de qualidade e excelência à altura das exigências do nosso povo (2006)[2].

Surpreendentemente esta iniciativa provocou uma verdadeira comoção entre os diversos profissionais de saúde. Todos os conselhos das principais profissões da área da saúde, não médicas, reagiram com protesto, sob alegação de que os médicos estariam querendo, mais uma vez, consagrar sua hegemonia e monopólio, principalmente no que concerne aos critérios decisórios na esfera do diagnóstico e tratamento, inclusive em níveis primário e secundário de atenção. Os conselhos não médicos usam o termo TUTELA, para se

2. Disponível na Internet no endereço:
http://www.atomedico.org.br/index2.asp?opcao=porque.

remeterem à modalidade hierárquica de quase dependência a qual, segundo eles, a proposta deste Projeto conduziria. O Conselho Federal de Biomedicina declara:

> Os biomédicos repudiam o PLS 025/2002, que fere a liberdade dos profissionais da área de saúde regulamentadas por lei, colocando-as sob tutela médica, limita a interdisciplinaridade entre profissionais e é um desrespeito à população em geral e aos profissionais do setor. (2006, http://www.naoaoatomedico.com.br/paginterna/profis_biomedicina.cfm)

Surgiram iniciativas de abaixo assinado (de ambos os lados), movimentos de protesto e até SITES exclusivos, tanto para a defesa do projeto (www.atomedico.org.br, ligado ao Conselho Federal de Medicina), como para repudiá-lo (www.naoaoatomedico.com.br, onde participam os outros diversos conselhos da área de saúde).

Na primeira página do SITE "Não ao projeto de lei do Ato Médico" encontramos as seguintes palavras:

> O texto da matéria, que já sofreu algumas modificações, ainda condiciona à autorização do médico o acesso aos serviços de saúde e estabelece uma hierarquia entre a medicina e as demais profissões da área.(...) O Conselho Federal de Medicina – CFM afirma que a medicina precisa regulamentar o exercício de suas práticas profissionais, utilizando o argumento histórico de que há dois mil anos não existia um rol de profissões ligadas à saúde, ficando todo diagnóstico e prevenção sob controle dos médicos, num claro objetivo de retomar o controle do mercado. (http://www.naoaoatomedico.com.br/paginterna/oquee.cfm).

Para maior clareza do texto do referido, projeto segue abaixo quadro com sua íntegra:

PROJETO DE LEI DO SENADO Nº 25(SUBSTITUTIVO), DE 2002

Dispõe sobre o exercício da Medicina.

O CONGRESSO NACIONAL decreta:

Art. 1º O médico desenvolverá suas ações no campo da atenção à saúde humana para:

I – a promoção da saúde;

II – a prevenção, o diagnóstico e o tratamento das doenças;

III – a reabilitação dos enfermos. Parágrafo único. São atos privativos de médico a formulação do diagnóstico médico e a prescrição terapêutica das doenças.

Art. 2º Compete ao Conselho Federal de Medicina definir, por meio de resolução, os procedimentos médicos experimentais, os aceitos e os vedados, para utilização pelos médicos.

Art. 3º São privativas de médico as funções de coordenação, chefia, direção técnica, perícia, auditoria, supervisão e ensino vinculadas, de forma imediata e direta, a procedimentos médicos.

Parágrafo único. A direção administrativa de serviços de saúde e as funções de direção, chefia e supervisão que não exijam formação médica não constituem funções privativas de médico.

Art. 4º A infração aos dispositivos desta Lei configura crime de exercício ilegal da Medicina, nos termos do art. 282 do Código Penal (Decreto-Lei nº 2.848, de 7 de dezembro de 1940).

Art. 5º Esta Lei entra em vigor na data de sua publicação.

Sala da Comissão,

Presidente,

Relator,

Aprovado em 01/07/2004 – CCJ

(Extraído do SITE: http://www.atomedico.org.br/index2.asp?opcao=lei)

Não obstante todas estas manifestações, o Conselho Federal de Medicina se manifesta alegando que a iniciativa para a regulamentação do Ato Médico é uma manifestação que todos os conselhos têm o dever de conquistar, haja visto que as demais áreas de saúde também possuem suas regulamentações. Deixa claro que não existe interesse em nenhum tipo de "invasão" às práticas atribuídas a cada profissional de saúde.

> O PLS n. 25/2002 objetiva tão-somente regulamentar os atos médicos, fortalecendo o conceito de equipe de saúde e respeitando as esferas de competência de cada profissional. Em nenhuma linha encontraremos violações de direitos adquiridos, arrogância ou prepotência em relação aos demais membros da equipe. Ninguém trabalha pela saúde da população sozinho, e muito menos sem a presença do médico. A análise do conteúdo dos cinco artigos do Projeto mostra a relevância *da matéria, permitindo maior compreensão acerca da importância de sua aprovação. (http://www.atomedico.org.br/index2.asp?opcao=pls)*

CORPORATIVISMO E IDENTIDADE MÉDICA

Com base em tudo que foi exposto, percebemos alguns dos principais pilares da identidade médica. A exemplo das intervenções da Psicologia Médica, salientamos que não há nenhum demérito, em especial, relacionado à prática da medicina ocidental. Mas como todos os aspectos da vida, que estão nos cânones da natureza humana, a identidade de qualquer profissional apresenta falhas, limitações. Muitas vezes no desejo de acerto, os erros inevitáveis da imperfeição humana tomam forma, juntamente com os elementos nobres. Logo, vale ressaltar que todas as questões aqui levantadas fazem parte de um desejo: MELHORAR. O corporativismo é um exemplo de sintoma, que ora se torna necessário, mas que por vezes pode atrapalhar, servir de ruído para as práticas integradas, que impõem visão ou trabalho em equipe. Vimos que é uma defesa importante para a manutenção da identidade de um grupo, mas que ao se tornar resultado de ameaças, dificuldades internas, disputa de poder, pode atingir desmesuras que poderão limitar, isolar, servir de obstáculo às tendências de um mundo cada vez mais complexo que por sua vez exige uma visão interdisciplinar.

É notório o corporativismo em todos os grupos organizados. Logo, cabe aqui salientarmos as atitudes que servem para exemplificar pontos de conflitos entre as diversas profissões na área de saúde, lembrando que esta iniciativa não é exclusiva do meio médico. O COFEN, na luta pela ampliação das práticas de enfermagem, sob protestos de médicos, vem somando esforços para que, em determinadas circunstâncias, os enfermeiros possam fazer alguns diagnósticos e até mesmo realizar prescrições (embora de forma limitada). A partir da carência de médicos em algumas áreas, surgiu autorização, através da Lei n. 7.498, de 25 de junho de 1986, para que enfermeiros do Programa de Saúde da Família pudessem prescrever medicamentos e até produzir diagnósticos. O Conselho Federal de Psicologia, preocupado com as práticas e cursos não regulamentadas por este órgão, criou uma resolução sobre especialidades (n. 002/2001), elaborando normas para que um curso de especialização esteja dentro das regras impostas pelo CFP. Muito freqüentemente assistentes sociais entram em conflito com psicólogos em hospitais, no que tange ao atendimento às questões psicossociais que envolvem o paciente e/ou sua família. Fisioterapeutas e médicos fisiatras muitas vezes disputaram o direito da prescrição de fisioterapia. Muitas técnicas são aplicadas de forma leviana por pessoas não habilitadas. Os conselhos muitas vezes se unem para defender as classes e a sociedade civil de fraudes e charlatanismos. Médicos, psicólogos e odontólogos se reuniram para garantirem que a hipnose somente possa ser aplicada por estes profissionais.

Com base em todos estes dados, podemos perceber que as bases do corporativismo são complexas, envolvendo aspectos positivos e negativos. Em muitos casos, como vimos com a medicina, possui alicerces na trajetória sócio-histórica e cultural fazendo parte do elenco de dispositivos que vão resultar na racionalidade médica ocidental. A identidade médica, produzida por este cenário, marca a posição de poder desta classe, que ganhou destaque a partir da aliança estabelecida com o Estado. Por conseguinte, a sociedade também foi educada para incorporar os padrões estabelecidos por esta aliança. À medida que este poder é ameaçado, independentemente das razões (políticas, científicas ou socioculturais) que se encontram por traz da ameaça, os profissionais tentam reforçar sua união a fim de proteger o espaço adquirido. Procuram argumentos, muitas vezes científicos (no caso da medicina) ou mesmo retóricos para não permitirem que seu espaço seja ocupado.

Logo, também é necessária a compreensão deste movimento em defesa de espaços, numa sociedade capitalista, mercadocêntrica, onde o individualismo impera. Percebemos as bases históricas em que fica compreensível o esforço da medicina para retomar alianças com o Estado. Pode-se constatar a exemplo disto, movimento semelhante com a igreja.

Por outro lado, o charlatanismo tem que ser combatido e a força político-institucional de um grupo, nestas horas, deve se impor. Mas como lidar com os avanços, as mudanças de conceito (como o conceito de saúde)? Como abdicar de prestígio, de poder?

Contudo, admitir que é um retrocesso *a comoção* provocada pelo projeto de lei do Ato Médico, independentemente do julgamento se é ou não correto, é inevitável e por sua vez lamentável. Percebemos corporativismo *versus* (anti)corporativismo, quando nas discussões de Psicologia Médica temos a ilusão de que estamos conquistando a mentalidade de uma abordagem psicossomática

Reflexões sobre ética e trabalho interdisciplinar: o papel atual da Associação Brasileira de Medicina Psicossomática

A Associação Brasileira de Medicina Psicossomática, fundada por Danilo Perestrello há 40 anos, surgiu para representar o pensamento do grupo que a compunha, qual seja: "promoção de uma nova atitude na assistência, educação e pesquisa médicas, a atitude psicossomática, a qual visava a integração dos elementos psicodinâmicos e biológicos da Patologia e conformar a conduta assistencial dentro desse novo parâmetro" (Abram Eksterman, 1999). Importantes figuras fizeram parte deste movimento: prof. Clementino Fraga Filho (quem autorizara Danilo Perestrello a fundar em 1958 a pioneira divisão de Medicina Psicossomática no Hospital Geral da Santa Casa do Rio de Janeiro); os paulistas José Fernandes Pontes Helladio Francisco Capisano e Luiz Miller de Paiva. O grande representante no Rio e considerado um dos pioneiros no Brasil e também um dos fundadores da ABMP, Abram Eksterman, continuou sua contribuição como professor e divulgador da Psicologia Médica – que chamou de "braço clínico da Psicossomática", principalmente no Hospital da Santa Casa de Misericórdia do Rio de Janeiro. Outro grande líder e representante da história do movimento da Psicossomática e da Psicologia Médica em nosso meio, tem sido o Prof. Julio de Mello Filho. Além de ser considerado um dos mais respeitáveis autores de livros sobre o tema, incentivou e ajudou a abrir diversas regionais da ABMP pelo país.

Consideramos de suma importância mencionar a ABMP, pois vale como exemplo de sociedade que, como outras, vem buscando um cenário em que as diversas disciplinas possam comungar. Reflexões interdisciplinares são cada vez mais prioritárias, dada a complexidade conceitual do binômio saúde/doença no contexto atual. Outro aspecto relevante na postura psicossomática hoje, é a valorização dos aspectos socioculturais. Não obstante, sabemos a grande dificuldade que vem sendo a construção de uma postura psicossomática, principalmente quando esta depende sobremaneira de disponibilidade interna e da consciência dos profissionais de saúde para trabalhar em equipe. Podemos dizer que está centrada na capacidade de se trabalhar de forma interdisciplinar, a verdadeira estratégia de aproximação da atenção e cuidado *integrais* em saúde. Principalmente quando sabemos que cada caso é singular e ao mesmo tempo traz dimensões complexas. Atualmente a ABMP continua levantando sua principal bandeira: a *INTERDISCIPLINARIDADE.* Apesar deste propósito existir desde a sua fundação, o processo de conscientização é lento. Exige transformação de paradigmas. Os modelos de abordagem, as racionalidades construídas, possuem raízes sócio-históricas, como pudemos observar ao longo deste capítulo. Considerar que ainda existem fortes obstáculos para atingirmos nossos ideais, não é ponto negativo, mas sim tomada de consciência e coragem para abdicarmos da postura ingênua e romântica. É notório que muito se avançou, mas continuamos nos surpreendendo como a competitividade e o individualismo, a disputa pelo espaço quando em alto grau, representados pelo *corporativismo*, podem servir como barreiras entre os profissionais, pondo todo o ideal interdisciplinar a perder.

Surge no contexto das iniciativas em direção ao verdadeiro trabalho de equipe, em que a ética interdisciplinar possa ser totalmente respeitada, um grande paradoxo: a busca de uma identidade forte capaz de definir o lugar e os propósitos de uma Associação "neutra". Talvez um dos grandes problemas das sociedades que se esforçam por congregar diversas disciplinas e/ou setores, seja o lugar aparentemente poroso demais, isto é, vulnerável à indiferenciação de papéis e/ou privilégios, que caracterizam cada grupo como sendo único para determinadas práticas. Acreditamos que com o exercício da prática interdisciplinar e intersetorial, auxiliado pelas estratégias da Psicologia Médica, poder-se-á construir um aprendizado e uma maturidade, necessários na compreensão contemporânea dos aspectos envolvidos em saúde integral. Somente assim, será possível a organização das Associações interdisciplinares, em entidades sólidas, com identidade definida, não pelo corporativismo voraz, mas pela consciência dos *potenciais* e também dos *limites.* Neste contexto podemos depreender, que uma das qualidades fundamentais de um profissional de saúde, é a *capacidade empática* em relação ao seu paciente, visando aquilo que ele necessita em dado momento, e a *capacidade humilde* para reconhecer que existem diversas dimensões no processo saúde/doença, tornando inevitável o trabalho em equipe. É preciso reconhecer que apesar de a Medicina ter uma existência secular, as outras profissões da área de saúde evoluíram muito, trazendo junto à comunidade científica a necessidade de se repensar sobre a existência da vida humana. A ciência não dá conta de toda a verdade. É necessário o diálogo entre aspectos filosóficos, socioculturais, psicológicos e tecnobiocientíficos, para que seja possível a aproximação de uma suposta modesta verdade. Se outrora a medicina se estabelecia a partir de sua aliança com o Estado, *hoje a aliança se faz necessária com a sociedade contemporânea.* É a própria sociedade civil que através de sua história e momento cultural, se impõe por meio de suas próprias iniciativas, em busca de outras verdades não impostas. Logo, é preciso citar palavras de autores de renome que servem como eco a estes comentários. Machado (2005), referindo-se ao relacionamento entre médicos e enfermeiros, demonstra seu posicionamento contra o corporativismo médico, reforçando a necessidade da integração entre diversos profissionais na área da saúde, visando uma nova forma de a biomedicina impor sua imagem social:

> O arquétipo corporativo da profissão médica que a torna uma entidade fechada em si mesma precisa ser desfeito. O trabalho cooperado se impõe. Alianças "profissionais" precisam ser feitas, especialmente com aqueles que histórica e tradicionalmente foram negligenciados no processo: os enfermeiros. A saúde não é feita somente por médicos. Este é um pensamento anacrônico que precisa ser banido da mentalidade médica. Médicos e enfermeiros precisam estabelecer relações para além do processo de trabalho. Esta é uma nova parceria necessária e fundamental para que a imagem social do médico seja "reconstruída por dentro", no interior dos ambientes de trabalho.

CONSIDERAÇÕES FINAIS

Abrahão (2005)[3], comentando a importância do trabalho em equipe, ressalta: *"É impossível acreditar que possa haver qualidade e competência sem que haja uma equipe multiprofissional trabalhando em conjunto, com a finalidade de promover a saúde"*.

Constatamos ao longo deste capítulo, que as bases que integram o constructo da identidade e da racionalidade de grupos ou classes, são edificadas pelos acontecimentos sociais, políticos, culturais e econômicos, cimentadas pela trajetória histórica dos povos. No caso da medicina ocidental, vimos aspectos delicados e ao mesmo tempo complexos, relacionados à sua trajetória no mundo moderno e contemporâneo. A partir dos contextos newtoniano e cartesiano, e pela impregnação das bases empíricas e científicas, a medicina se distancia da arte e da filosofia no que tange ao viés subjetivo pelo qual também se deve observar a vida e o sofrimento humano. A anatomopatologia, os avanços em direção à microbiologia e à farmacologia, trouxeram uma sensação de onipotência à biomedicina, contribuindo com este fato a falta de preparo psicológico dos médicos, desde a sua formação. A ilusão de que a ciência, em sendo o principal pilar da percepção sobre as dimensões implicadas no processo saúde/doença, aproximaria o médico de toda a verdade, banindo qualquer incerteza, fez com que fatores subjetivos, afetivos e psicossociais, fossem relegados a segundo plano.

Neste cenário, onde a racionalidade científica domina o modelo pelo qual se pode pensar sobre verdade e conhecimento, podemos compreender mais facilmente, como a aliança da medicina com o Estado se torna possível e legitimada. Destarte, ficam claras as razões pelas quais se estabelecera um corporativismo mais intenso na medicina ocidental. A identidade médica deificada pelo estatuto da

3. Disponível na Internet no endereço: http://www.naoaoatomedico.com.br/paginterna/profis_biomedicina.cfm

CIÊNCIA, ao ser questionada pelas práticas de outros profissionais de saúde, cria um profundo desconforto na classe. Por outro lado, o poder médico, que paira no imaginário de todos os profissionais de saúde (não médicos), ameaça a todo o instante as diversas outras classes da área da saúde. Logo, talvez não devamos nos surpreender com a verdadeira comoção provocada pela iniciativa do projeto de lei do ato médico.

Por fim, embora a Psicologia Médica venha mobilizando esforços para minimizar as barreiras entre os profissionais de saúde, criando estratégias para o convívio interdisciplinar, procurando entender as dificuldades internas de cada profissional (principalmente as dos médicos), através do olhar e da escuta psicanalíticas, consideramos pouco para a mudança do paradigma e do modelo ainda reinantes. É preciso o comprometimento com as políticas de saúde, através de uma relação intersetorial com a Saúde Pública. É necessário que se pense num código de ética interdisciplinar, onde a aliança com o Estado seja estabelecida com os diversos setores e/ou classes de profissionais envolvidos com a saúde. Há que se almejar uma sociedade que possa se sentir assistida em sua integralidade, sem exclusões, sem preconceitos. Quando houver de fato a compreensão de que ao integrarmos um conjunto de membros (médicos, fisioterapeutas, psicólogos, enfermeiros, fonoaudiólogos, entre outros) da área de saúde, fazemos parte de um exército capaz de lutar contra o individualismo, a falta de compaixão e a competitividade agressiva, vamos abrir mão de nosso narcisismo. E estarrecidos diante do outro que pode estar sofrendo, nos daremos as mãos para aprendermos finalmente a *CUIDAR*.

Referências bibliográficas

BONELLI, Maria da Gloria. (2002). *História, Ciências, Saúde*. v. 9(2):431-36, Rio de Janeiro, Manguinhos, maio-ago. 2002.

FREIRE COSTA, Jurandir. (1999). *Ordem médica e norma familiar.* Rio de Janeiro, Edições Graal.

MACHADO, M. H. *A profissão médica no contexto de mudanças.* Disponível na Internet no endereço: http://www.portalmedico.org.br/include/biblioteca_virtual/medicos_saude_brasil/cap7.htm

MISOCZKY, M. C. RAE (2005) – eletrônica - v. 4, n. 1, Art. 6, jan./jun. Disponível na Internet no endereço: www.rae.com.br/eletronica.

RAMOS-CERQUEIRA, A. T. A. & LIMA, M. C. (2002). *A formação da identidade do médico: implicações para o ensino de graduação em Medicina*, Interface. Comunic., Saúde, Educ, v. 6, n.11, pp.107-16.

Sobre os autores

Abram Eksterman

Professor Titular da Disciplina de Psicologia Médica da FTE Souza Marques, Rio de Janeiro.
Diretor do Centro de Medicina Psicossomática do Hospital Geral da Santa Casa do Rio de Janeiro.
Ex-presidente da Associação Brasileira de Medicina Psicossomática.

Adolpho Hoirisch

Professor Aposentado de Psicologia Médica da Faculdade de Medicina da UFRJ.
Membro Titular da Academia Brasileira de Medicina.

Ana Lucia de Abreu Hirsch Villela

Psicóloga com Especialização em Psicologia Médica e Psicopedagogia.
Responsável pelo Programa de Acessoria Psicopedagógica (PAPP) da Faculdade de Medicina de Petrópolis (FASE/FM).

Avelino Luiz Rodrigues

Professor.
Médico.
Especialista em Psiquiatria pela Associação Médica Brasileira.

Doutor em Psicologia Social pela Pontifícia Universidade Católica de São Paulo.
Professor Doutor do Departamento de Psicologia Clínica do Instituto de Psicologia da Universidade de São Paulo (IP-USP).
Ex-Presidente da Associação Brasileira de Medicina Psicossomática (90/92.)
Coordenador do Laboratório SuCor – Sujeito e Corpo, do IP-USP.

Davi Epelbaum Zimerman

Médico.
Psiquiatra.
Ex-presidente da Sociedade de Psiquiatria do Rio Grande do Sul.
Ex-presidente da Sociedade de Psicoterapia Analítica de Grupo de Porto Alegre.
Psicanalista Didata da Sociedade de Psicanálise de Porto Alegre.
Oito livros publicados sobre grupo e psicanálise.

Eduardo Conte Póvoa

Médico.
Mestre em Saúde Pública pela Escola Nacional de Saúde Pública do Rio de Janeiro (FIOCRUZ).
Coordenador do Curso de Pós-graduação em Psicologia Médica e Psicossomática da Universidade Estácio de Sá do Rio de Janeiro.

Elisa Maria Parahyba Campos

Psicóloga.
Psicanalista.
Mestre e Doutora pelo Departamento de Psicologia Clínica do Instituto de Psicologia da Universidade de São Paulo.
Professora Doutora do Departamento de Psicologia Clínica do Instituto de Psicologia da Universidade de São Paulo (IP-USP).
Coordenadora do Laboratório CHRONOS – Centro Humanístico de Recuperação em Oncologia e Saúde do IP-USP.

Felipe de Medeiros Tavares

Médico.
Membro da Associação Brasileira de Medicina Psicossomática.
Mestrando em Saúde Coletiva pelo IMS-UERJ.

Fernando Pardini

Médico.
Especialista em Clínica Médica pela Universidade de Brasília.
Especialista em Gastroenterologia pelo Instituto Brasileiro de Estudos e Pesquisas em Gastroenterologia-IBEPEGE.
Editor Executivo da Revista *Arquivos de Gastroenterologia.*

Júlio de Mello Filho

Professor Adjunto de Psicologia Médica da Faculdade de Ciências Médicas da UERJ.
Membro Didata da Sociedade Brasileira de Psicanálise do Rio de Janeiro e da Sociedade de Psicoterapia Analítica de Grupo do Estado do Rio de Janeiro.
Vice-presidente da Associação Brasileira de Medicina Psicossomática.
Coordenador-Geral do projeto "Tutoria da Faculdade de Ciências Médicas" da UERJ.
Autor de oito livros sobre psicossomática, psicanálise e psicoterapia grupal.

Sandra Torres Serra

Psicóloga.
Coordenadora do Programa de Apoio Psicopedagógico ao Estudante (PAPE) da Faculdade de Ciências Médicas da UERJ.
Especialista em Clínica Psicanalítica – PUC-RJ, e em Psicologia Clínico-Institucional (Residência) – IP-UERJ.

Sobre os organizadores da coleção

Luiz Roberto Millan

Psiquiatra. Psicanalista. Doutor em Ciências pela Faculdade de Medicina da Universidade de São Paulo; Médico do GRAPAL – Grupo de Assistência Psicológica ao Aluno – da Faculdade de Medicina da Universidade de São Paulo. Membro Associado da Sociedade Brasileira de Psicanálise de São Paulo. Co-autor do livro *O Universo Psicológico do Futuro Médico.*

Orlando Lúcio Neves de Marco

Psicólogo. Psicanalista. Psicólogo do GRAPAL – Grupo de Assistência Psicológica ao Aluno – da Faculdade de Medicina da Universidade de São Paulo. Co-autor do livro *O Universo Psicológico do Futuro Médico.*

Plinio Montagna

Médico Psiquiatra e Psicanalista. Pós-graduação em Psiquiatria no Institute of Psychiatry da Universidade de Londres como bolsista da OMS, mestre em Psiquiatria pela Faculdade de Medicina da USP, formação em Psicodrama pela Sociedade de Psicodrama de SP, da qual foi presidente. Psicanalista didata e docente do Instituto da Sociedade Brasileira de Psicanálise de São Paulo. Presidente da Associação Brasileira de Psicoterapia e do Comitê de Psicanálise e Psicoterapia da APM. Foi Professor Assistente de Psiquiatria da FMUSP. Ex-Presidente da Associação Brasileira de Psicanálise.